Glencoe Spanish 1B

¡Buen viaje!

Glencoe Spanish 1B

¡Buen viaje!

ABOUT THE FRONT COVER

Plaza de la Independencia, Quito, Ecuador In the center of this square is a monument to Ecuador's independence. Between the wide walks there are beautiful patches of garden with tall palm trees and attractive street lamps. The cathedral in the photo is the third one built on this site. Construction started on the first cathedral the day Quito was founded (1563). The second one was built in 1667. It was extensively remodeled after a major earthquake in 1755, but some of the work on this third cathedral was not finished until 1930.

ABOUT THE BACK COVER

(top) Tapices (*wall hangings*), Ecuador; *(middle)* Plaza de Mayo, Buenos Aires, Argentina con la Casa Rosada y el obelisco; *(bottom)* Perú, los Andes

NATIONAL
GEOGRAPHIC
SOCIETY

The colorful and inviting **Vistas** featured in this textbook were designed and developed by the National Geographic Society's Educational Division. Their purpose is to give greater insight into the people and places found in the Spanish-speaking countries listed below.

VISTAS DE PUERTO RICO
pages 346–349

VISTAS DE ECUADOR
pages 436–439

Glencoe Spanish 1B

¡Buen viaje!

CONRAD J. SCHMITT

PROTASE E. WOODFORD

Glencoe
McGraw-Hill

New York, New York   Columbus, Ohio   Woodland Hills, California   Peoria, Illinois

The National Geographic Society

The **National Geographic Society**, founded in 1888 for the increase and diffusion of geographic knowledge, is the world's largest nonprofit scientific and educational organization. Since its earliest days, the Society has used sophisticated communication technologies and rich historical and archival resources to convey knowledge to a worldwide membership. The Education Division supports the Society's mission by developing innovative educational programs—ranging from traditional print materials to multimedia programs including CD-ROMs, videodiscs, and software.

Meet our Authors

Conrad J. Schmitt

Conrad J. Schmitt received his B.A. degree magna cum laude from Montclair State College, Upper Montclair, NJ. He received his M.A. from Middlebury College, Middlebury VT. He did additional graduate work at Seton Hall University and New York University. Mr. Schmitt has taught Spanish and French at the elementary, junior, and senior high school levels. In addition, he has travelled extensively throughout Spain, Central and South America, and the Caribbean.

Protase E Woodford

Protase "Woody" Woodford has taught Spanish at all levels from elementary through graduate school. At Educational Testing Service in Princeton, NJ, he was Director of Test Development, Director of Language Programs, Director of International Testing Programs and Director of the Puerto Rico Office. He has served as a consultant to the United Nations Secretariat, UNESCO, the Organization of American States, the U.S. Office of Education, and many ministries of education in Asia, Latin America, and the Middle East.

Glencoe/McGraw-Hill

A Division of The **McGraw·Hill** *Companies*

Send all inquiries to:
Glencoe/McGraw-Hill
8787 Orion Place
Columbus, OH 43240

ISBN: 0-07-825681-X (Student Edition, Part B)
ISBN: 0-02-641259-4 (Teacher's Wraparound Edition, Part B)

Printed in the United States of America.

1 2 3 4 5 6 7 8 9 10   003   08 07 06 05 04 03 02 01

Credits

Photographs

Aitchison, Stewart/DDB Stock Photo: 212T. Arruza, Tony/Bruce Coleman Inc.: 54T, 258BM. Art Resource (Prado Museum): 181, 183T. Aubry, Daniel/Odyssey/Chicago: 371T. Augustin, Byron/DDB Stock Photo: 447M. Banco de México and Instituto Nacional de Bellas Artes (INBA): 182T. Barrow, Scott: 315, 321. Bean, Tom/Tony Stone Images: 107. Benn, Oliver/Tony Stone Images: 88T, 313B. Bibikow, Walter/FPG International: 278B. Borchi, Massimo/Atlantide/Bruce Coleman Inc.: 10TL, 370T. Boyer, Dale E./Photo Researchers Inc.: 83(#2). Bruce Coleman Inc.: 32B, 33T. Brunskill, Clive/Allsport: 193. Bruty, Simon/Allsport USA: 209. Bryant, Dave/DDB Stock Photo: 305. Bryant, Doug/DDB Stock Photo: 309TR, 458. Burnett, Mark C./Stock Boston: 118T. Cannon, David/Allsport: 190TL. Carrasco, Ricardo: 34L. Carrillo, Jose/PhotoEdit: 180. Carton, J.C./Bruce Coleman Inc.: 35T, 335. Cassidy, Anthony/ Tony Stone Images: 460-461. Castro, Harold/FPG International: 281T. Chaplow, Michelle: 3TL&M, 5T, 16B, 41, 43R, 75, 79M, 86L, 87L, 98T, 99T, 100T&M, 102, 104T, 111TR, 123 , 126T, 146, 148, 149, 152, 155, 166, 172T, 178T, 203, 206, 208B, 230T, 233, 261B, 268T, 288, 290, 297T, 304T, 318, 322, 325T, 330, 342, 354, 361, 363, 380TR, 384, 401BR, 427, R7, R20R. Chaplow, Michelle/Andalucia Slide Library: 424R, 435. Cinti, Roberto R./Bruce Coleman Inc.: 441T. Clyde, G./FPG International: 87R. Cohen, Stuart/Comstock: R31. Contreras Chacel, Jorge/International Stock: 307M, 431B. Corbis-Bettman: 30T. Corsetti, Marco/FPG International: 264L, 282. Courau, J.P./DDB Stock Photo: 445. Cozzi, Guido/Atlantide/Bruce Coleman Inc.: 34R, 154R, 356T, 368T. Culver Pictures, Inc.: 292BR. Curtis, John/DDB Stock Photo: 264R. Daemrich, Robert E./Tony Stone Images: 258TR. Dalda Fotographia: 187B. Dekovic, Gene: 307T. Delgado, Luis: 3BL, 4, 13, 23B, 24TR, 28, 32T, 36T, 42, 44T, 61L, 74, 76, 77TR, 78, 79T, 81T, 91, 112, 116T&M, 120T, 121, 140T&M, 143, 162B, 169, 189, 196B, 198, 199T, 218, 246, 247, 248, 258L 260T, 267, 271, 274, 302, 304B, 306T, 316, 327, 334B, 358, 364, 366, 368B, 372L, 373B, 379, 380, 382, 386, 388, 394, 396, 401B, 401M, 401MR, 407, 410, 411, 414, 424T, 432, R3, R15B. Derke/O'Hara/Tony Stone Images: 280L. Donnezan, Herve/Photo Researchers Inc.: 151. Driendl, Jerry/FPG International: 61R. EFE Reportajes: 381. Ehlers, Chad/Tony Stone Images: 9M. Elmer, Carlos/FPG International: R26. Esbin-Anderson/The Image Works: 185B. Fenton, Cheryl: 12B, 40L, 70B, 77B, 77ML, 78, 90, 96B, 132B, 157B, 158B, 188B, 226B, 256B, 286B, 314B, 350B, 359, 377B, 378B, 406B, 441R, 450, 456. Fischer, Curt: 14L, 18, 19, 20, 22, 24TL, 35T, 43L, 44B, 46, 47, 48, 60, 72, 77MR, 79T, 88B, 90, 103, 113, 138M, 150R, 153, 161, 170B, 190R, 194, 195TL, 195BR, 205, 228, 231, 232B, 250, 251B, 251T, 262ML, 262R, 336, 352, 353, 356B, 357, 359, 401TL, 408, 412, 422B, 424M, 426, R1. Fisher, Ken/Tony Stone Images: R15T. Franken, Owen/Stock Boston: 372R. Frazier, David: 82, R25. Frazier, David R./Photo Researchers Inc.: 202B. Freeman, M./Bruce Coleman Inc.: 399. Frerck, Robert/Odyssey/Chicago: 5B, 35B, 49, 63R, 69B, 71, 83(#3), 151R, 212B, 243, 251M, 253, 280R, 285B, 287, 295, 299, 307B, 309B, 312B, 337, 368M, 370BR, 371B, 398BL, 452, R12, R14B, R21, R22, R23R. Frerck, Robert/Tony Stone Images: 21B, 255B. Frerck, Robert/

Woodfin Camp & Assoc.: 30B, 31, 281L, R5, R13, R17. Fried, Robert/DDB Stock Photo: 27TR, 59. Fried, Robert/Robert Fried Photography: xiT, 7, 51, 83(#5), 88MC, 167L&BR, 186M, 211T, 213B, 240L, 258TM, 277L, 297B, 319, 369, 387R, 392T, 397T, 397B, 398MR, 398TL, 425B, 453T. Fried, Robert/Stock Boston: xiiT, 398ML. Fried, Robert/Tom Stack & Assoc.: 27TL, 64ML. Fuller, Timothy: 1, 3BR, 14R, 16T, 21T, 24B, 27B, 58, 73, 83(#1), 84, 100B, 101B, 139TL, 139TR, 140B, 176, 227, 230ML, 234, 236T, 259, 413, 422T, 434, R19, R20L. Courtesy of Dr. Antonio Gassett: 249R. Gillham, K./Photo 20-20: 370BL. Ginn, Robert/PhotoEdit: 64B. Gottschalk, Manfred/Tom Stack & Assoc.: 62R. Graham, Ken/Tony Stone Images: xiv. Grande, J.L.G./Tourist Office of Spain: 268B. Grantpix/Stock Boston: 154L. Grebliunas, Paul/Tony Stone Images: 451. Gridley, Peter/FPG International: 261T. Heaton, Dallas & John /WestLight: 111BR, 175, 291. Hersch, H. Huntly/DDB Stock Photo: 64MR. Hollenbeck, Cliff/International Stock: 2B, 125B, 213T. House of El Greco, Toledo, Spain: 183B, 301T, 390. Ikeda/International Stock: 387L. Image Club Graphics: 90, 195MR, 197T. Jangoux, Jacques/Tony Stone Images: 332R. Karp, Ken: 2T, 3TR, 9T, 17L, 23T, 29, 45, 54B, 55, 77TL, 79B, 81B, 85, 108T, 114, 134, 162T, 163, 178B, 202T, 232T, 236B, 239B, 241, 244, 270, 293B, 343, 362, 365, 374, 417T, 419T, 420, R4T, R11T, R14T, R30. Kerstitch, Alex/Bruce Coleman Inc.: 120BL. Leah, David/Allsport: 192. Leah, David/Allsport Mexico: 196T, 210B, 217B. Lloyd, Harvey/The Stock Market: 119T. Macia, Rafael/Photo Researchers, Inc.: 334T. Manske, Thaine/The Stock Market: R8. Markewitz, Scott/FPG International: 279R. Marriott, Paul/Empics Ltd.: 208T. Mason, Douglas/Woodfin Camp & Assoc.: 141. Mays, Buddy/International Stock: 278T. Maze, Stephanie/Woodfin Camp & Assoc.: 262TL. McCutcheon, Shaw/Bruce Coleman Inc.: 88ML. McIntyre, Loren/Woodfin Camp & Assoc.: 88MR. McIntyre, Will & Deni/Photo Researchers Inc.: 329. McVey, Ken/International Stock: 160. Melloan, Cathlyn/Tony Stone Images: 293M. Menzel, Peter: 150L, 447T, R9. Messerschmidt, Joachim/FPG International: 326. Courtesy of Mexicana Airlines: 341B. Miyazaki, Yoichiro/FPG International: 391. Morgan Cain & Associates: 126B, 138T, 144, 204B, 355, 402, 417B, R6. Morgan, Warren/WestLight: 170T. Muller, Kal/Woodfin Camp & Assoc.: 220. Murphy-Larronde, Suzanne/DDB Stock Photo: 64TR, 83(#4), 309M. Murphy-Larronde, Suzanne/FPG International: R11M. The Museum of Modern Art, New York. Photograph ©1996 The Museum of Modern Art, New York. National Palace, Patio Coridor, Mexico City: 65. National Palace, Mexico City: 423. O'Keefe, Timothy/Bruce Coleman Inc.: 277B. Organization of American States: 33B. Courtesy Oscar de la Renta: 89T. Pcholkin, Vladimir/FPG International: 260M, 300. Pensinger, Doug/Allsport: 210T. Peterson, Chip & Rosa Maria : 453BR, 457. Philadelphia Museum of Art, A. E. Gallatin Collection: 105. PhotoDisc, Inc.: 86R. Photoworks/P. Lang/DDB Stock Photo: 344. Prado Museum, Madrid, Spain: 301. Raga, Jose Fuste/The Stock Market: 93, 108B. Randklev, James/Tony Stone Images: 62L. Rivademar, D./Odyssey/Chicago: 332L. Rondeau, Pascal/Allsport UK Ltd.: 258BR. Rosendo, Luis/FPG International: 116B, 116M, 117. Sacks, David/FPG International:

Contentido

Repaso

REPASO A   Las compras para la escuela   **R1**

REPASO B   Amigos y alumnos   **R8**

REPASO C   La familia   **R16**

REPASO D   Los deportes   **R26**

CAPÍTULO 8
La salud y el médico

VOCABULARIO

   PALABRAS 1   ¿Cómo está?   **228**

   PALABRAS 2   En la consulta del médico   **232**

ESTRUCTURA   **Ser** y **estar**   **236**

   Ser y **estar**   **239**

   Me, te, nos   **242**

CONVERSACIÓN   En la consulta del médico   **244**

PRONUNCIACIÓN   La consonante **c**   **245**

LECTURAS CULTURALES   Una joven nerviosa   **246**

   La farmacia *(opcional)*   **248**

   Una biografía—el doctor Antonio Gassett *(opcional)*   **249**

CONEXIONES   La nutrición   **250**

CULMINACIÓN   Actividades orales   **252**

   Actividad escrita   **253**

TECNOTUR   Video: Episodio 8 • La salud y el médico   **255**

CAPÍTULO 9
El verano y el invierno

VOCABULARIO

PALABRAS 1   El balneario   **258**
La natación   **259**
El tenis   **259**

PALABRAS 2   El invierno   **262**
La estación de esquí   **263**

ESTRUCTURA   Pretérito de los verbos en **-ar**   **266**
Pronombres—**lo, la, los, las**   **270**
Ir y **ser** en el pretérito   **272**

CONVERSACIÓN   ¡A la playa!   **274**

PRONUNCIACIÓN   La consonante **g**   **275**

LECTURAS CULTURALES   Paraísos del mundo hispano   **276**
Estaciones inversas *(opcional)*   **278**
El «snowboarding» *(opcional)*   **279**

CONEXIONES   El clima   **280**

CULMINACIÓN   Actividades orales   **282**
Actividad escrita   **283**

TECNOTUR   Video: Episodio 9 • El verano
y el invierno   **285**

CAPÍTULO 10
Diversiones culturales

VOCABULARIO

PALABRAS 1   Al cine   **288**
PALABRAS 2   En el museo   **292**
En el teatro   **292**

ESTRUCTURA   Pretérito de los verbos
en **-er** e **-ir**   **296**
Complementos **le, les**   **299**

CONVERSACIÓN	¿Saliste?	**302**
PRONUNCIACIÓN	Las consonantes **j, g**	**303**
LECTURAS CULTURALES	*Dating*	**304**
	La zarzuela *(opcional)*	**306**
	El baile *(opcional)*	**307**
CONEXIONES	La música	**308**
CULMINACIÓN	Actividades orales	**310**
	Actividad escrita	**311**
TECNOTUR	Video: Episodio 10 • Diversiones culturales	**313**

CAPÍTULO *11*
Un viaje en avión

VOCABULARIO

PALABRAS 1	Antes del vuelo	**316**
PALABRAS 2	Después del vuelo	**320**
	El vuelo, La tripulación	**321**
ESTRUCTURA	**Hacer, poner, traer, salir** en el presente	**324**
	El presente progresivo	**327**
	Saber y **conocer** en el presente	**328**
CONVERSACIÓN	Está saliendo nuestro vuelo.	**330**
PRONUNCIACIÓN	La consonante **r**	**331**
LECTURAS CULTURALES	El avión en la América del Sur	**332**
	Distancias y tiempo de vuelo *(opcional)*	**334**
	Las líneas de Nazca *(opcional)*	**335**
CONEXIONES	Las finanzas	**336**
CULMINACIÓN	Actividades orales	**338**
	Actividad escrita	**339**
TECNOTUR	Video: Episodio 11 • Un viaje en avión	**341**
REPASO	Capítulos 8–11	**342**
NATIONAL GEOGRAPHIC	Vistas de Puerto Rico	**346**

CAPÍTULO *12*
Una gira

VOCABULARIO

  PALABRAS 1 La rutina **352**
  PALABRAS 2 Una gira **356**

ESTRUCTURA Verbos reflexivos **360**
       Verbos reflexivos de cambio radical **364**

CONVERSACIÓN ¿A qué hora te despertaste? **366**

PRONUNCIACIÓN La **h**, la **y**, la **ll** **367**

LECTURAS CULTURALES Del norte de España **368**
       El Camino de Santiago *(opcional)* **370**

CONEXIONES La ecología **372**

CULMINACIÓN Actividades orales **374**
       Actividades escritas **375**

TECNOTUR Video: Episodio 12 • Una gira **377**

CAPÍTULO *13*
Un viaje en tren

VOCABULARIO

PALABRAS 1   En la estación de ferrocarril   **380**

PALABRAS 2   En el tren   **384**

ESTRUCTURA   **Hacer, querer** y **venir** en el pretérito   **388**

Verbos irregulares en el pretérito   **390**

Decir en el presente y en el pasado   **392**

CONVERSACIÓN   En la ventanilla   **394**

PRONUNCIACIÓN   Las consonantes **ñ, ch**   **395**

LECTURAS CULTURALES   En el AVE   **396**

De Cuzco a Machu Picchu *(opcional)*   **398**

CONEXIONES   Conversiones aritméticas   **400**

CULMINACIÓN   Actividades orales   **402**

Actividad escrita   **403**

TECNOTUR   Video: Episodio 13 • Un viaje en tren   **405**

CAPÍTULO *14*
En el restaurante

VOCABULARIO

PALABRAS 1   En el restaurante   **408**
PALABRAS 2   Más alimentos o comestibles   **412**

ESTRUCTURA   Verbos con el cambio **e → i** en el presente   **416**
Verbos con el cambio **e → i, o → u** en el pretérito   **418**

CONVERSACIÓN   En el restaurante   **420**

PRONUNCIACIÓN   La consonante **x**   **421**

LECTURAS CULTURALES   La comida mexicana   **422**
La comida española *(opcional)*   **424**
La comida del Caribe *(opcional)*   **425**

CONEXIONES   El lenguaje   **426**

CULMINACIÓN   Actividades orales   **428**
Actividad escrita   **429**

TECNOTUR   Video: Episodio 14 • En el restaurante   **431**

REPASO   Capítulos 12–14   **432**

NATIONAL GEOGRAPHIC   Vistas de Ecuador   **436**

Literatura

LITERATURA 1   *Versos sencillos* de José Martí   **440**

LITERATURA 2   «Una moneda de oro» de Francisco Monterde   **442**

LITERATURA 3   *La camisa de Margarita* de Ricardo Palma   **448**

LITERATURA 4   *El Quijote* de Miguel de Cervantes Saavedra   **454**

Apéndices

El mundo hispánico   **462**

Verbos   **466**

Vocabulario español–inglés   **472**

Vocabulario inglés–español   **493**

Índice gramatical   **511**

Las compras para la escuela

R1

Vocabulario

Los alumnos llegan a la escuela a las
   ocho menos cuarto.
Algunos toman el bus escolar.
Otros van a la escuela a pie.

Los alumnos estudian mucho.
Toman apuntes.
Escuchan a la profesora cuando habla.
La profesora enseña.

José está en la papelería.
Necesita materiales escolares.
Compra un cuaderno, un lápiz y
   un bolígrafo.

Teresa está en la tienda de ropa.
Compra una blusa para llevar a la escuela.
Mira la blusa.
Paga en la caja.

Práctica

A HISTORIETA En la escuela

Contesten.

1. ¿Cómo llegan los alumnos a la escuela? ¿Toman el bus, van en carro o van a pie?
2. ¿A qué hora llegan a la escuela?
3. ¿Con quién hablan los alumnos cuando entran en la sala de clase?
4. ¿Quiénes toman exámenes y quién da los exámenes?
5. ¿Sacan los alumnos notas altas?
6. ¿Prestan ellos atención cuando la profesora habla?

B HISTORIETA A la papelería

Escojan.

1. Alicia necesita materiales escolares. ¿Adónde va ella?
   a. a la cafetería   **b.** a la tienda de ropa   **c.** a la papelería
2. ¿Con quién habla Alicia en la papelería?
   a. con el empleado   **b.** con el profesor   **c.** con el mesero
3. ¿Qué compra Alicia en la papelería?
   a. un refresco   **b.** un pantalón corto   **c.** un cuaderno
4. ¿Dónde paga Alicia?
   a. cien pesos   **b.** en la caja   **c.** en el parque
5. ¿En qué lleva ella los materiales escolares?
   a. en una mochila   **b.** en un cuaderno
   c. en una asignatura

C HISTORIETA En la tienda de ropa

Contesten según se indica.

1. ¿Adónde va Roberto? (a la tienda de ropa)
2. ¿Qué necesita? (una camisa de mangas cortas)
3. ¿Busca una camisa verde? (no, roja y azul)
4. ¿Qué talla usa? (38)
5. ¿Compra Roberto una camisa? (sí)
6. ¿Cuánto cuesta? (125 pesos)
7. ¿Dónde paga Roberto? (en la caja)

Calle Florida, Buenos Aires, Argentina

Conversación

La apertura de clases

PACO: Elena, ¿cómo estás?
ELENA: Muy bien, Paco. ¿Y tú?
PACO: Bien. ¿Adónde vas?
ELENA: Voy a la papelería. Necesito comprar algunas cosas para la apertura de clases.
PACO: Verdad. Septiembre una vez más. ¡Es increíble!

EDICIÓN EN CD-ROM

MARÍA MOLINER

DICCIONARIO DE USO DEL ESPAÑOL

PRIMERA EDICIÓN

Después de conversar

A Contesten.
1. ¿Con quién habla Elena?
2. ¿Cómo está Paco?
3. ¿Son amigos Elena y Paco?
4. ¿Adónde va Elena?
5. ¿Qué necesita ella?
6. ¿De qué hablan los dos amigos?

PAPELERÍA

MONOG

TODO PARA EL ESTUDIANTE
TODO PARA LA OFICINA
Y MIL COSAS MAS.

Rosa María de Valdéz
PROPIETARIA

Av. Obregon 721
Tel. y Fax 2-54-55

Nogales, Sonora, Mex.

Estructura

Presente de los verbos en -ar

1. Review the forms of the present tense of regular **-ar** verbs.

MIRAR	miro	miras	mira	miramos	*miráis*	miran
TOMAR	tomo	tomas	toma	tomamos	*tomáis*	toman

2. Remember, to make a sentence negative you put **no** before the verb.

No hablamos francés. Hablamos español.

3. Remember to use **tú** when talking to a friend, family member, or person your own age. Use **Ud.** when speaking to an adult, a person you do not know well, or someone to whom you wish to show respect.

¿Tú estudias español, Roberto?
¿Y Ud., señora? ¿Ud. también estudia español?

Práctica

A **Entrevista**   Contesten personalmente.

1. ¿En qué escuela estudias?
2. ¿Cómo llegas a la escuela por la mañana?
3. ¿Cuántos cursos tomas?
4. ¿En qué llevas los materiales escolares?
5. ¿Estudian mucho los alumnos de tu escuela?
6. ¿Sacan Uds. buenas notas?
7. ¿Toman Uds. muchos exámenes?
8. ¿Escuchan Uds. cuando la profesora habla?

Universidad Iberoamericana,
Ciudad de México

B HISTORIETA En la fiesta

Completen.

1. Durante la fiesta todos nosotros _____. (bailar)
2. Felipe _____ el piano. (tocar)
3. Mientras él _____ el piano, Elena y Carlos _____. (tocar, cantar)
4. ¿_____ Uds. refrescos durante la fiesta? (preparar)
5. ¿_____ Uds. fotos durante la fiesta? (tomar)
6. Sí, y todos nosotros _____ las fotografías. (mirar)

Una fiesta en la Ciudad de Guatemala

Los verbos ir, dar, estar

1. Note that the verbs **ir, dar,** and **estar** are the same as regular **-ar** verbs in all forms except **yo.**

ESTAR	estoy	estás	está	estamos	*estáis*	están
DAR	doy	das	da	damos	*dais*	dan
IR	voy	vas	va	vamos	*vais*	van

2. The preposition **a** often follows the verb **ir.** Remember that **a** contracts with **el** to form one word—**al.**

   Voy al café. No voy a la tienda.

Práctica

A HISTORIETA Voy a la escuela.

Contesten.

1. ¿Vas a la escuela?
2. ¿A qué hora vas a la escuela?
3. ¿Con quién vas a la escuela?
4. ¿Están Uds. en la escuela ahora?
5. ¿Cómo van Uds. a la escuela?

B HISTORIETA A la tienda de ropa

Completen.

Yo _____ (ir) a la tienda de ropa.
Emilio _____ (ir) también. Él y yo
(nosotros) _____ (estar) en la tienda.
Yo _____ (comprar) una camiseta
y él _____ (comprar) un blue jean.
Nosotros no _____ (necesitar)
mucha ropa porque _____ (llevar)
uniforme a la escuela.

Estepona, España

Elena y Tomás _____ (llevar)
uniforme a la escuela también. Ellos _____ (ir) a una escuela en las
afueras de Lima, en Miraflores.

Actividades comunicativas

A ¿Cuándo? ¿En clase, después de las clases o en la fiesta?
Work with a classmate. He or she will suggest an activity. You will tell
where you and your friends typically take part in the activity.

B En la tienda de ropa   You are at a clothing store. You need to buy
some things. Your partner will be the sales clerk. Have a conversation
with each other. Then reverse roles.

 JUEGO   ¿Quién es? Work in small groups. One person tells what
someone in the class is wearing. The others have to guess who it is. If
several people are wearing the same thing, the person giving the clues
will have to give more details.

Amigos y alumnos

Vocabulario

Es María Gorostiza.
Ella es mexicana.
Es rubia y bastante alta.
María es de Guadalajara.
Ella es alumna en el Colegio Hidalgo.

Felipe y Teresa son amigos.
Ellos son alumnos en la misma escuela.
Son alumnos buenos. Son inteligentes.
Y ellos son bastante cómicos.

Práctica

A HISTORIETA María Gorostiza

Contesten.

1. ¿De qué nacionalidad es María Gorostiza?
2. ¿De dónde es?
3. ¿Cómo es ella?
4. ¿Es ella alumna?
5. ¿Dónde es alumna María?

B HISTORIETA Felipe y Teresa

Corrijan las oraciones falsas.

1. Felipe y Teresa son hermanos.
2. Ellos son alumnos en escuelas diferentes.
3. Ellos son alumnos muy malos.
4. No son inteligentes.
5. Son muy serios y tímidos.

Conversación

JULIO: ¡Hola!

ROSA: ¡Hola! ¿Qué tal?

JULIO: Bien, ¿y tú?

ROSA: Bien. Oye, ¿eres un amigo de Teresa Irizarry, ¿no?

JULIO: Sí, soy Julio Arenal.

ROSA: ¿De dónde eres, Julio?

JULIO: ¿Yo? Soy de San Juan. Y tú eres de Ponce como Teresa, ¿no?

ROSA: Sí, soy ponceña.

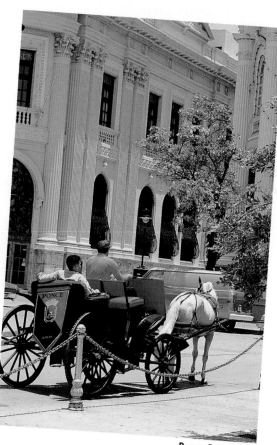

Ponce, Puerto Rico

Después de conversar

 Contesten.

1. ¿Son puertorriqueños los dos muchachos?
2. ¿De dónde es Julio?
3. ¿Es Julio un amigo de Teresa Irizarry?
4. ¿De dónde son Teresa y Rosa?

1692
PONCE

Estructura

Presente del verbo **ser**

Review the forms of the irregular verb **ser.**

| SER | soy | eres | es | somos | *sois* | son |

A **Entrevista**   Contesten personalmente.

1. ¿Quién eres?
2. ¿De qué nacionalidad eres?
3. ¿Dónde eres alumno o alumna?
4. ¿Cómo es tu escuela?

Acrílico sobre tela de Tony Capellán. Arma de doble filo

Arte dominicano en Puerto Rico

B **HISTORIETA** El amigo de Andrés

Completen con **ser.**

Yo ____ un amigo de Andrés. Andrés ____ muy simpático. Y él
$\frac{}{1}$ $\frac{}{2}$

____ gracioso. Andrés y yo ____ dominicanos. ____ de la República
$\frac{}{3}$ $\frac{}{4}$ $\frac{}{5}$

Dominicana.

La capital de la República Dominicana ____ Santo
$\frac{}{6}$

Domingo. Nosotros ____
$\frac{}{7}$

alumnos en un colegio en Santo Domingo. Nosotros

____ alumnos de inglés. La
$\frac{}{8}$

profesora de inglés ____ la
$\frac{}{9}$

señorita White. Ella ____
$\frac{}{10}$

americana.

Fortaleza de Orzama, Santo Domingo

Sustantivos, artículos y adjetivos

1. Spanish nouns are either masculine or feminine. Most nouns ending in **o** are masculine and most nouns ending in **a** are feminine. The definite articles **el** and **los** accompany masculine nouns; **la** and **las** accompany feminine nouns.

el alumno	los alumnos	la amiga	las amigas
el curso	los cursos	la escuela	las escuelas

2. An adjective must agree with the noun it describes or modifies. Adjectives that end in **o** have four forms.

el amigo sincero	los amigos sinceros
la amiga sincera	las amigas sinceras

3. Adjectives that end in **e** or a consonant have only two forms.

el curso interesante	los cursos interesantes
la asignatura interesante	las asignaturas interesantes
el curso difícil	los cursos difíciles
la asignatura difícil	las asignaturas difíciles

Unas amigas argentinas, Buenos Aires

Práctica

A **Julia**   Describan a la muchacha.

Una muchacha de San Juan, Puerto Rico

B **Los amigos**   Describan al grupo de amigos.

En la colonia de San Ángel, Ciudad de México

C **Mi clase favorita**   Describan su clase favorita.

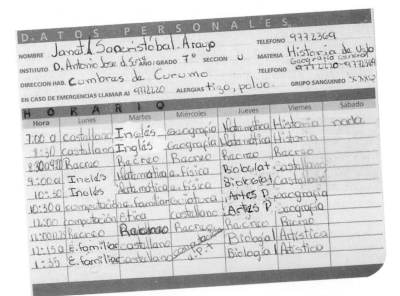

Actividades comunicativas

A **¡Qué clase tan difícil!** Work in groups of three or four. In each group, rate your courses as **fácil, difícil, regular, aburrido, fantástico.** Tally the results and report the information to the class.

B **En Venezuela** You are spending the summer with a family in Venezuela. Tell your Venezuelan "brother" or "sister" (your partner) all you can about your Spanish class and your Spanish teacher. Answer any questions he or she may have. Then reverse roles.

Salto Ángel, Venezuela

C **Cursos** You are speaking with an exchange student from Peru (your partner). He or she wants to know about your school, your schedule, and your classes. Tell as much as you can about your school and then ask him or her about school life in Peru.

Una alumna de Lima, Perú

La familia

Vocabulario

el comedor   la cocina

el cuarto de baño

la sala

los cuartos, las recámaras

Es la familia Ramos.
En la familia Ramos hay cinco personas.
Ellos tienen una casa en San Pedro Sula.
Ellos viven en Honduras.

Su casa tiene siete cuartos.

La familia está en la sala.
La señora Ramos lee un libro.
Su esposo lee el periódico.
José ve la televisión.
Una hermana de José escribe una carta.

En el mercado venden frutas y vegetales.
Venden carne también.
La señora compra un kilo de tomates.
Los tomates están a 50 pesos el kilo.

Práctica

A HISTORIETA La familia Ramos

Contesten.

1. ¿Cuántas personas hay en la familia Ramos?
2. ¿Tienen ellos una casa o un apartamento?
3. ¿Dónde viven ellos?
4. ¿Cuántos cuartos tiene su casa?
5. ¿Cuáles son los cuartos de la casa?

San Miguel de Allende, México

B Expresiones   Pareen.

1. leer	a. mucho en la escuela
2. escribir	b. al quinto piso
3. vivir	c. una novela
4. aprender	d. un alumno bueno y serio
5. vender	e. una carta con bolígrafo
6. comer	f. una limonada
7. ver	g. en una casa particular
8. ser	h. una emisión deportiva
9. subir	i. discos en una tienda
10. beber	j. carne, ensalada y papas

JUEGO ¿Cuáles son?   Contesten.

1. ¿Cuáles son todas las cosas que comemos?
2. ¿Cuáles son algunas cosas que bebemos?
3. ¿Cuáles son algunas cosas que leemos?
4. ¿Cuáles son algunas cosas que escribimos?

Conversación

TOMÁS: Elena, ¿tienes una familia grande?

ELENA: Sí, bastante grande. Somos seis.

TOMÁS: ¿Viven Uds. aquí en la capital?

ELENA: Sí, vivimos en la calle Mayor. Nuestro apartamento está en el edificio Bolívar.

Después de conversar

 Contesten.

1. ¿Con quién habla Tomás?
2. ¿Tiene Elena una familia bastante grande?
3. ¿Cuántas personas hay en su familia?
4. ¿Viven ellos en la capital?
5. ¿En qué calle viven?
6. ¿Dónde tienen un apartamento?

Málaga, España

Estructura

Presente de los verbos en -er e -ir

1. Review the following forms of regular **-er** and **-ir** verbs.

COMER	**como**	**comes**	**come**	**comemos**	*coméis*	**comen**
BEBER	**bebo**	**bebes**	**bebe**	**bebemos**	*bebéis*	**beben**
VIVIR	**vivo**	**vives**	**vive**	**vivimos**	*vivís*	**viven**
SUBIR	**subo**	**subes**	**sube**	**subimos**	*subís*	**suben**

2. Note that the **-er** and **-ir** verbs have the same endings in all forms except **nosotros** (and **vosotros**).

comemos **vivimos**
coméis **vivís**

Las Ramblas, Barcelona, España

❖Práctica❖

A **Tú y tus amigos** Contesten.

1. ¿Qué comes cuando vas a un café?
2. ¿Qué bebes cuando estás en un café?
3. ¿Qué aprenden tú y tus amigos en la escuela?
4. ¿Qué leen Uds. en la clase de inglés?
5. ¿Qué escriben Uds.?
6. ¿Comprenden los alumnos cuando la profesora de español habla?
7. ¿Reciben Uds. notas buenas en todas sus asignaturas?

B **HISTORIETA** En un café

Completen.

En el café los clientes _____ (ver) al mesero.
                           1
Ellos _____ (hablar) con el mesero. Los clientes
        2
_____ (leer) el menú y _____ (decidir) lo que van
  3   4
a tomar. Los meseros _____ (tomar) la orden
                        5
y _____ (escribir) la orden en un cuaderno
   6
pequeño o un bloc. Los meseros no _____ (leer)
                                     7
el menú. Y los clientes no _____ (escribir)
                             8
la orden.

Barcelona, España

El verbo **tener**

1. Review the forms of the irregular verb **tener.**

      TENER   **tengo tienes tiene tenemos *tenéis* tienen**

2. Note that the expression **tener que** followed by an infinitive means *"to have to."*

      Tenemos que estudiar y aprender mucho.

✦Práctica✦

A HISTORIETA Mi familia

Contesten.

1. ¿Tienes una familia grande o pequeña?
2. ¿Cuántos hermanos tienes?
3. ¿Cuántos años tienen ellos?
4. ¿Y cuántos años tienes tú?
5. ¿Tienen Uds. un perro o un gato?
6. ¿Tiene tu padre o tu madre un carro?
7. En la escuela, ¿tienes que estudiar mucho?
8. ¿Y tienen que trabajar mucho tus padres?

Barcelona, España

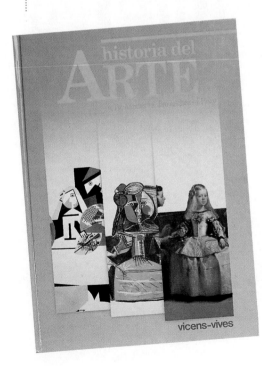

B HISTORIETA La familia Bravo

Completen con **tener.**

La familia Bravo ____ un piso o
apartamento en Madrid. Su piso ____ seis
cuartos. Está en Salamanca, una zona muy
bonita de la ciudad. Muchas calles en la zona
Salamanca ____ los nombres de artistas
famosos—la calle Goya, la calle Velázquez.

Hay cuatro personas en la familia Bravo.
Teresa ____ diecisiete años y su hermano
____ quince años. Ellos ____ un perro
adorable.

Adjetivos posesivos

1. Review the forms of the possessive adjectives **mi, tu,** and **su.** These adjectives have only two forms.

> **¿Dan una fiesta tu hermana y tus primos?**
> **Sí, mi hermana y mis primos dan una fiesta.**
> **Todos sus amigos van a recibir una invitación a su fiesta.**

2. The possessive adjective **nuestro** has four forms.

> **Nuestro primo, nuestra tía y nuestros abuelos viven todos en Madrid.**

Práctica

A HISTORIETA **Mi familia y mi casa**

Contesten.

1. ¿Dónde está tu casa o tu apartamento?
2. ¿Cuántos cuartos tiene tu casa o tu apartamento?
3. ¿Cuántas personas hay en tu familia?
4. ¿Dónde viven tus abuelos?
5. Y tus primos, ¿dónde viven?

B HISTORIETA **Nuestra casa**

Completen.

Nosotros vivimos en _____ (*name of city or town*). _____(1) casa está en la calle _____ (*name of street*). _____(2) padres tienen un carro. _____(3) carro es bastante nuevo. Yo tengo una bicicleta. _____(4) bicicleta está en el garaje con el carro de _____(5) padres. Nosotros tenemos un perro. _____(6) perro es adorable. _____(7) perro está en el jardín. Mi hermano y _____(8) amigos siempre juegan en el jardín alrededor de_____(9) casa.

A **Apartamentos** With a classmate, look at this plan of the fourth floor of an apartment building. A different family lives in each of the two apartments. Give each family a name. Then say as much as you can about each family and their activities. Don't forget to describe their apartment. Be as original as possible.

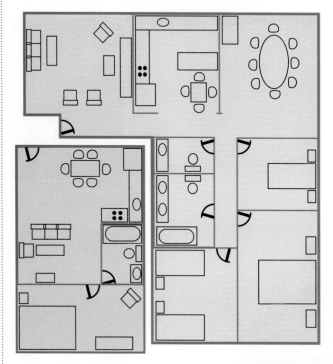

B **En el café** Work in groups of three or four. You're all friends from Chile. After school you go to a café where you talk about lots of things—school, teachers, friends, home, family, etc. One of you will be the waiter or waitress. You have to interrupt the conversation once in a while to take the orders and serve. Take turns.

Viña del Mar, Chile

Los deportes

Vocabulario

Los dos equipos juegan (al) fútbol.
Empieza el segundo tiempo.
Los jugadores vuelven al campo de fútbol.
Los dos equipos quieren ganar.

Elena, ¿te gusta el béisbol?

Sí, me gusta mucho. ¿Y a ti?

Sí, me gusta. Pero me gusta más el fútbol.

A mí, no. Me aburre.

Es un partido de béisbol.
El jugador batea la pelota.
Luego corre de una base a otra.

✦Práctica✦

A. HISTORIETA El juego de fútbol

Contesten según se indica.

1. ¿Cuántos tiempos hay en un juego de fútbol? (dos)
2. ¿Cuántos jugadores hay en un equipo de fútbol? (once)
3. ¿Dónde juegan fútbol? (en el campo de fútbol)
4. ¿Quién guarda la portería? (el portero)
5. ¿Qué bloquea? (el balón)
6. ¿Quieren perder los dos equipos? (no, ganar)
7. ¿Pierde un equipo si el tanto queda empatado? (no)

B. ¿Qué deporte es? Escojan.

1. El jugador lanza el balón con el pie.
2. Hay cinco jugadores en el equipo.
3. Hay nueve partidas en el partido.
4. El jugador corre de una base a otra.
5. El portero para o bloquea el balón.
6. El jugador tira el balón y encesta.

C. Gustos Contesten.

1. ¿Cuáles son los deportes que a ti te gustan?
2. ¿Cuáles son los comestibles que te gustan?
3. ¿Cuáles son los cursos que te interesan?
4. ¿Cuáles son algunas cosas que no te gustan, que te aburren?

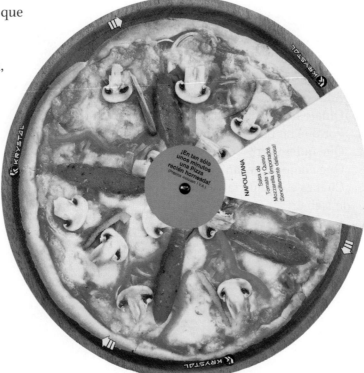

Conversación

Un partido importante

TADEO: Isabel, ¿quieres ir al café Solís con nosotros?

ISABEL: Gracias, Tadeo, pero no puedo. Quiero ver el partido.

TADEO: ¿De qué partido hablas?

ISABEL: El Real juega contra el Valencia.

TADEO: ¿Cuál es tu equipo favorito? ¿Cuál te gusta más?

ISABEL: El Real.

Después de conversar

 Contesten.

1. ¿Adónde van los amigos de Tadeo?
2. ¿Quiere ir con ellos Isabel?
3. ¿Por qué no puede ir?
4. ¿Qué quiere ver?
5. ¿Qué equipos juegan?
6. ¿Cuál es el equipo favorito de Isabel?

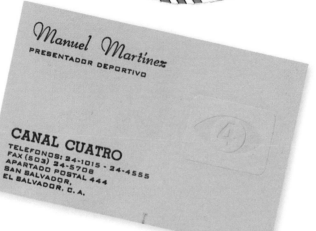

Estructura

Verbos de cambio radical

1. Review the following forms of stem-changing verbs. Remember that the **e** changes to **ie** in all forms except **nosotros** (and **vosotros**).

EMPEZAR	**empiezo**	**empiezas**	**empieza**	**empezamos**	*empezáis*	**empiezan**
PERDER	**pierdo**	**pierdes**	**pierde**	**perdemos**	*perdéis*	**pierden**

2. The following verbs change the **o** to **ue** in all forms except **nosotros** (and **vosotros**).

VOLVER	**vuelvo**	**vuelves**	**vuelve**	**volvemos**	*volvéis*	**vuelven**
PODER	**puedo**	**puedes**	**puede**	**podemos**	*podéis*	**pueden**

3. The verb **jugar** also has a stem change.

JUGAR	**juego**	**juegas**	**juega**	**jugamos**	*jugáis*	**juegan**

Práctica

A **HISTORIETA** Un juego de béisbol

Completen.

El juego de béisbol ____ (empezar) a las tres y media. Habla Teresa:
—Hoy yo ____ (querer) ser la pícher.

La verdad es que Teresa ____ (ser) una pícher muy buena. Ella ____ (jugar) muy bien. Nosotros ____ (tener) un equipo bueno. Todos nosotros ____ (jugar) bien. Nuestro equipo no ____ (perder) mucho.

Caracas, Venezuela

B | HISTORIETA Una fiesta

Contesten.

1. ¿Quieres ir a la fiesta?
2. ¿Quieren Uds. bailar durante la fiesta?
3. ¿A qué hora empieza la fiesta?
4. ¿Puedes llegar a tiempo?
5. ¿Pueden Uds. tomar el bus a la fiesta?
6. ¿A qué hora vuelven Uds. a casa?

JUEGO   Puedo, quiero, prefiero

1. **Puedo...** Tell all that you can do.
2. **Quiero...** Tell all that you want to do.
3. **Quiero pero no puedo...** Tell all that you want to do but for some reason you cannot do.
4. **No quiero porque prefiero...** Tell something you don't want to do because you prefer to do something else.

Verbos como **aburrir, interesar** y **gustar**

1. The verbs **interesar** and **aburrir** function the same in Spanish and English.

> **¿Te aburre el arte?**
> *Does art bore you?*
> **¿Te aburren los deportes?**
> *Do sports bore you?*
> **No, los deportes me interesan.**
> *No, sports interest me.*

2. The verb **gustar** functions the same as **interesar** and **aburrir. Gustar** conveys the meaning "to like," but it actually means "to be pleasing to."

> **¿Te gusta el béisbol?**
> **Sí, me gusta mucho.**
> **¿Te gustan los deportes?**
> **Sí, me gustan.**

GUÍA BREVE DE LA MEZQUITA CATEDRAL Y MUSEO DIOCESANO DE BELLAS ARTES DE CORDOBA

OBSEQUIO DE

CajaSur

Práctica

A **Gustos** Sigan el modelo.

¿A mí? ¿Los tomates?
Me gustan mucho los tomates.

1. ¿A mí? ¿El pescado?
2. ¿A mí? ¿Los vegetales?
3. ¿A mí? ¿La carne?

4. ¿A mí? ¿El jamón?
5. ¿A mí? ¿Los mariscos?

B **¿Sí o no?** Contesten.

1. ¿Te interesan o te aburren las matemáticas? ¿Te gustan o no?
2. ¿Te interesa o te aburre la historia? ¿Te gusta o no?
3. ¿Te interesan o te aburren las ciencias? ¿Te gustan o no?
4. ¿Te interesa o te aburre la literatura? ¿Te gusta o no?
5. ¿Te interesa o te aburre la geografía? ¿Te gusta o no?

C **¿Qué te gusta hacer?** Contesten según los dibujos.

1.
2.
3.
4.

Actividades comunicativas

A **No soy muy aficionado(a).** Work with a classmate. Tell him or her what sport you don't want to play because you don't like it. Tell him or her what you prefer to play. Then ask your classmate questions to find out what sports he or she likes.

B **Mi equipo favorito** Work with a classmate. Tell him or her about your favorite team. Tell all about the sport and tell why you really like this team in particular. Then ask your classmate about his or her favorite team. Do you by chance have the same favorite team?

 ¿Qué deporte es? Work with a classmate. Give him or her some information about a sport. He or she has to guess what sport you're talking about. Take turns.

CAPÍTULO 8

La salud y el médico

Objetivos

In this chapter you will learn to do the following:

- ∾ explain a minor illness to a doctor
- ∾ describe some feelings
- ∾ have a prescription filled at a pharmacy
- ∾ describe characteristics and conditions
- ∾ tell where things are and where they're from
- ∾ tell where someone or something is now
- ∾ tell what happens to you or someone else

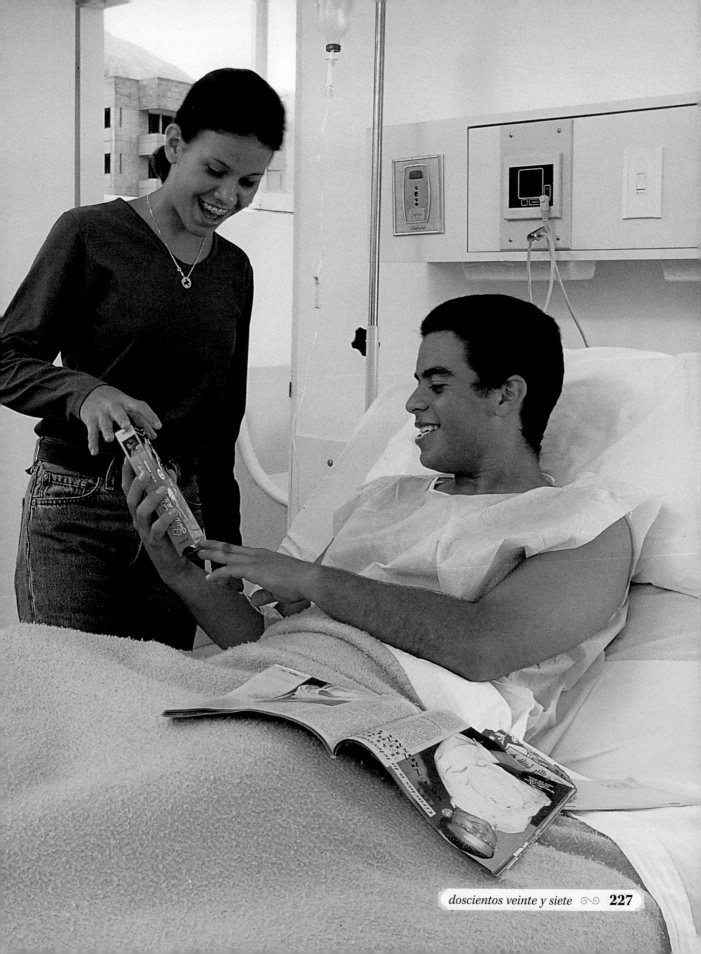

Vocabulario

¿Cómo está?

enfermo

cansada

contento

triste

nervioso

El pobre muchacho está enfermo.
Tiene fiebre.
Tiene la gripe.

la cama

la fiebre

La muchacha tiene catarro.
Está resfriada.

estornudar

El muchacho tiene tos.
Tiene dolor de garganta.

la garganta

toser

el estómago

El muchacho tiene dolor de estómago.

La muchacha tiene dolor de cabeza.

los escalofríos

El enfermo tiene que guardar cama.
Tiene escalofríos porque tiene fibre.
Él está de mal humor.
No está de buen humor.

❧Práctica❧

A HISTORIETA El pobre joven está enfermo.

Contesten.

1. ¿Está enfermo el pobre muchacho?
2. ¿Tiene la gripe?
3. ¿Tiene tos?
4. ¿Tiene dolor de garganta?
5. ¿Tiene fiebre?
6. ¿Tiene escalofríos?
7. ¿Tiene dolor de cabeza?
8. ¿Está siempre cansado?

Estepona, España

B HISTORIETA La pobre muchacha

Contesten.

San Miguel de Allende, México

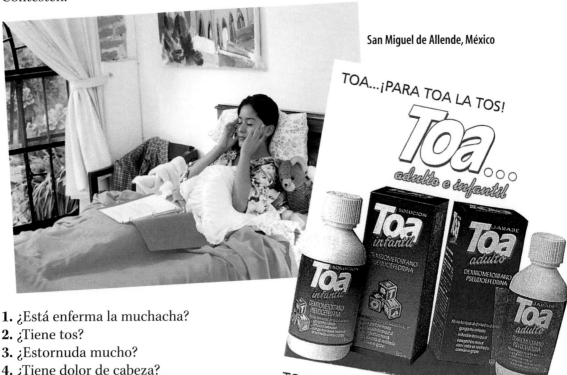

TOA...¡PARA TOA LA TOS!

1. ¿Está enferma la muchacha?
2. ¿Tiene tos?
3. ¿Estornuda mucho?
4. ¿Tiene dolor de cabeza?
5. ¿Está resfriada?
6. ¿Está en cama?
7. ¿Tiene que guardar cama?
8. ¿Qué opinión tienes? ¿Qué crees?
   ¿Está la muchacha de buen humor
   o de mal humor?

TOA tiene un agradable sabor y además te permite seguir activo.

Y para sus niños... ¡TOA INFANTIL!

¿Cómo está? Contesten según las fotos.

1. ¿Cómo está el joven?
¿Está triste o contento?

2. Y la joven, ¿cómo está?
¿Está triste o contenta?

3. El señor, ¿está bien o
está enfermo?

4. Y la señora, ¿está nerviosa
o está tranquila?

D **¿Cómo estás tú?** Contesten personalmente.

1. ¿Cómo estás hoy?

2. Cuando estás enfermo(a), ¿estás de buen humor o estás
de mal humor?

3. Cuando tienes dolor de cabeza, ¿estás contento(a) o triste?

4. Cuando tienes catarro, ¿siempre estás cansado(a) o no?

5. Cuando tienes catarro, ¿tienes fiebre y escalofríos?

6. Cuando tienes la gripe, ¿tienes fiebre y escalofríos?

7. ¿Tienes que guardar cama cuando tienes catarro?

8. ¿Tienes que guardar cama cuando tienes fiebre?

Actividad comunicativa

¿Qué te pasa? Work with a classmate. Ask your partner what's
the matter—**¿Qué te pasa?** He or she will tell you. Then suggest
something he or she can do to feel better. **¿Por qué no... ?** Take turns.

Vocabulario

En la consulta del médico

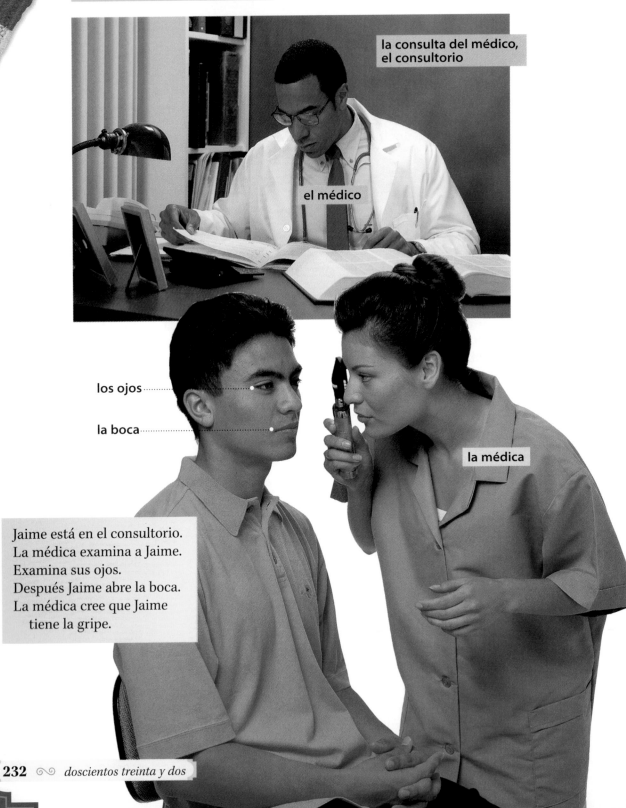

la consulta del médico, el consultorio

el médico

los ojos

la boca

la médica

Jaime está en el consultorio.
La médica examina a Jaime.
Examina sus ojos.
Después Jaime abre la boca.
La médica cree que Jaime
tiene la gripe.

Me duele la cabeza.

Me duele la garganta.

Me duele el estómago.

En la farmacia

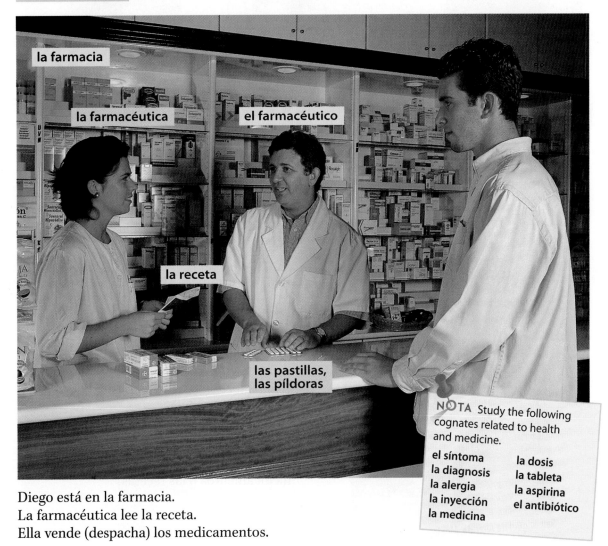

la farmacia

la farmacéutica

el farmacéutico

la receta

las pastillas, las píldoras

NOTA Study the following cognates related to health and medicine.

el síntoma	la dosis
la diagnosis	la tableta
la alergia	la aspirina
la inyección	el antibiótico
la medicina	

Diego está en la farmacia.
La farmacéutica lee la receta.
Ella vende (despacha) los medicamentos.

VOCABULARIO

Práctica

A **¿Qué te pasa?** Preparen una conversación según el modelo.

Me duele la garganta.

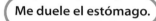

—**¿Qué te pasa? ¿Tienes dolor de garganta?**
—**Sí, me duele mucho. ¡Qué enfermo(a) estoy!**

Me duele el estómago.

1.

Me duele la cabeza.

2.

San Miguel de Allende, México

B **HISTORIETA** En el consultorio

Contesten.

1. ¿Dónde está Alberto? ¿En la consulta de la médica o en el hospital?
2. ¿Quién está enfermo? ¿Alberto o la médica?
3. ¿Quién examina a Alberto? ¿La médica o la farmacéutica?
4. ¿Qué examina la médica? ¿La cabeza o la garganta?
5. ¿Qué tiene que tomar Alberto? ¿Una inyección o una pastilla?
6. ¿Quién receta los antibióticos? ¿La médica o la farmacéutica?
7. ¿Adónde va Alberto con la receta? ¿A la clínica o a la farmacia?
8. ¿Qué despacha la farmacéutica? ¿Los medicamentos o las recetas?

HISTORIETA Alberto está enfermo, el pobre.

Corrijan las oraciones.

1. Alberto está muy bien.
2. Alberto está en el hospital.
3. Alberto examina a la médica.
4. Alberto abre la boca y la médica examina los ojos.
5. La médica habla con Alberto de sus síntomas.
6. La farmacéutica receta unos antibióticos.
7. La médica despacha los medicamentos.
8. Alberto va al consultorio con la receta.

Actividades comunicativas

A **Buenos días, doctor.** Look at the illustration. Pretend you're the patient. Tell the doctor how you're feeling.

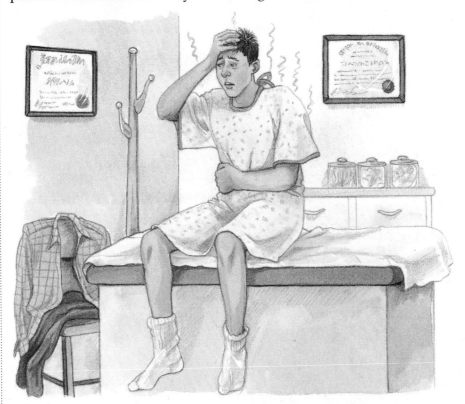

B **En la consulta del médico** Work with a classmate. You're sick with a cold or the flu. The doctor (your partner) will ask you questions about your symptoms. Answer the doctor's questions as completely as you can. Then change roles.

Estructura

Characteristics and conditions
Ser y estar

1. In Spanish there are two verbs that mean "to be." They are **ser** and **estar.** These verbs have very distinct uses. They are not interchangeable. **Ser** is used to express a trait or characteristic that does not change.

> **Ella es muy sincera.**
> **La casa de apartamentos es muy alta.**

2. **Estar** is used to express a temporary condition or state.

> **Eugenio está enfermo.**
> **Está cansado y nervioso.**

La familia está contenta,
San Miguel de Allende

A **Al contrario** Sigan el modelo.

> Roberto es rubio.

> Al contrario. No es rubio.
> Roberto es moreno.

1. Teresa es morena.
2. Justo es alto.
3. Héctor es feo.
4. Catalina es muy seria.
5. La clase de biología es aburrida.
6. Los cursos son fáciles.
7. Nuestro equipo de fútbol es malo.
8. Su familia es grande.

B **Tu escuela y tus clases** Contesten.

1. ¿Cómo es tu escuela?
2. ¿Quién en la clase de español es rubio?
3. ¿Quién es moreno?
4. ¿Cuál es un curso interesante?
5. ¿Cuál es una clase aburrida?
6. ¿El equipo de qué deporte es muy bueno?

C **¿Cómo está o cómo es?** Describan a la persona en cada dibujo.

1. Antonia

2. Jorge

3. Beatriz

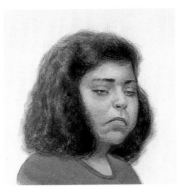

4. Teresa

5. Susana

D **¿Cómo eres?** Den una descripción personal.

INFOR-MED

La Medicina cada día avanza más en el desarrollo de nuevas formas de proteger la salud del ser humano. ¡Manténgase informado al respecto!

ESTRUCTURA

E HISTORIETA Están enfermos.

Completen con la forma correcta de **ser** o **estar**.

Rubén y Marisol ___₁___ enfermos. Rubén no tiene energía. ___₂___ muy cansado. ___₃___ triste. Y Marisol tiene tos. Su garganta ___₄___ muy roja. La mamá de Rubén y Marisol ___₅___ muy nerviosa. Su papá ___₆___ nervioso también porque sus dos hijos ___₇___ enfermos. Pero su médico ___₈___ muy bueno. El doctor Rodríguez ___₉___ muy inteligente. Su consultorio ___₁₀___ muy moderno. El doctor Rodríguez examina a Rubén y a Marisol. El médico habla:

—Uds. no ___₁₁___ muy enfermos. Tienen la gripe. Aquí tienen unos antibióticos. Los antibióticos ___₁₂___ muy buenos.

Ahora todos ___₁₃___ muy contentos y los padres no ___₁₄___ nerviosos. No ___₁₅___ nerviosos porque Rubén no ___₁₆___ muy enfermo y Marisol no ___₁₇___ muy enferma. Dentro de poco, sus hijos van a ___₁₈___ muy bien.

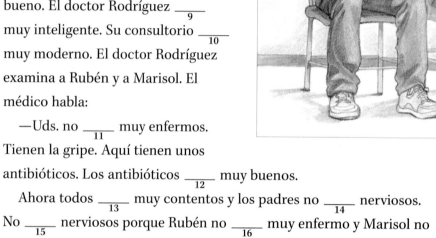

Actividades comunicativas

A **¿Por qué?** There is usually a reason for everything. Talk to a classmate. He or she will ask you how you're feeling. Answer and explain why you are feeling as you are. Some of the following words may be helpful to you.

contento
de buen humor
cansado
melcancólico
triste
nervioso
de mal humor

B **Virtudes y defectos**   Work in small groups. Make a list of characteristics and personality traits. Divide them into two groups— **características positivas (virtudes)** and **características negativas (defectos).** Then have some fun. Make up a description of a person with many virtues. Make up another description of a person with many defects or faults. Be as creative as possible.

Origin and location
Ser y estar

1. The verb **ser** is used to express where someone or something is from.

> **La muchacha es de Cuba.**
> **El café es de Colombia.**

2. **Estar** is used to express where someone or something is located.

> **Los alumnos están en la escuela.**
> **Los libros están en el salón de clase.**

Santafé de Bogotá, Colombia

✦Práctica✦

A **¿De dónde es?**   Contesten según el modelo.

 **¿Es cubano el muchacho?**   **Sí, creo que es de Cuba.**

1. ¿Es colombiana la muchacha?
2. ¿Es guatemalteco el muchacho?
3. ¿Es puertorriqueña la joven?
4. ¿Es española la profesora?
5. ¿Es peruano el médico?
6. ¿Son venezolanos los amigos?
7. ¿Son chilenas las amigas?
8. ¿Son costarricenses los jugadores?

B HISTORIETA Una carta a un amigo

Completen la carta.

Caracas, Venezuela

Hola David,

¿Qué tal? ¿Cómo ____ ? Yo ____
1   2
muy bien. Yo ____ Alejandro Salas.
3
____ de Venezuela. Mi casa ____ en
4   5
Caracas, la capital. ____ en la
6
calle Rómulo Gallegos. Nuestro
apartamento ____ moderno. Y ____
7   8
bastante grande. ____ en el quinto
9
piso del edificio. El edificio ____
10
muy alto. Tiene muchos pisos.
Me gusta nuestro apartamento.
David, ¿cómo ____ tu casa? ¿ ____
11   12
muy grande y moderna? Y tu
familia, ¿ ____ grande o pequeña?
13

C ¿De dónde es y dónde está ahora? Contesten.

1. Bernardo es de México pero ahora está en Venezuela.
   ¿De dónde es Bernardo?
   ¿Dónde está ahora?
   ¿De dónde es y dónde está?

2. Linda es de los Estados Unidos pero ahora está en Colombia.
   ¿De dónde es Linda?
   ¿Dónde está ahora?
   ¿De dónde es y dónde está?

3. La señora Martín es de Cuba pero ahora está en Puerto Rico.
   ¿De dónde es la señora Martín?
   ¿Dónde está ella ahora?
   ¿De dónde es y dónde está?

D. **Entrevista**   Contesten personalmente.

1. ¿Estás en la escuela ahora?
2. ¿Dónde está la escuela?
3. ¿En qué clase estás?
4. ¿En qué piso está la sala de clase?
5. ¿Está el/la profesor(a) en la clase también?
6. ¿De dónde es él/ella?
7. ¿Y de dónde eres tú?
8. ¿Cómo estás hoy?
9. Y el/la profesor(a), ¿cómo está?
10. ¿Y cómo es?

E. **HISTORIETA** Un amigo, Ángel

Completen con **ser** o **estar.**

Ángel _____ un amigo muy bueno. _____ muy atlético y _____ muy
                 1   2   3
inteligente. Además _____ sincero y simpático. Casi siempre _____ de
                          4   5
buen humor. Pero hoy no. Al contrario, _____ de mal humor. _____ muy
                                              6   7
cansado y tiene dolor de cabeza. _____ enfermo. Tiene la gripe. _____
                                        8   9
en casa. _____ en cama.
               10

La casa de Ángel _____ en la calle 60. La calle 60 _____ en West
                       11   12
New York. West New York no _____ en Nueva York. _____ en Nueva
                                 13   14

Jersey. Pero la familia de Ángel no _____
                                        15
de West New York. Sus padres _____ de
                                   16
Cuba y sus abuelos _____ de España.
                         17
Ellos _____ de Galicia, una región en el
         18
noroeste de España. Galicia _____ en la
                                  19
costa del Atlántico y del mar Cantábrico.
Ángel tiene una familia internacional.

Pero ahora todos _____ en West New
                       20
York y _____ contentos. Muchas familias
          21
en West New York _____ de ascendencia
                       22
cubana. El apartamento de la familia de
Ángel _____ muy bonito. _____ en el
         23   24
tercer piso y tiene una vista magnífica de
la ciudad de Nueva York.

West New York, New Jersey

Telling what happens to whom
Me, te, nos

Me, **te**, and **nos** are object pronouns. Note that the pronoun is placed right before the verb.

> **¿Te ve el médico?**
> **Sí, el médico me ve. Me examina.**
> **¿Te da una receta?**
> **Sí, me da una receta.**
> **Cuando tenemos la gripe, el médico nos receta antibióticos.**

 A **HISTORIETA** En el consultorio

Contesten.

1. ¿Estás enfermo(a)?
2. ¿Vas a la consulta del médico?
3. ¿Te ve el médico?
4. ¿Te examina?
5. ¿Te habla el médico?
6. ¿Te da una diagnosis?
7. ¿Te receta unas pastillas?
8. ¿Te despacha los medicamentos la farmacéutica?

Prevención y Tratamiento del Tabaquismo por el Farmacéutico

 B Una invitación Completen.

—Aquí tienes una carta.

¿Quién ___1___ escribe?

—Carlos ___2___ escribe.

—¿Ah, sí?

—Sí, ___3___ invita a una fiesta.

—¿___4___ invita a una fiesta?

—Sí, Carlos siempre ___5___ invita cuando tiene una fiesta.

Actividad comunicativa

A **Preguntas y más preguntas** Work with a partner. Have some fun making up silly questions and giving answers. For example, **¿Te da una receta tu amigo cuando es tu cumpleaños?** Use as many of the following words as possible. Be original!

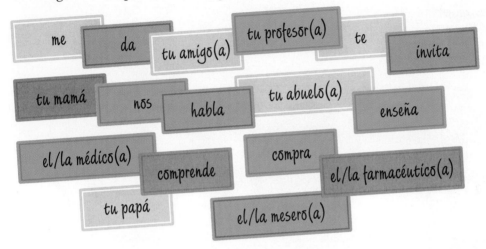

me | da | tu amigo(a) | tu profesor(a) | te | invita
tu mamá | nos | habla | tu abuelo(a) | enseña
el/la médico(a) | comprende | compra | el/la farmacéutico(a)
tu papá | el/la mesero(a)

La Facultad de Medicina, Universidad de Madrid

En la consulta del médico

ALEJANDRO: Buenos días, doctor López.

DOCTOR: Buenos días, Alejandro. ¿Qué te pasa? ¿Qué tienes?

ALEJANDRO: Doctor López, ¡qué enfermo estoy!

DOCTOR: ¿Me puedes explicar tus síntomas?

ALEJANDRO: Pues, tengo fiebre. Y tengo escalofríos.

DOCTOR: ¿Te duele la garganta?

ALEJANDRO: ¿La garganta? Me duele todo—la garganta, la cabeza.

DOCTOR: Bien, Alejandro. ¿Puedes abrir la boca? (Después de mirar) Ya veo. Tienes la garganta muy roja.

ALEJANDRO: ¿Qué tengo, doctor?

DOCTOR: No es nada serio. Tienes la gripe. Te voy a recetar unos antibióticos. Dentro de dos días vas a estar muy bien.

Después de conversar

Contesten.

1. ¿Dónde está Alejandro?
2. ¿Con quién habla?
3. ¿Cómo está Alejandro?
4. ¿Qué tiene?
5. ¿Tiene dolor de garganta?
6. ¿Tiene dolor de cabeza?
7. ¿Abre la boca Alejandro?
8. ¿Qué examina el médico?
9. ¿Cómo está la garganta?
10. ¿Qué cree el médico que Alejandro tiene?

Actividades comunicativas

A **¿Debes o no debes ser médico(a)?** Work with a classmate. Interview one another and decide who would be a good doctor. Make a list of questions for your interview. One question you may want to ask is: **¿Tienes mucha o poca paciencia?**

JUEGO **¿Quién es?** Play a guessing game with a classmate. Give some features and characteristics of someone in the class. Then tell how the person appears to be today. Your partner will guess who it is you are talking about. Then your partner will describe someone and it will be your turn to guess.

ALUMNO 1: **Es morena y alta. Está contenta hoy.**
ALUMNO 2: **¡Es Alicia!**
ALUMNO 1: **Sí, es ella.**

PRONUNCIACIÓN

La consonante c

You have already learned that **c** in combination with **e** or **i (ce, ci)** is pronounced like an **s**. The consonant **c** in combination with **a, o, u (ca, co, cu)** has a hard **k** sound. Since **ce, ci** have the soft **s** sound, **c** changes to **qu** when it combines with **e** or **i (que, qui)** in order to maintain the hard **k** sound. Repeat the following.

ca	que	qui	co	cu
cama	que	equipo	como	cubano
casa	queso	aquí	médico	
catarro	parque	química	cocina	
cansado	pequeño	tranquilo		
cabeza				
boca				

Repeat the following sentences.

> **El médico cubano está en la consulta pequeña.**
> **El queso está en la cocina de la casa.**
> **El cubano come el queso aquí en el parque pequeño.**

Lecturas CULTURALES

Reading Strategy

Visualizing

As you are reading, try to visualize (or make a mental picture) of exactly what it is you are reading. Allow your mind to freely develop an image. This will help you to remember what you read. It may also help you identify with the subject you are reading about.

UNA JOVEN NERVIOSA

La pobre Patricia está muy enferma hoy. No tiene energía. Está cansada. Tiene dolor de garganta y tiene tos. Está de muy mal humor porque mañana tiene que jugar en un partido importante de fútbol. No quiere perder[1] el partido pero no puede jugar si está tan enferma y débil[2].

Pues, no hay más remedio para Patricia. Tiene que ir a ver al médico. Llega al consultorio.

[1]perder _to miss_
[2]débil _weak_

Madrid, España

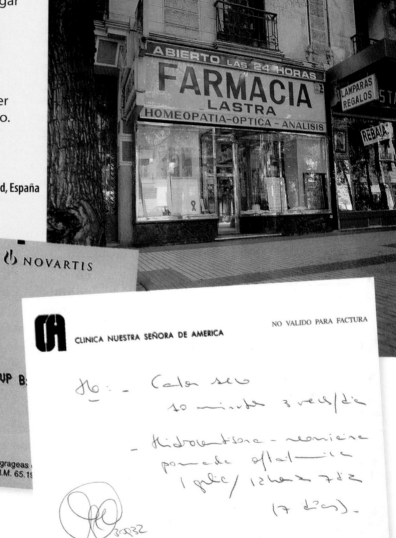

En el consultorio Patricia habla con el médico. Explica que tiene un partido importante que no quiere perder. El médico examina a Patricia. Ella abre la boca y el médico examina la garganta. Sí, está un poco roja pero no es nada serio. Su condición no es grave.

Habla Patricia:

—Doctor, no puedo guardar cama. Tengo que jugar fútbol mañana.

—Patricia, estás muy nerviosa. Tienes que estar tranquila. No hay problema. Aquí tienes una receta. Vas a tomar una pastilla tres veces al día—una pastilla con cada comida. Mañana vas a estar mucho mejor[3] y no vas a perder tu partido. Y, ¡buena suerte[4]!

[3]mucho mejor *much better*
[4]buena suerte *good luck*

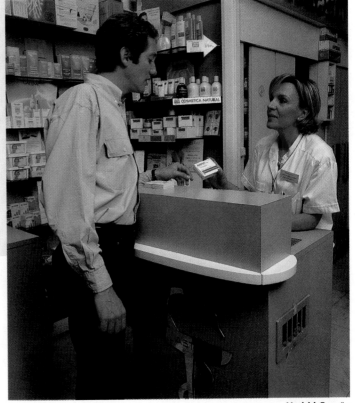

Madrid, España

Después de leer

A Pobre Patricia Contesten.

1. ¿Quién está enferma?
2. ¿Cuáles son sus síntomas?
3. ¿Está de buen humor o de mal humor?
4. ¿Por qué está nerviosa?
5. ¿Cuál es el único remedio para Patricia?
6. ¿Con quién habla Patricia en el consultorio?
7. ¿Qué examina el médico?
8. ¿Cómo está la garganta?
9. ¿Cómo es su condición?
10. ¿Tiene que guardar cama Patricia?
11. ¿Qué tiene que tomar?
12. ¿Cuándo tiene que tomar las pastillas?
13. ¿Cómo va a estar mañana?

LA FARMACIA

En los Estados Unidos si uno quiere o necesita antibióticos, es necesario tener una receta. Es necesario visitar al médico para un examen. El médico receta los medicamentos y el paciente lleva la receta a la farmacia. El farmacéutico no puede despachar medicamentos sin la receta de un médico.

En muchos países hispanos no es necesario tener una receta para comprar antibióticos. Uno puede explicar sus síntomas al farmacéutico y él o ella puede despachar los medicamentos. Pero hay una excepción. Los farmacéuticos no pueden despachar medicamentos que contienen sustancias controladas como un narcótico o un medicamento con alcohol.

Y hay otra cosa importante. El precio[1] de las medicinas en los países hispanos es mucho más bajo que el precio de las mismas medicinas en los Estados Unidos.

[1]precio *price*

Buenos Aires, Argentina

Después de leer

 A **¿Sí o no?** Digan que sí o que no.

1. El farmacéutico en los Estados Unidos no puede despachar medicamentos si el cliente no tiene una receta de su médico.
2. En Latinoamérica el médico despacha los medicamentos.
3. En Latinoamérica es necesario ir a una clínica por los antibióticos.
4. El farmacéutico en Latinoamérica puede despachar antibióticos sin una receta del médico.
5. El farmacéutico en Latinoamérica no puede vender medicamentos que contienen o llevan una droga o alcohol sin una receta.
6. Los medicamentos cuestan más en los países hispanos que en los Estados Unidos.

LECTURA OPCIONAL 2

UNA BIOGRAFÍA—EL DOCTOR ANTONIO GASSETT

El doctor Antonio Gassett es de La Habana, Cuba. Recibe su bachillerato en ciencias en la Universidad de Belén, en Cuba. Más tarde estudia en la Facultad de Medicina de la Universidad de La Habana. Poco después, sale de[1]

La Habana, Cuba

Cuba por motivos políticos. Va a Boston donde trabaja de técnico de laboratorio en la Fundación de Retina de Boston.

Le interesa mucho el trabajo con los ojos y decide estudiar oftalmología. Estudia en Harvard y en la Universidad de la Florida.

Hoy el doctor Gassett es una persona famosa. Descubre un método para tratar la córnea. Con el tratamiento del doctor Gassett muchas personas ciegas—que no pueder ver—recobran la vista[2]. El doctor recibe muchos premios[3] por sus investigaciones y descubrimientos[4].

[1]sale de *he leaves*
[2]recobran la vista *regain sight*
[3]premios *prizes, awards*
[4]descubrimientos *discoveries*

Después de leer

A **Estudio de palabras**   Contesten.

1. The word **investigar** is a cognate of *investigate*. What does "to investigate" mean? In Spanish, **investigar** can mean both "to investigate" and "to do research." Related words are: **las investigaciones, el investigador.** Use these words in a sentence.
2. In the reading, find a word related to each of the following: **tratar, descubrir.**

B **Palabras sinónimas**   Busquen una expresión equivalente.

1. obtiene su bachillerato
2. por razones políticas
3. le fascina el trabajo
4. es una persona célebre, renombrada

Conexiones

LAS CIENCIAS NATURALES

LA NUTRICIÓN

Good nutrition is very important. What we eat can determine if we will enjoy good health or poor health. For this reason, it is most important to have a balanced diet and avoid the temptation to eat "junk food."

Read the following information about nutrition in Spanish. Before reading this selection, however, look at the following groups of related words. Often if you know the meaning of one word you can guess the meaning of several other words related to it.

**varía, la variedad, la variación
activo, la actividad
los adolescentes, la adolescencia
proveen, la provisión, el proveedor
el consumo, consumir, el consumidor
elevar, la elevación, elevado**

Comer bien

Es muy importante comer bien para mantener la salud. Cada día debemos[1] comer una variedad de vegetales, frutas, granos y cereales y carnes o pescado.

Calorías

El número de calorías que necesita o requiere una persona depende de su metabolismo, de su tamaño y de su nivel[2] de actividad física. Los adolescentes necesitan más calorías que los ancianos o viejos. Requieren más calorías porque son muy activos y están creciendo[3]. Una persona anciana de tamaño pequeño con un nivel bajo de actividad física requiere menos calorías.

[1]debemos *we should*   [3]creciendo *growing*
[2]nivel *level*

Proteínas

Las proteínas son especialmente importantes durante los períodos de crecimiento. Los adolescentes, por ejemplo, deben comer comestibles o alimentos ricos[4] en proteínas porque están creciendo.

Carbohidratos

Los carbohidratos son alimentos como los espaguetis, las papas y el arroz. Los carbohidratos proveen mucha energía.

Grasas

Las grasas o lípidos son otra fuente[5] importante de energía. Algunas carnes contienen mucha grasa. Pero es necesario controlar el consumo de lípidos o grasa porque en muchos individuos elevan el nivel de colesterol.

Vitaminas

Las vitaminas son indispensables para el funcionamiento del organismo o cuerpo. ¿Cuáles son algunas fuentes de las vitaminas que necesita el cuerpo humano?

VITAMINA	FUENTE
A	vegetales, leche, algunas frutas
B	carne, huevos, leche, cereales, vegetales verdes
C	frutas cítricas, tomates, lechuga
D	leche, huevos, pescado
E	aceites[6], vegetales, huevos, cereales

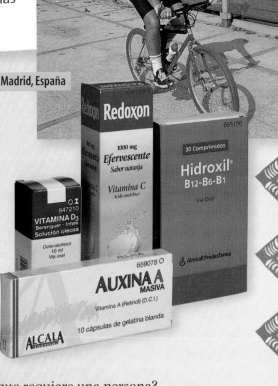

Madrid, España

[4]ricos *rich*   [5]fuente *source*   [6]aceites *oils*

~Después de leer~

A **La nutrición**   Contesten.

1. ¿Qué debemos comer cada día?
2. ¿De qué depende el número de calorías que requiere una persona?
3. ¿Quiénes requieren más calorías? ¿Por qué?
4. ¿Por qué necesitan los adolescentes alimentos ricos en proteínas?
5. ¿Qué proveen los carbohidratos?
6. ¿Por qué es necesario controlar el consumo de grasas o lípidos?

Culminación

Actividades orales

A. **Todos están enfermos.** Work with a classmate. Choose one of the unfortunate people in the illustrations. Describe him or her. Your partner will guess which person you're describing and say what the matter is with that person. Take turns.

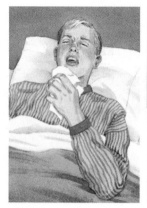
Paco

Gloria

Ana

David

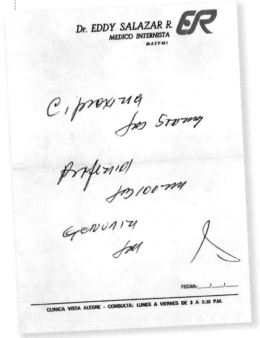

B. **Aquí tengo una receta.** You are in a pharmacy in Panama. Your classmate will be the pharmacist. Make up a conversation about your prescription and why you need it. Take turns.

C. **¡Qué enfermo(a) estoy!** With a partner, prepare a skit about a nervous person in a doctor's office. If you want, you can prepare the skit based on the story about **Una joven nerviosa.** Your skit can be about Patricia and her doctor.

JUEGO **Estoy muy mal hoy.** Work with a partner. Make gestures to indicate how you're feeling today. Your partner will ask you why you feel that way. Tell him or her. Be as creative and humorous as possible.

Actividad escrita

A **¡Necesito un doctor!**   Andrés is a Bolivian exchange student staying with you. He passes you the following note in class. You sense that he is a bit of a "worry wart." Send a note back to him. Let him know you can take him to your doctor after class. Reassure him that it's not so bad. Tell him something about a visit to your doctor.

> ¡Ay!   ¡Qué enfermo estoy!   Me duele todo —la cabeza, la garganta, el estómago. ¿Qué tengo? ¿Qué me pasa?   Quiero hablar ahora con mis padres. Pero no puedo. Están en Bolivia. Tengo que ir al médico. ¡Ay, hombre!

Writing Strategy

Writing a personal essay

In writing a personal essay, a writer has several options: to tell a story, describe something, or encourage someone to think a certain way or to do something. Whatever its purpose, a personal essay allows a writer to express a viewpoint about a subject he or she has experienced. Your essay will be much livelier if you allow your enthusiasm to be obvious; do so by choosing interesting details and vivid words to relay your message.

El servicio en la comunidad

Your Spanish Club has a community service requirement. You have decided to work in the emergency room (**la sala de emergencia**) at your local hospital. You serve as a translator or intepreter for patients who speak only Spanish. Write a flyer for your Spanish Club. Tell about your experience with one or more patients. Give your feelings about the work you do and try to encourage other club members to volunteer their services, too.

Vocabulario

DESCRIBING MINOR HEALTH PROBLEMS

la salud

la fiebre

los escalofríos

la gripe

el catarro

la tos

la energía

el dolor

enfermo(a)

cansado(a)

estornudar

estar resfriado(a)

toser

SPEAKING WITH THE DOCTOR

¿Qué te pasa?

la consulta, el consultorio

el/la médico(a)

el hospital

el síntoma

la diagnosis

la alergia

la inyección

Me duele...

Tengo dolor de...

creer

examinar

abrir la boca

guardar cama

recetar

DESCRIBING SOME EMOTIONS

contento(a)

triste

de buen humor,
de mal humor

nervioso(a)

tranquilo(a)

IDENTIFYING MORE PARTS OF THE BODY

la garganta

los ojos

la boca

el estómago

SPEAKING WITH A PHARMACIST

la farmacia

el/la farmacéutico(a)

la receta

el medicamento, la medicina

la aspirina

el antibiótico

las pastillas, las píldoras, la tableta

la dosis

despachar, vender

TECNOTUR

VIDEO

¡Buen viaje!

EPISODIO 8 ▶ La salud y el médico

Juan Ramón y Teresa hacen planes para ir a Segovia.

¿Es verdad que Pilar está enferma?

CD-ROM

Expansión cultural

La Puerta de Alcalá en la Plaza de la Independencia.

interNET
CONNECTION

In this video episode Pilar seems to have the symptoms of a terrible illness until she hears what the pharmacist has to say! To find out whether or not you have a healthy lifestyle, go to the **Capitulo 8** Internet activity at the **Glencoe Foreign Language Web** site:

http://www.glencoe.com/sec/fl

CAPÍTULO 9

El verano y el invierno

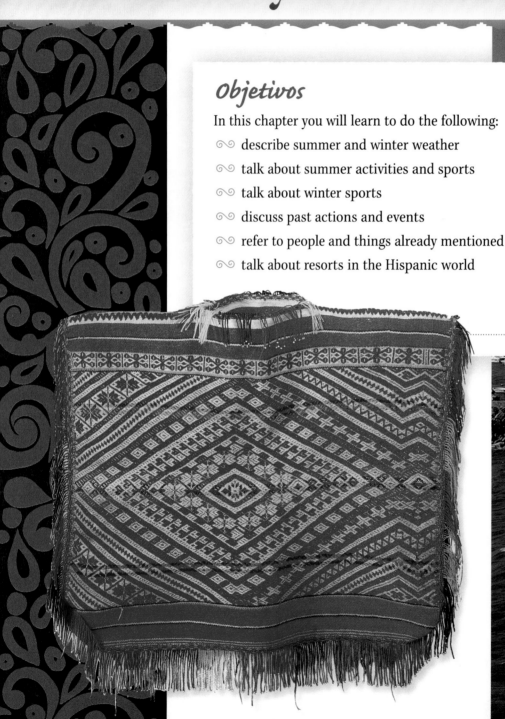

Objetivos

In this chapter you will learn to do the following:

- ◌ describe summer and winter weather
- ◌ talk about summer activities and sports
- ◌ talk about winter sports
- ◌ discuss past actions and events
- ◌ refer to people and things already mentioned
- ◌ talk about resorts in the Hispanic world

Vocabulario

El balneario

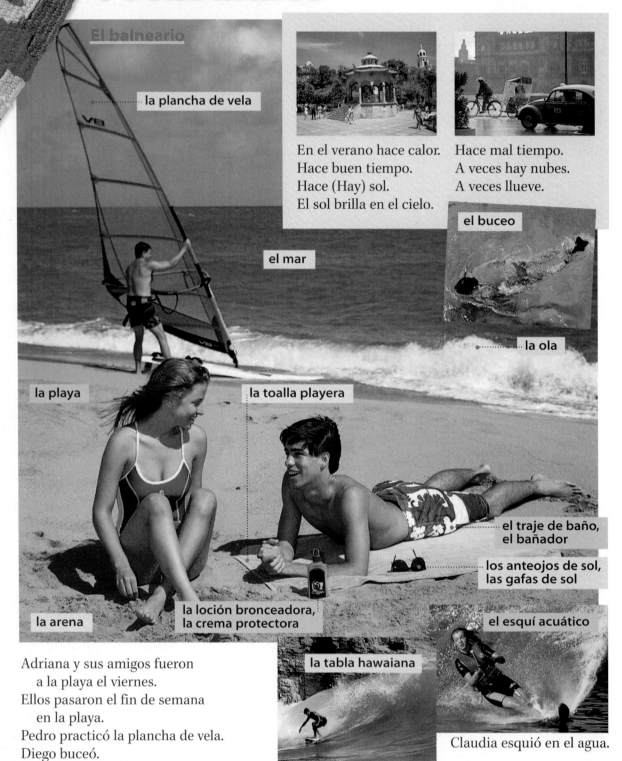

la plancha de vela

En el verano hace calor.
Hace buen tiempo.
Hace (Hay) sol.
El sol brilla en el cielo.

Hace mal tiempo.
A veces hay nubes.
A veces llueve.

el buceo

el mar

la ola

la playa

la toalla playera

el traje de baño,
el bañador

los anteojos de sol,
las gafas de sol

la arena

la loción bronceadora,
la crema protectora

el esquí acuático

la tabla hawaiana

Adriana y sus amigos fueron
   a la playa el viernes.
Ellos pasaron el fin de semana
   en la playa.
Pedro practicó la plancha de vela.
Diego buceó.
Carlos tomó el sol.

Claudia esquió en el agua.

Alejandro practicó el surfing.

La natación

nadar

la piscina,
la alberca

Sandra fue a la piscina.
Ella nadó en la piscina.

El tenis

la raqueta

la pelota

la red

la cancha de tenis

el juego de tenis

Los amigos jugaron (al) tenis.
Jugaron tenis en una cancha al aire libre.
No jugaron en una cancha cubierta.
Jugaron singles, no dobles.
Un jugador golpeó la pelota.
La pelota pasó por encima de la red.

Práctica

A HISTORIETA ¡A la playa!

Contesten con **sí**.

1. ¿Fue Isabel a la playa?
2. ¿Pasó el fin de semana allí?
3. ¿Nadó en el mar?
4. ¿Esquió en el agua?
5. ¿Buceó?
6. ¿Tomó el sol?
7. ¿Usó una crema protectora?

San Juan, Puerto Rico

Acapulco, México

B HISTORIETA El tiempo

Completen.

En el verano ____ calor. Hay ____. El sol
                 1   2
brilla en el ____. Pero no hace buen tiempo
              3
siempre. A veces hay ____. Cuando hay ____,
                      4   5
el cielo está nublado. No me gusta cuando

____ cuando estoy en la playa.
  6

C ¿Qué compró Claudia? Contesten según los dibujos.

Claudia fue a la tienda. ¿Qué compró?

1. 2. 3. 4.

Cancún, México

D HISTORIETA El balneario

Completen.

1. Un balneario tiene ____.
2. El Mediterráneo es un ____ y el Caribe es un ____.
3. En un mar o en un océano hay ____.
4. En la playa la gente ____ y ____ el sol.
5. ____ da protección contra el sol.
6. Una persona lleva ____ y ____ cuando va a la playa.
7. Me gusta mucho ir a la playa en el ____ cuando hace ____ y hay mucho ____.
8. Si uno no vive cerca de la costa y no puede ir a la playa, puede nadar en ____.

E HISTORIETA Un juego de tenis

Contesten.

1. ¿Dónde jugaron los tenistas al tenis?
2. ¿Jugaron singles o dobles?
3. ¿Cuántas personas hay en la cancha cuando juegan dobles?
4. ¿Golpearon los tenistas la pelota?
5. ¿La pelota tiene que pasar por encima de la red?

Estepona, España

Actividades comunicativas

A **Vamos a la playa.** Work with a classmate. You are going to spend a day or two at the beach. Go to the store to buy some things you need for your beach trip. One of you will be the clerk and the other will be the shopper. Take turns.

B **¿Dónde vamos a jugar tenis?** Call some friends (your class-mates) to try to arrange a game of doubles. Decide where you're going to play, when, and with whom.

Vocabulario

El invierno

el esquí

los guantes

la esquiadora

el anorak

el bastón

la bota

El tiempo en el invierno

En el invierno hace frío.
Nieva.
Hay mucha nieve.
La temperatura baja a cinco grados bajo cero.

La estación de esquí

el boleto, el ticket

la ventanilla, la boletería

el telesquí, el telesilla

Los esquiadores compraron los boletos en la ventanilla.

Ellos tomaron el telesilla para subir la montaña.

la pista

Bajaron la pista.
Esquiaron muy bien.
Bajaron la pista para expertos, no la pista para principiantes.

> **NOTA** You may be familiar with the following expressions to talk about things that happen in the present. Look also at time expressions you use to talk about things that happened in the past.
>
> | EL PRESENTE | EL PASADO |
> | --- | --- |
> | hoy | ayer |
> | esta noche | anoche |
> | esta tarde | ayer por la tarde |
> | esta mañana | ayer por la mañana |
> | este año | el año pasado |
> | esta semana | la semana pasada |

VOCABULARIO

✦Práctica✦

Parque Nacional de Puyehue, Chile

A **¿Qué tiempo hace?**
Describan el tiempo en la foto.

Villarrica, Chile

B **HISTORIETA** En una estación de esquí

Contesten según se indica.

1. ¿Cuándo son populares las estaciones de esquí? (en el invierno)
2. ¿Qué tipo de pistas hay en una estación de esquí? (para expertos y para principiantes)
3. ¿Dónde compraron los esquiadores los tickets para el telesquí? (en la ventanilla)
4. ¿Qué tomaron los esquiadores para subir la montaña? (el telesilla)
5. ¿Qué bajaron los esquiadores? (la pista)

C **Me gusta esquiar.** Completen.

En el ___(1)___ hace frío. A veces nieva. Cuando hay mucha ___(2)___ me gusta ir a una ___(3)___ de esquí. Llevo mis ___(4)___, mis botas y los ___(5)___ y voy a las montañas. Tomo el ___(6)___ para subir la montaña. No soy un esquiador muy bueno. Siempre bajo una ___(7)___ para principiantes.

Actividades comunicativas

A **¡A esquiar!**   You're at a ski resort in Chile and have to rent **(alquilar)** some equipment for a day on the slopes. Tell the clerk (your partner) what you need. Find out whether he or she has what you need and how much it all costs.

B **En una estación de esquí**   Have a conversation with a classmate. Tell as much as you can about what people do at a ski resort. Find out which one of you knows more about skiing. If skiing is a sport that is new to you, tell whether you think it would interest you.

C **¿A qué ciudad?**   With a classmate, look at the following weather map that appeared in a Spanish newspaper. You are in Madrid and want to take a side trip. Since you both have definite preferences regarding weather, use the map to help you make a decision. After you choose a city to go to, tell what you are going to do there.

Estructura

Describing past actions
Pretérito de los verbos en -ar

1. You use the preterite to express actions that began and ended at a definite time in the past.

> **Ayer María pasó el día en la playa.**
> **Yo, no. Pasé el día en la escuela.**

2. The preterite of regular **-ar** verbs is formed by dropping the infinitive ending **-ar** and adding the appropriate endings to the stem. Study the following forms.

INFINITIVE	hablar	tomar	nadar	
STEM	habl-	tom-	nad-	ENDINGS
yo	hablé	tomé	nadé	-é
tú	hablaste	tomaste	nadaste	-aste
él, ella, Ud.	habló	tomó	nadó	-ó
nosotros(as)	hablamos	tomamos	nadamos	-amos
vosotros(as)	hablasteis	tomasteis	nadasteis	-asteis
ellos, ellas, Uds.	hablaron	tomaron	nadaron	-aron

3. Note that verbs that end in **-car, -gar,** and **-zar** have a spelling change in the **yo** form.

$c \rightarrow qué$ $g \rightarrow gué$ $z \rightarrow cé$

¿Marcaste un tanto? **Sí, marqué un tanto.**
¿Llegaste a tiempo? **Sí, llegué a tiempo.**
¿Jugaste (al) baloncesto? **Sí, jugué (al) baloncesto.**
¿Empezaste a jugar? **Sí, empecé a jugar.**

DEPORTES
* Basquet
* VoleyFutbol
* Handball
* Raquetball
* Pelota a mano
* Gimnasia deportiva

✦Práctica✦

A HISTORIETA **Una tarde en la playa**

Contesten.

1. Ayer, ¿pasó Rubén la tarde en la playa?
2. ¿Tomó él mucho sol?
3. ¿Usó crema protectora?
4. ¿Nadó en el mar?
5. ¿Buceó?
6. ¿Esquió en el agua?

B HISTORIETA **Un partido de tenis**

Contesten según se indica.

1. ¿Qué compraron los amigos? (una raqueta)
2. ¿A qué jugaron los jóvenes? (tenis)
3. ¿Jugaron en una cancha cubierta? (no, al aire libre)
4. ¿Golpearon la pelota? (sí)
5. ¿Jugaron singles o dobles? (dobles)
6. ¿Quiénes marcaron el primer tanto? (Alicia y José)
7. ¿Quienes ganaron el partido? (ellos)

San Juan, Puerto Rico

MERIDIANO TELEVISIÓN

MAÑANA
06:00 Golf Boomme Valley Classic 2 Ronda
07:30 Formula 1 Gran Premio de Luxemburgo (En Vivo)
10:00 Máxima Velocidad
11:00 Mundo Marcial
11:30 Basket Nacional: Cocodrilos vs Tanqueros (En Vivo)

TARDE
01:30 Formula 1 Gran Premio de Luxemburgo
04:00 Fútbol Nacional: Caracas F.C. vs Minerven (En Vivo)
06:00 Supergolazo
06:30 Revista Semanal

NOCHE
07:00 Tenis Copa Davis USA vs Italia
09:00 Retrospectiva de Golf
09:30 Revista Semanal
10:00 Tercer Tiempo
10:30 Noticiero Meridiano
11:30 Wheelies

NOTA: Esta programación puede estar sujeta a cambios por motivos de fuerza mayor.

C HISTORIETA **En casa**

Contesten personalmente.

1. Anoche, ¿a qué hora llegaste a casa?
2. ¿Preparaste la comida?
3. ¿Estudiaste?
4. ¿Miraste la televisión?
5. ¿Escuchaste discos compactos?
6. ¿Hablaste por teléfono?
7. ¿Con quién hablaste?

D HISTORIETA **Yo llegué al estadio.**

Cambien **nosotros** en **yo**.

Ayer nosotros llegamos al estadio y empezamos a jugar fútbol. Jugamos muy bien. No tocamos el balón con las manos. Lo lanzamos con el pie o con la cabeza. Marcamos tres tantos.

E **El baloncesto** Formen preguntas según el modelo.

Sigan el modelo.

¿Jugó Pablo?
A ver. Pablo, ¿jugaste?

1. ¿Jugó Pablo al baloncesto?
2. ¿Dribló con el balón?
3. ¿Pasó el balón a un amigo?
4. ¿Tiró el balón?
5. ¿Encestó?
6. ¿Marcó un tanto?

F **HISTORIETA** Una fiesta

Sigan el modelo.

hablar
Mis amigos y yo hablamos
durante la fiesta.

1. bailar
2. cantar
3. tomar un refresco
4. tomar fotos
5. escuchar música

Málaga, España

Valdesquí, España

G **HISTORIETA** En una estación de esquí
Completen.

El fin de semana pasado José, algunos amigos y yo ____ (esquiar). ____ (Llegar) a la estación de esquí el viernes por la noche. Luego nosotros ____ (pasar) dos días en las pistas.

José ____ (comprar) un pase para el telesquí. Todos nosotros ____ (tomar) el telesquí para subir la montaña. Pero todos nosotros ____ (bajar) una pista diferente. José ____ (bajar) la pista para expertos porque él esquía muy bien. Pero yo, no. Yo ____ (tomar) la pista para principiantes. Y yo ____ (bajar) con mucho cuidado.

A **Pasaron el fin de semana en la playa.** Look at the illustration. Work with a classmate, asking and answering questions about what these Spanish friends did at the beach in Torremolinos.

B **Pasé un día en una estación de esquí.** You went on a skiing trip in the Sierra Nevada, Granada, Spain. You had a great time. Call your friend (a classmate) to tell him or her about your trip. Your friend has never been skiing so he or she will have a few questions for you.

GRANADA

SIERRA NEVADA

Referring to items already mentioned
Pronombres—lo, la, los, las

1. The following sentences each have a direct object. The direct object is the word in the sentence that receives the action of the verb. The direct object can be either a noun or a pronoun.

Ella compró **el bañador**.	Ella **lo** compró.
Compró **los anteojos de sol**.	**Los** compró en la misma tienda.
¿Compró **loción bronceadora**?	Sí, **la** compró.
¿Compró **las toallas** en la misma tienda?	No, no **las** compró en la misma tienda.
¿Invitaste **a Juan** a la fiesta?	Sí, **lo** invité.
¿Invitaste **a Elena**?	Sí, **la** invité.

2. Note that **lo, los, la,** and **las** are direct object pronouns. They must agree with the noun they replace. They can replace either a person or a thing. The direct object pronoun comes right before the verb.

Ella compró **el regalo**.	Ella **lo** compró.
Invitó **a Juan**.	**Lo** invitó.
No miré **la fotografía**.	No **la** miré.
No miré **a Julia**.	No **la** miré.

A **¿Dónde está?** Sigan el modelo.

¿El bañador?   Aquí lo tienes.

1. ¿El traje de baño?
2. ¿El tubo de crema?
3. ¿La pelota?
4. ¿La crema protectora?
5. ¿Los anteojos de sol?
6. ¿Los boletos?
7. ¿Los esquís acuáticos?
8. ¿Las toallas playeras?
9. ¿Las raquetas?
10. ¿Las tablas hawaianas?

B De compras Sigan el modelo.

—¿Cuándo compraste los bastones?
—Los compré ayer.
—¿Dónde los compraste?
—Los compré en la tienda Padín.
—¿Cuánto te costaron?
—Me costaron ciento cinco pesos.

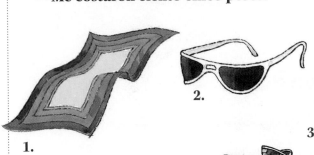

1.

2.

3.

4.

5.

6.

7.

8.

C HISTORIETA Un regalo que le gustó

Completen.

Yo compré un regalo para Teresa. _____ compré en la tienda de departamentos Cortefiel. Compré unos anteojos de sol. A Teresa le gustaron mucho. Ella _____ llevó el otro día cuando fue a la piscina. Ella tiene algunas fotografías con sus anteojos de sol. Su amigo Miguel _____ tomó.

Madrid, España

HISTORIETA Una fiesta

Contesten.

1. ¿Invitaste a Juan a la fiesta?
2. ¿Invitaste a Alejandra?
3. ¿Compraste los refrescos?
4. ¿Preparaste la ensalada?
5. ¿Tomó Pepe las fotografías de la fiesta?

Invitación

Ocasión: *Cumpleaños*
Fecha: *8 de febrero* Hora: *5 de la tarde*
Lugar: *Av. San Felipe 618*
  Jesús María, Lima
Ofrecida por: *Helena Martínez Navarro*

Teléfono: *4535934*

Describing past actions
Ir y ser en el pretérito

1. The verbs **ir** and **ser** are irregular in the preterite tense. Note that they have identical forms.

INFINITIVE	ir	ser
yo	fui	fui
tú	fuiste	fuiste
él, ella, Ud.	fue	fue
nosotros(as)	fuimos	fuimos
vosotros(as)	fuisteis	fuisteis
ellos, ellas, Uds.	fueron	fueron

2. The context in which each verb is used in the sentence will clarify the meaning. The verb **ser** is not used very often in the preterite.

El Sr. Martínez fue profesor de español.
Él fue a España.
Mi abuela fue médica.
Mi abuela fue al consultorio de la médica.

272 ∾ *doscientos setenta y dos*

CAPÍTULO 9

✦Práctica✦

A **¿Y tú?** Contesten personalmente.

1. Ayer, ¿fuiste a la escuela?
2. ¿Fuiste a la playa?
3. ¿Fuiste a la piscina?
4. ¿Fuiste al campo de fútbol?
5. ¿Fuiste a la cancha de tenis?
6. ¿Fuiste a las montañas?
7. ¿Fuiste a casa?
8. ¿Fuiste a la tienda?

B **¿Quién fue y cómo?** Contesten personalmente.

1. ¿Fuiste a la escuela ayer?
2. ¿Fue tu amigo también?
3. ¿Fueron juntos?
4. ¿Fueron en carro?
5. ¿Fue también la hermana de tu amigo?
6. ¿Fue ella en carro o a pie?

Actividad comunicativa

A **Anteayer** Work with a classmate. Ask whether he or she went to one of the places below the day before yesterday **(anteayer)**. Your partner will respond. Take turns asking and answering the questions.

1.
2.
3.
4.
5.

Conversación

GLORIA: ¿Adónde fuiste ayer?

PAULA: Pues, fui a la playa. Y no puedes imaginar lo que me pasó.

GLORIA: ¿Qué te pasó?

PAULA: Llegué a la playa sin mi traje de baño.

GLORIA: ¿Sin tu traje de baño?

PAULA: Sí, ¡sin mi traje de baño! Lo dejé en casa.

GLORIA: ¡Fuiste a la playa y dejaste tu traje de baño en casa! ¡Muy inteligente, Paula!

PAULA: Ah, pero lo pasé muy bien. Fui a nadar.

GLORIA: ¿Nadaste? ¿Sin traje de baño?

PAULA: Querer es poder. Fui al agua en mi blue jean.

Después de conversar

Contesten.

1. ¿Adónde fue Paula ayer?
2. ¿Llegó a la playa con su traje de baño?
3. ¿Dónde dejó su traje de baño?
4. Pero, ¿lo pasó bien en la playa?
5. ¿Nadó?
6. ¿Qué llevó cuando fue al agua?

Actividades comunicativas

A **¿Qué tiempo hace?** Work with a classmate. One of you lives in tropical San Juan, Puerto Rico. The other lives in Buffalo, New York. Describe the winter weather where you live.

B **Fuimos de vacaciones.** Work with a classmate. Take turns telling one another what you did last summer. You may wish to use the following words.

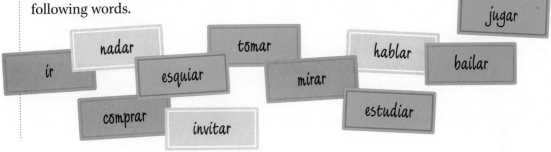

ir · nadar · esquiar · comprar · invitar · tomar · mirar · estudiar · hablar · bailar · jugar

PRONUNCIACIÓN

La consonante g

The consonant **g** has two sounds, hard and soft. You will study the soft sound in Chapter 10. **G** in combination with **a, o, u, (ga, go, gu)** is pronounced somewhat like the *g* in the English word *go*. To maintain this hard **g** sound with **e** or **i**, a **u** is placed after the **g**: **gue, gui**. Repeat the following.

ga	gue	gui	go	gu
gafa	Rodríguez	guitarra	goma	agua
amiga	guerrilla	guía	estómago	guante
garganta			tengo	
paga			juego	
gato				

Repeat the following sentences.

El gato no juega en el agua.
Juego béisbol con el guante de mi amigo Rodríguez.
No tengo la guitarra de Gómez.

Lecturas CULTURALES

Reading Strategy

Summarizing

When reading an informative passage, we try to remember what we read. Summarizing helps us to do this. The easiest way to summarize is to begin to read for the general sense and take notes on what you are reading. It is best to write a summarizing statement for each paragraph and then one for the entire passage.

PARAÍSOS DEL MUNDO HISPANO

¿Viajar[1] por el mundo hispano y no pasar unos días en un balneario? ¡Qué lástima[2]! En los países de habla española hay playas fantásticas. España, Puerto Rico, Cuba, México, Uruguay— todos son países famosos por sus playas.

En el verano cuando hace calor y un sol bonito brilla en el cielo, ¡qué estupendo es pasar un día en la playa! Y en lugares (sitios) como México, Puerto Rico y Venezuela, el verano es eterno. Podemos ir a la playa durante todos los meses del año.

Muchas personas toman sus vacaciones en una playa donde pueden disfrutar de[3] su tiempo libre. En la playa nadan o toman el sol. Vuelven a casa muy tostaditos o bronceados. Pero, ¡cuidado! Es necesario usar una crema protectora porque el sol es muy fuerte[4] en las playas tropicales.

[1]Viajar *To travel*   [3]disfrutar de *enjoy*
[2]lástima *pity*   [4]fuerte *strong*

Nerja, España

Acapulco, México

San Juan, Puerto Rico

La playa de Varadero, Cuba

Punta del Este, Uruguay

espués de leer

 La palabra, por favor. Den la palabra apropiada.

1. un lugar que tiene playas donde la gente puede nadar
2. una cosa triste y desagradable
3. maravillosas, estupendas
4. célebres
5. lindo, hermoso
6. de y para siempre
7. regresan a casa

B **En la playa** Contesten.

1. ¿Qué hay en los países de habla española?
2. ¿Cuándo es estupendo pasar un día en la playa?
3. ¿Cómo disfruta de su tiempo la gente que va a la playa?
4. ¿Cómo es el sol en las playas tropicales?

 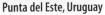

ESTACIONES INVERSAS

Es el mes de julio. En España es el verano y la gente va a la playa a nadar. Y en la Argentina y Chile la gente va a las montañas a esquiar. ¿Cómo es que esquían en julio? Pues, el mes de julio es invierno. En el hemisferio sur las estaciones son inversas de las estaciones del hemisferio norte.

Los Andes, Chile

Después de leer

A **¿A esquiar o a nadar?**
Contesten.
1. ¿Qué mes es?
2. ¿Qué estación es en España?
3. ¿Adónde va la gente?
4. ¿Qué estación es en la Argentina y Chile?
5. ¿Adónde va la gente?
6. En julio, ¿dónde nada la gente?
7. En julio, ¿dónde esquía la gente?

B **¿Qué estación es?**
Explica por qué es invierno en julio en Chile y la Argentina.

La Costa del Sol, España

EL «SNOWBOARDING»

¿Qué es el «snowboarding» o «el surf de nieve»? Es un deporte relativamente joven y nuevo. Es como el surfing—pero no sobre el agua. Practican el «snowboarding» sobre la nieve. Hay dos tipos o modalidades de surf de nieve—las carreras[1] y las exhibiciones.

Para practicar el «snowboarding», necesitas una tabla, un casco[2], guantes y rodilleras[3].

Sobre el skiboard—que es un tipo de tabla—el aficionado[4] hace unas piruetas y movimientos difíciles. El «snowboarding» es un deporte nuevo, pero ya hay competencias de «snowboarding» en los Juegos Olímpicos.

[1]carreras *races*
[2]casco *helmet*
[3]rodilleras *kneepads*
[4]aficionado *fan*

«Snowboarding» en Chile

Después de leer

A ¿Sí o no? Digan que sí o que no.
1. El «snowboarding» es un deporte antiguo.
2. El «snowboarding» es como el surfing sobre el agua, pero los aficionados lo practican en la nieve.
3. Hay solamente un tipo de surf de nieve.
4. El skiboard es un tipo de tabla, similar a una tabla hawaiana.
5. El aficionado de «snowboarding» hace unas piruetas en el aire.

Conexiones

LAS CIENCIAS SOCIALES

EL CLIMA

We often talk about the weather, especially when on vacation. When planning a vacation trip, it's a good idea to take into account the climate of the area we are going to visit. When we talk about weather or climate, we must remember, however, that there is a difference between the two. Weather is the condition of the atmosphere for a short period of time. Climate is the term used for the weather that prevails in a region over a long period of time.

Let's read about weather and climate throughout the vast area of the Spanish-speaking world.

El Parque Nacional de los Glaciares, Argentina

El clima y el tiempo

El clima y el tiempo son dos cosas muy diferentes. El tiempo es la condición de la atmósfera durante un período breve o corto. El tiempo puede cambiar[1] frecuentemente. Puede cambiar varias veces en un solo día.

El clima es el término que usamos para el tiempo que prevalece[2] en una zona por un período largo. El clima es el tiempo que hace cada año en el mismo lugar.

Zonas climáticas

En el mundo de habla española hay muchas zonas climáticas. Mucha gente cree que toda la America Latina tiene un clima tropical, pero es erróneo. El clima de Latinoamérica varía de una región a otra.

[1]cambiar *change*
[2]prevalece *prevails*

La vegetación tropical, Ecuador

El Amazonas

Toda la zona o cuenca amazónica es una región tropical. Hace mucho calor y llueve mucho durante todo el año.

Los Andes

En los Andes, aún en las regiones cerca de la línea ecuatorial, el clima no es tropical. En las zonas montañosas el clima depende de la elevación. En los picos andinos, por ejemplo, hace frío.

El río Santiago Cayapas, Ecuador

Los picos andinos cerca de Cuzco, Perú

Una aldea en las montañas, Urubamba, Perú

Clima templado

Algunas partes de la Argentina, Uruguay y Chile tienen un clima templado. España también tiene un clima templado. En una región de clima templado hay cuatro estaciones: el verano, el otoño, el invierno y la primavera. Y el tiempo cambia con cada estación. ¡Y una cosa importante! Las estaciones en la América del Sur son inversas de las de la América del Norte.

Después de leer

A **¿Sabes?** Contesten en inglés.

1. What's the difference between weather and climate?
2. What is an erroneous idea that many people have about Latin America?
3. How can it be cold in some areas that are actually on the equator?
4. What is a characteristic of a tropical area?
5. What is a characteristic of a region with a temperate climate?

Culminación

Actividades orales

A **¿Qué tipo de vacación prefieres?** Work with a classmate. Tell him or her where you like to go on vacation. Tell what you do there and some of the reasons why you enjoy it so much. Take turns.

B **Unas vacaciones maravillosas** Work with a classmate. Pretend you each have a million dollars. Take turns describing your millionaire's dream vacation.

C **El norte y el sur** Work with a classmate. One of you is from Santo Domingo in the Dominican Republic. The other is from Santiago, Chile. In as much detail as possible tell what each of you did in July in your area.

D **El esquí** You are at a café near the slopes of Bariloche in Argentina. You meet an Argentine skier (your partner). Find out as much as you can about each other's skiing habits and abilities.

San Carlos de Bariloche, Argentina

Actividad escrita

A **Una tarjeta postal** Look at these postcards. Choose one. Pretend you spent a week there. Write the postcard to a friend.

Cancún, México

Bariloche, Argentina

Writing Strategy

Comparing and contrasting

Before you begin to write a comparison of people, places, or things, you must be aware of how they are alike and different. When you compare, you are emphasizing similarities; when you contrast, you are emphasizing differences. Making a diagram or a list of similarities and differences is a good way to organize your details before you begin to write.

Irene y José Luis durante un día de julio

It's a typical July day. But Irene is in Santiago de Chile and José Luis is in Santiago de Compostela in Spain.

The days are quite different in these two places. Write a comparison between a July day in Santiago de Chile and in Santiago de Compostela. Explain why the days are so different.

Because of the type of weather, Irene's activities on this day are probably different from those of José Luis. Explain what each one is doing. Are they wearing the same clothing or not?

Not everything is different, however. What are Irene and José Luis doing on this July day in two different places in spite of the different weather?

Vocabulario

DESCRIBING THE BEACH

el balneario	la arena	el mar
la playa	la ola	la piscina, la alberca

DESCRIBING SUMMER WEATHER

el verano	el cielo	Hace buen (mal) tiempo.
la nube	Hace (Hay) sol.	Llueve.
estar nublado	Hace calor.	El sol brilla.

IDENTIFYING BEACH GEAR

el traje de baño, el bañador	los anteojos (las gafas) de sol	la plancha de vela
la loción bronceadora,	la toalla playera	la tabla hawaiana
la crema protectora	el esquí acuático	

DESCRIBING SUMMER AND BEACH ACTIVITIES

la natación	tomar el sol	pasar el fin de semana
el buceo	esquiar en el agua	practicar el surfing
nadar	bucear	

DESCRIBING A TENNIS GAME

el tenis	la raqueta	dobles
la cancha de tenis	la pelota	jugar (al) tenis
(al aire libre, cubierta)	la red	golpear la pelota
el/la tenista	singles	

DESCRIBING A SKI RESORT

la estación de esquí	el/la esquiador(a)	el telesquí, el telesilla
la ventanilla, la boletería	la montaña	el/la experto(a)
el ticket, el boleto	la pista	el/la principiante

IDENTIFYING SKI GEAR

el esquí	el bastón	el guante
la bota	el anorak	

DESCRIBING WINTER ACTIVITIES

esquiar	tomar (subir en) el telesilla	bajar la pista

DESCRIBING WINTER WEATHER

el invierno	el grado	Hace frío.
la nieve	bajo cero	Nieva.
la temperatura		

OTHER USEFUL EXPRESSIONS

ayer	por encima de

TECNOTUR

¡Buen viaje!

EPISODIO 9 ▶ El verano y el invierno

Cristina está de vacaciones con Isabel y su familia en Puerto Vallarta, México.

Un juego de voleibol en la playa cerca del hotel

CD-ROM

Expansión cultural

Puerto Vallarta es un centro turístico importante en la costa del Pacífico de México.

interNET CONNECTION

In this video episode Cristina and Isabel spend the afternoon at the beach in Puerto Vallarta. To find out today's weather in other Spanish-speaking cities, go to the **Capítulo 9** Internet activity at the **Glencoe Foreign Language** Web site:

http://www.glencoe.com/sec/fl

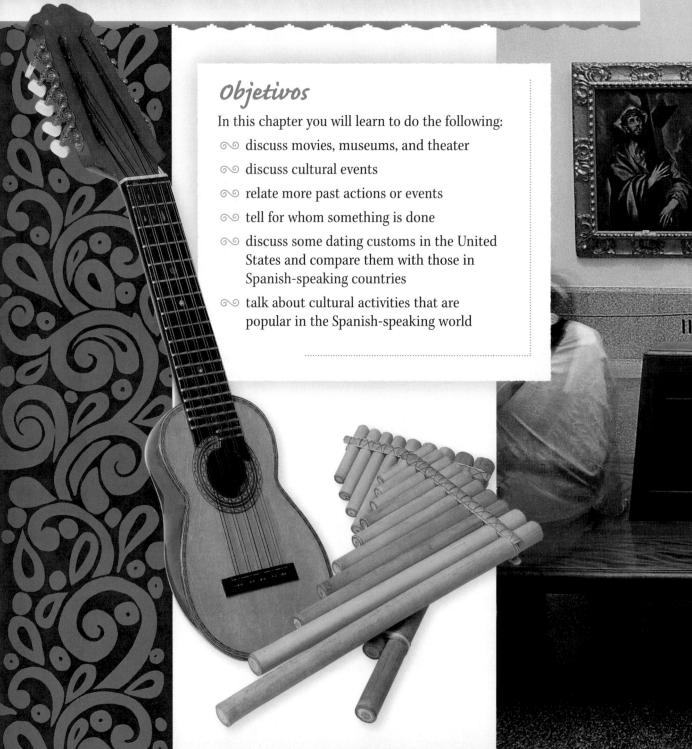

CAPÍTULO 10

Diversiones culturales

Objetivos

In this chapter you will learn to do the following:

- ⤫ discuss movies, museums, and theater
- ⤫ discuss cultural events
- ⤫ relate more past actions or events
- ⤫ tell for whom something is done
- ⤫ discuss some dating customs in the United States and compare them with those in Spanish-speaking countries
- ⤫ talk about cultural activities that are popular in the Spanish-speaking world

Vocabulario

Al cine

Hay una cola delante de la taquilla.
Los amigos van a ver una película
   (un film).
Compran sus entradas (boletos).
Van a la sesión de las siete de
   la tarde.

el cine

la taquilla,
la boletería

la cola, la fila

En el cine

el film, la película

la pantalla

la entrada,
el boleto

Cine Apolo

LA CELESTINA
MENOR
5:00PM   2.73 CST
             0.27 TAX
             3.00 TOT
004226   16:5

la butaca

la fila

El joven vio una película.
Vio una película americana.
No la vio en versión original (en inglés).
La vio doblada al español.
Si la película no está doblada, lleva subtítulos.

Luego salió del cine.

¡Ay¡ Perdió el autobús (la guagua, el camión).

Como perdió el autobús, el joven fue a la estación de metro.

Subió al metro en la estación Insurgentes.

Volvió a casa en el metro.

> **NOTA** The verb **salir** has several uses. Note the following meanings the verb can convey.
>
> **Diego salió anoche.**
> *Diego went out last night.*
> *Diego left last night.*
>
> **Diego salió con Sandra.**
> *Diego went out with (dated) Sandra.*
>
> **Todo salió muy bien.**
> *Everything turned out fine.*

Práctica

A HISTORIETA Al cine

Contesten.

1. ¿Fue Eduardo al cine?
2. ¿Compró su entrada en la taquilla?
3. ¿Fue a la sesión de las ocho de la tarde?
4. ¿Tomó una butaca en una fila cerca de la pantalla?
5. ¿Vio la película en versión original o doblada?
6. ¿A qué hora salió del cine?
7. ¿Perdió el autobús?
8. ¿Volvió a casa en el metro?

Málaga, España

B HISTORIETA En la taquilla

Escojan.

1. La gente hace cola delante de _____.
   a. la pantalla **b.** la fila **c.** la taquilla
2. Compran _____ en la taquilla.
   a. butacas **b.** películas **c.** entradas
3. En el cine presentan o dan _____ americana.
   a. una entrada **b.** una película **c.** una novela
4. No es la versión original de la película. Está _____ al español.
   a. entrada **b.** doblada **c.** en fila
5. Los clientes entran en el cine y toman _____.
   a. una pantalla **b.** una entrada **c.** una butaca
6. Proyectan la película en _____.
   a. la pantalla **b.** la butaca **c.** la taquilla

C **Lo mismo**   Den un sinónimo.

1. la película
2. el autobús
3. la boletería
4. la entrada

Actividades comunicativas

A **Vamos al cine.**   Work with a classmate. Pretend you and your partner are making plans to go out tonight to a Spanish-language movie. Discuss your plans together.

La estación de metro en
la Puerta del Sol, Madrid

B **Una encuesta**   Work in groups of four. Conduct a survey. Find out the answers to the following:

► ¿Eres muy aficionado(a) al cine o no?

► ¿Cuántas películas ves en una semana?

► ¿Ves las películas en el cine o las alquilas (rentas) en una tienda de videos?

Compile the information and report the results of your survey to the class.

Vocabulario

En el museo

Los turistas fueron al museo.
Vieron una exposición de arte.

la estatua

la escultora

el mural

el cuadro

el artista

En el teatro

el teatro

el escenario

el actor

el telón

la actriz

la escena

El autor escribió la obra.
Escribió una obra teatral.
García Lorca escribió la obra
Bodas de Sangre.

Los actores dieron una representación de *Bodas de Sangre*.
Los actores entraron en escena.
El público vio el espectáculo.
Les gustó mucho (el espectáculo).
Todos aplaudieron. Los actores recibieron aplausos.

Después de la función, el público salió del teatro.

✦Práctica✦

A **HISTORIETA** **En el museo**

Contesten según se indica.

1. ¿Adónde fueron los turistas? (al museo)
2. ¿Qué vieron? (una exposición de arte)
3. ¿Vieron unos cuadros de Botero, el artista colombiano? (sí)
4. ¿Qué más vieron de Botero? (unas estatuas en bronce)
5. ¿Les gustó la obra de Botero? (sí, mucho)

B **¿Qué es?**   Identifiquen.

1.

2.

3.

4.

5.

6.

7.

8.

9.

HISTORIETA Una noche en Buenos Aires

Contesten según se indica.

1. ¿Quiénes salieron anoche? (Susana y sus amigos)
2. ¿Adónde fueron? (al teatro Colón)
3. ¿Qué vieron? (una obra de García Lorca)
4. ¿Quién escribió la obra? (García Lorca)
5. ¿Le gustó la representación al público? (sí, mucho)
6. ¿Quiénes recibieron aplausos? (los actores)
7. ¿A qué hora salieron del teatro Susana y sus amigos? (a eso de las diez y media)
8. ¿Cómo volvieron a casa? (en taxi)

El Teatro Colón, Buenos Aires

D **La palabra, por favor.**
Escojan.

1. El _____ escribió la obra.
   a. actor **b.** autor **c.** artista
2. Cuando empieza el espectáculo, levantan _____.
   a. la pantalla **b.** el telón **c.** el escenario
3. El _____ es magnífico y muy bonito. Es una obra de arte.
   a. autor **b.** público **c.** escenario
4. Los _____ actuaron muy bien.
   a. autores **b.** actores **c.** escenarios
5. Al público le gustó mucho la representación y todos _____.
   a. aplaudieron **b.** salieron
   c. entraron en escena

Actividad comunicativa

A **Me gusta ir al museo.** Work with a classmate. One of you likes to go to museums and the other one finds them boring but really likes the theater. Discuss the reasons for your preferences.

El interior del Teatro Colón, Buenos Aires

Estructura

Telling what people did
Pretérito de los verbos en -er e -ir

1. You have already learned the preterite forms of regular **-ar** verbs. Study the preterite forms of regular **-er** and **-ir** verbs. Note that they also form the preterite by dropping the infinitive ending and adding the appropriate endings to the stem. The preterite endings of regular **-er** and **-ir** verbs are the same.

INFINITIVE	comer	volver	vivir	subir	
STEM	com-	volv-	viv-	sub-	ENDINGS
yo	comí	volví	viví	subí	-í
tú	comiste	volviste	viviste	subiste	-iste
él, ella, Ud.	comió	volvió	vivió	subió	-ió
nosotros(as)	comimos	volvimos	vivimos	subimos	-imos
vosotros(as)	*comisteis*	*volvisteis*	*vivisteis*	*subisteis*	*-isteis*
ellos, ellas, Uds.	comieron	volvieron	vivieron	subieron	-ieron

2. The preterite forms of the verbs **dar** and **ver** are the same as those of regular **-er** and **-ir** verbs.

INFINITIVE	dar	ver
yo	di	vi
tú	diste	viste
él, ella, Ud.	dio	vio
nosotros(as)	dimos	vimos
vosotros(as)	*disteis*	*visteis*
ellos, ellas, Uds.	dieron	vieron

3. Remember that the preterite is used to tell about an event that happened at a specific time in the past.

Ellos salieron anoche.
Ayer no comí en casa. Comí en el restaurante.
¿Viste una película la semana pasada?

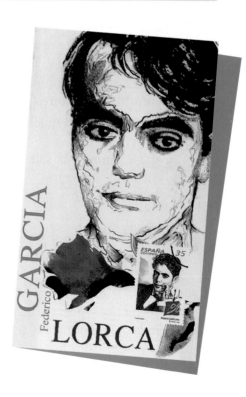

❖Práctica❖

A HISTORIETA Una fiesta fabulosa

Contesten.

1. ¿Dio Carlos una fiesta?
2. ¿Dio la fiesta para celebrar el cumpleaños de Teresa?
3. ¿Escribió Carlos las invitaciones?
4. ¿Recibieron las invitaciones los amigos de Teresa?
5. ¿Vio Teresa a todos sus amigos en la fiesta?
6. ¿Le dieron regalos a Teresa?
7. ¿Recibió Teresa muchos regalos?
8. Durante la fiesta, ¿comieron todos?
9. ¿A qué hora salieron de la fiesta?
10. ¿Volvieron a casa muy tarde?

Málaga, España

B En la escuela   Contesten personalmente.

1. ¿A qué hora saliste de casa esta mañana?
2. ¿Perdiste el bus escolar o no?
3. ¿Aprendiste algo nuevo en la clase de español?
4. ¿Escribiste una composición en la clase de inglés?
5. ¿Comprendiste la nueva ecuación en la clase de álgebra?
6. ¿Viste un video en la clase de español?
7. ¿A qué hora saliste de la escuela?
8. ¿A qué hora volviste a casa?

El Teatro Ayacucho, Caracas, Venezuela

C Al cine   Sigan el modelo.

> **ir al cine**
> —**¿Fuiste al cine?**
> —**Sí, fui al cine.**

1. ver una película en versión original
2. comprender la película en versión original
3. aplaudir
4. perder el autobús
5. volver a casa un poco tarde

D  **HISTORIETA** Al cine y al restaurante

Contesten.

1. ¿Salieron tú y tus amigos anoche?
2. ¿Vieron una película?
3. ¿Qué vieron?
4. ¿A qué hora salieron del cine?
5. ¿Fueron a un restaurante?
6. ¿Qué comiste?
7. Y tus amigos, ¿qué comieron?
8. ¿A qué hora volviste a casa?

Caracas, Venezuela

E **HISTORIETA** En la clase de español

Completen.

—Ayer en la clase de español,

¿——— (aprender) tú una palabra
     1
nueva?

—¿Una? ———— (Aprender) muchas.
          2

—¿Les ———— (dar) un examen el profesor?
        3

—Sí, nos ———— (dar) un examen.
           4

—¿——— (Salir) Uds. bien en el examen?
   5

—Pues, yo ———— (salir) bien pero otros no ———— (salir) muy bien.
            6   7

—Entonces tú ———— (recibir) una nota buena, ¿no?
                8

Actividad comunicativa

A **Ayer**   Work in groups of four. Find out what you all did yesterday.
Ask each other lots of questions and tabulate your answers. What did
most of you do? Use the following words.

Telling what you do for others
Complementos le, les

1. You have already learned the direct object pronouns **lo, la, los,** and **las.** Now you will learn the indirect object pronouns **le** and **les.** Observe the difference between a direct object and an indirect object in the following sentences.

Juan lanzó la pelota.　　　　**Juan** **le** **lanzó la pelota** **a Carmen** .

In the preceding sentences, **la pelota** is the direct object because it is the direct receiver of the action of the verb **lanzó** *(threw).* **Carmen** is the indirect object because it indicates "to whom" the ball was thrown.

2. The indirect object pronoun **le** is both masculine and feminine. **Les** is used for both the feminine and masculine plural. **Le** and **les** are often used along with a noun phrase—**a Juan, a sus amigos.**

María le dio un regalo a Juan.　　**Juan le dio un regalo a María.**
María les dio un regalo a　　　　**Juan les dio un regalo a**
　　sus amigos.　　　　　　　　　　**sus amigas.**

3. Since **le** and **les** can refer to more than one person, they are often clarified as follows:

Le hablé { **a él.** / **a ella.** / **a Ud.** }　　**Les hablé** { **a ellos.** / **a ellas.** / **a Uds.** }

 ¿Qué o a quién? Indiquen el complemento directo y el indirecto.

1. Carlos recibió la carta.
2. Les vendimos la casa a ellos.
3. Vimos a Isabel ayer.
4. Le hablamos a Tomás.
5. ¿Quién tiene el periódico? Tomás lo tiene.
6. El profesor nos explicó la lección.
7. Ella le dio los apuntes a su profesor.
8. Ellos vieron la película en el cine.

Plaza Callao, Madrid, España

B HISTORIETA Pobre Eugenio

Contesten según el dibujo.

1. ¿Qué le duele?
2. ¿Qué más le duele?
3. ¿Quién le examina la garganta?
4. ¿Quién le da la diagnosis?
5. ¿Qué le da la médica?
6. ¿Quién le da los medicamentos?

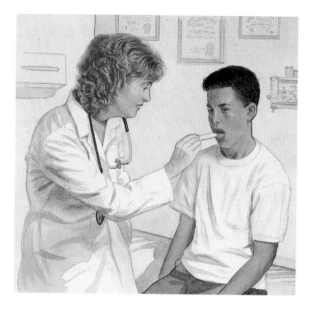

C Sí que le hablé. Contesten.

1. ¿Le hablaste a Rafael?
2. ¿Le hablaste por teléfono?
3. ¿Le diste las noticias?
4. ¿Y él les dio las noticias a sus padres?
5. ¿Les escribió a sus padres?
6. ¿Les escribió en inglés o en español?

D HISTORIETA Tiene que tener la dirección.

Completen.

—¿____ hablaste a Juan ayer?
               1

—Sí, ____ hablé por teléfono y ____ hablé a Sandra también. ____
          2   3   4
hablé a los dos.

—¿____ diste la dirección de Maricarmen?
    5

—No, porque Adriana ____ dio la dirección. Y ____ dio su número
                        6   7
de teléfono también.

El Museo del Prado, Madrid

E **HISTORIETA** Juan es aficionado al arte.

Contesten.

1. ¿A Juan le interesa el arte?
2. ¿Le gusta ir a los museos?
3. ¿Le encantan las exposiciones de arte?
4. ¿Le gusta mucho la obra de Velázquez?
5. ¿Le gustan también los cuadros de Goya?
6. A sus amigos, ¿les interesa también el arte?
7. ¿Les gustan las obras de los muralistas mexicanos?

«La fragua de Vulcano»
de Diego Velázquez

Actividad comunicativa

A **Regalos para todos** Work in pairs. Tell what each of the following people is like. Then tell what you buy or give to each one as a gift.

mi papá

mi mamá

mis abuelos

mi hermano

mi amigo(a)

mi profesor(a) de español

Conversación

PACO: Hola, Julia. Te llamé por teléfono anoche y no contestaste.

JULIA: ¿Ah, sí? ¿A qué hora me llamaste?

PACO: A las siete y pico.

JULIA: Ay, no volví a casa hasta las ocho y media.

PACO: ¿Adónde fuiste?

JULIA: Pues, fui al cine con Felipe.

PACO: ¿Uds. fueron al cine y tú volviste a casa a las ocho y media? ¿Cómo puede ser?

JULIA: Pues, fuimos a la sesión de las cinco. Y después del cine comimos en Pizza Perfecta.

Después de conversar

Contesten.

1. ¿A quién telefoneó Paco?
2. ¿Ella contestó?
3. ¿A qué hora la llamó Paco?
4. ¿A qué hora volvió Julia a casa?
5. ¿Adónde fue?
6. ¿Con quién fue?
7. ¿A qué sesión fueron?
8. ¿Dónde comieron?

Actividades comunicativas

A **El viernes pasado y el viernes que viene**   Get together with a group of classmates. Tell one another what you did last Friday night. Then tell what you're going to do next Friday night.

B **Un viaje escolar**   The Spanish Club is going on a field trip. It's just in the planning stages. You may go to a museum that's showing the works of a Spanish artist, a Spanish-language movie, a Spanish play, or a Mexican or Spanish restaurant. Your Spanish teacher wants some input from you. With your classmates, discuss where you want to go and why.

C **¿Por qué volviste tan tarde?**   You got home really late last night. One of your parents (your partner) wants to know why. He or she will ask a lot of questions. You'd better have some good answers!

PRONUNCIACIÓN

Las consonantes j, g

The Spanish **j** sound does not exist in English. In Spain, the **j** sound is very guttural. It comes from the throat. In Latin America, the **j** sound is much softer. Repeat the following.

ja	je	ji	jo	ju
Jaime	**Jesús**	**Jiménez**	**joven**	**jugar**
hija	**garaje**	**ají**	**viejo**	**junio**
roja			**trabajo**	**julio**
			ojos	

G in combination with **e** or **i** (**ge, gi**) has the same sound as **j**. For this reason you must pay particular attention to the spelling of the words with **je, ji, ge,** and **gi**. Repeat the following.

ge	gi
general	**biología**
gente	**alergia**
generoso	**original**
Insurgentes	

Repeat the following sentences.

> **El hijo del viejo general José trabaja en junio en Gijón.**
> **El jugador juega en el gimnasio.**
> **El joven Jaime toma jugo de naranja.**

CONVERSACIÓN

Lecturas CULTURALES

Reading Strategy

Recognizing text organization

Before you read a passage, try to figure out how the text is organized. If you can follow the organization of a text, you will understand the main ideas more quickly and be able to look for certain ideas and information more easily.

DATING

Algunas diferencias culturales son muy interesantes. Y las diferencias culturales pueden tener una influencia en la lengua que hablamos. Por ejemplo, *dating, boyfriend* y *girlfriend* son palabras que usamos mucho en inglés, ¿no? Y son palabras que no tienen equivalente en español. ¿Cómo es posible? Pues, vamos a hablar con Verónica. Ella es del Perú.

—Verónica, ¿saliste anoche?

—Sí, salí con un grupo de amigos de la escuela.

—¿Adónde fueron?

—Fuimos al cine. Vimos una película muy buena. Fue una película americana. La vimos en versión original con subtítulos en español.

—Verónica, ¿no sales a veces sola con un muchacho, con un amigo de la escuela?

—Pues, no mucho. Generalmente salimos en grupo. Pero es algo que está cambiando[1]. Está cambiando poco a poco[2]. Hoy en día una pareja[3] joven puede salir a solas. Podemos ir a un café, por ejemplo, a tomar un refresco. A veces vamos al cine o sólo damos un paseo[4] por el parque. Pero, para nosotros, es algo bastante nuevo.

[1] cambiando *changing*
[2] poco a poco *little by little*
[3] pareja *couple*
[4] damos un paseo *take a walk*

Marbella, España

Dating en Buenos Aires, Argentina

Después de leer

A *Dating* **Contesten.**

1. ¿En qué lengua usamos las palabras *dating, boyfriend* y *girlfriend*?
2. ¿Tienen equivalente en español?
3. ¿Hay mucho *dating* entre los jóvenes de Latinoamérica y España?
4. ¿Ahora empiezan a salir en parejas?
5. Por lo general, ¿cómo salen?
6. ¿Con quién salió Verónica?
7. ¿Adónde fueron?
8. ¿Qué vieron?

B *Aquí* **Contesten personalmente.**

1. Donde tú vives, ¿salen los jóvenes con más frecuencia en grupos o en parejas?
2. Y tú, ¿sales a veces con sólo un(a) muchacho(a)?
3. ¿Adónde van?
4. ¿Pueden salir durante la semana?
5. ¿Qué noche salen?
6. ¿A qué hora tienes que estar en casa?

El Teatro Nacional, San José, Costa Rica

LA ZARZUELA

Hay un género teatral exclusivamente español. Es la zarzuela. La zarzuela es una obra dramática muy ligera. No es profunda. Generalmente tiene un argumento[1] gracioso.

La zarzuela es un tipo de opereta. A veces, durante la presentación, los actores hablan y a veces cantan.

[1]argumento *plot*

Una zarzuela, Madrid, España

Después de leer

A La zarzuela Digan que sí o que no.

1. La zarzuela es una novela española.
2. La zarzuela es un tipo de obra teatral.
3. En una zarzuela los actores no hablan, sólo bailan.
4. Una zarzuela es un tipo de opereta.
5. Los actores en una zarzuela hablan y cantan.
6. El tema o argumento de una zarzuela es siempre serio y profundo.

EL BAILE

El Ballet Folklórico de México goza de fama mundial. El espectáculo que presenta el Ballet Folklórico todos los domingos y miércoles en el Palacio de Bellas Artes es uno de los shows más populares de la Ciudad de México. La compañía baila una variedad de danzas regionales de México. A veces la

El Palacio de Bellas Artes, México

coreografía del Ballet Folklórico de México es muy graciosa y divertida.

Hay también el Ballet Folklórico Nacional de México. Esta compañía presenta un programa auténtico y clásico de danzas mexicanas regionales en el Teatro de la Ciudad.

El Ballet Folklórico, México

Después de leer

A **Una comparación** Expliquen la diferencia entre El Ballet Folklórico de México y El Ballet Folklórico Nacional de México.

Conexiones

LAS BELLAS ARTES

LA MÚSICA

Music does not attempt to reproduce what we see in the world in such a tangible way as do painting and literature. Music is, and has been, however, an integral part of the daily lives of people in even the most primitive cultures.

First let's take a look at the many cognates that exist in the language of music. Then let's read some general information about music. Finally, let's take a look at some special music of the Hispanic world.

In addition, many names of musical instruments are cognates: **el piano, el órgano, el violín, la viola, la guitarra, la trompeta, el clarinete, el saxofón, la flauta, el trombón.**

Música y músicos

Instrumentos musicales
Clasificamos los instrumentos musicales en cuatro grupos. Son los instrumentos de cuerda, los instrumentos de viento, los instrumentos de metal y los instrumentos de percusión. Dividimos la orquesta en secciones de cuerda, viento, metal y percusión.

Una orquesta y una banda
¿Cuál es la diferencia entre una orquesta y una banda? En una banda no hay instrumentos de cuerda. No hay violines ni violas, por ejemplo.

La ópera

La ópera es una obra teatral. Pero en una ópera los actores no hablan. Cantan al acompañamiento de una orquesta.

La música popular

Además de[1] la música clásica hay muchas variaciones de música popular. De influencia afroamericana hay jazz y «blues». Hay «reggae» de Jamaica.

De las islas hispanohablantes de las Antillas hay salsa y merengue. Hay una relación íntima entre el canto (la canción) y la danza (el baile) en la música latinoamericana. Por ejemplo, en la lengua quechua del área andina, una sola palabra—taqui—significa «canción y baile».

Ejemplos de la música típica de Latinoamérica

Un instrumento muy popular entre los indios andinos es la flauta. El yaraví es una canción muy popular. En quechua esta palabra significa

Guatemala

Cuzco, Perú

México

«lamento». Es una canción triste. A veces cantan un yaraví pero a veces sólo lo tocan en la flauta sin cantar.

Un instrumento popular de los indígenas de Guatemala es la marimba. Hay orquestas de marimba que van de un pueblo a otro para tocar en las fiestas locales.

La banda mariachi es un pequeño grupo de músicos ambulantes. Tocan guitarras, violines y trompetas. La música mariachi tiene su origen en Guadalajara, México, en el estado de Jalisco.

La salsa, el merengue y el mambo de Cuba, Puerto Rico y la República Dominicana son canciones y bailes.

El cante jondo es una canción triste y espontánea de los gitanos[2] andaluces. Es apasionada y emocional como lo es también el baile flamenco.

[1]Además de *In addition to*
[2]gitanos *gypsies*

◂ Después de leer ◂

A ¿Cuáles son? Identifiquen.

1. algunos instrumentos de cuerda
2. algunos instrumentos de viento
3. algunos instrumentos de metal

B Distintos tipos de música
Expliquen la diferencia entre una orquesta y una banda.

C ¿Sabes? Contesten.

1. ¿Qué es una ópera?
2. ¿Cuáles son algunos tipos de música popular?
3. ¿Entre qué hay una relación íntima en la música latinoamericana?

Murcia, España

Culminación

Actividades orales

A **Diversiones** Work with a classmate. Pretend you're on vacation in Cancún, México. You meet a Mexican teenager (your partner) who's interested in what you do for fun in your free time **(cuando tienes tiempo libre).** Tell him or her about your leisure activities, then your partner will tell you what he or she does.

B **Un día en el museo** With a classmate, look at the illustrations below that tell a story about the day José and Ana spent at the museum last Saturday. Ask each other as many questions about each of the illustrations as you can. Then answer each other's questions.

C **¡Vamos al cine!** With your classmates, see a Spanish film or play that is playing at a theater in your community. Afterwards, go out for a snack together and discuss the movie or play in Spanish. If there are no Spanish movies or plays in your community, try to rent a Spanish video that you can watch and discuss in class.

Actividad escrita

A **Una obra teatral** Prepare a poster in Spanish for your school play. Give all the necessary information to advertise **el espectáculo.**

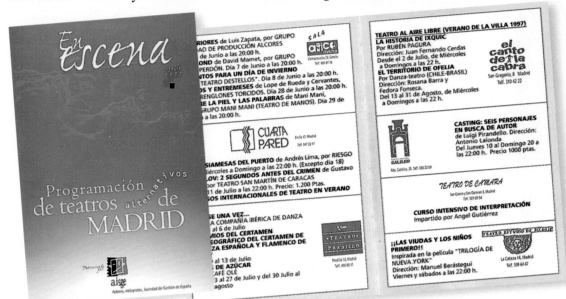

Writing Strategy

Persuasive writing

Persuasive writing is writing that encourages a reader to do something or to accept an idea. Newspaper and magazine advertisements, as well as certain articles, are examples of persuasive writing. As you write, present a logical argument to encourage others to follow your line of thinking. Your writing should contain sufficient evidence to persuade readers to "buy into" what you are presenting. Explain how your evidence supports your argument; end by restating your argument.

Un reportaje

Your local newspaper has asked you to write an article to attract Spanish-speaking readers to a cultural event taking place in your hometown. You can write about a real or fictitious event. You have seen the event and you really liked it. Tell why as you try to convince or persuade your readers to go see it.

Vocabulario

DISCUSSING A MOVIE THEATER

el cine
la taquilla, la boletería
la entrada, el boleto
la sesión
la cola
la butaca

la fila
la pantalla
la película, el film
en versión original
con subtítulos
doblado(a)

DESCRIBING A MUSEUM VISIT

el museo
la exposición
el mural
el cuadro

la estatua
el/la artista
el/la escultor(a)

DESCRIBING A PLAY

el teatro
la escena
el escenario
el telón
el actor

la actriz
la representación
la obra teatral
el público

DESCRIBING CULTURAL EVENTS AND ACTIVITIES

una diversión cultural
ver una película (un espectáculo)
dar una representación
entrar en escena
aplaudir
salir del teatro

DISCUSSING TRANSPORTATION

perder el autobús (la guagua, el camión)
la estación de metro

OTHER USEFUL EXPRESSIONS

el/la joven
delante de
luego

TECNOTUR

EL VIDEO

¡Buen viaje!

EPISODIO 10 ▶ Diversiones culturales

Juan Ramón y Teresa visitan la ciudad de Segovia.

Uno de los lugares interesantes que visitaron fue el famoso Alcázar de Segovia.

CD-ROM

Expansión cultural

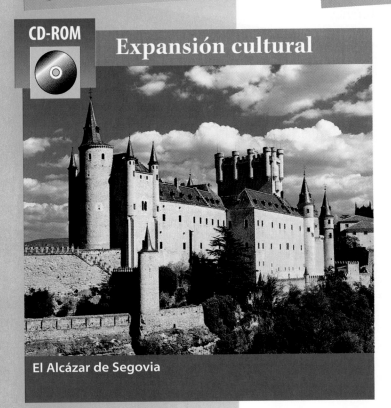

El Alcázar de Segovia

interNET CONNECTION

In this video episode Teresa and Juan Ramón discuss what cultural activities they enjoy and what they like to do on weekends when they go out with their friends. To find out what's playing at the movies tonight in a Spanish-speaking city, go to the **Capítulo 10** Internet activity at the **Glencoe Foreign Language** Web site:

http://www.glencoe.com/sec/fl

CAPÍTULO 11

Un viaje en avión

Objetivos

In this chapter you will learn to do the following:

- check in for a flight
- talk about some services on board the plane
- get through the airport after deplaning
- tell what you or others are currently doing
- tell what you know and whom you know
- discuss the importance of air travel in South America

Vocabulario

Antes del vuelo

el aeropuerto

el taxi

el maletero, la maletera

la pantalla de salidas y llegadas

SALIDAS   LLEGADAS

¿Me permite ver su pasaporte, por favor?
¿Y su boleto?

la agente

el pasaporte

el agente

el billete, el boleto

el mostrador

La agente revisa el pasaporte
y el boleto.

el destino

la tarjeta de embarque

la sección
de no fumar

el número del vuelo

la puerta de salida

el número
del asiento

Los pasajeros están pasando por el control de seguridad.

el control de seguridad

el equipaje de mano

el talón

el equipaje

las maletas

la báscula

la puerta de salida, la sala de salida

Clarita hace un viaje en avión.
Hace un viaje a la América del Sur.
Toma un vuelo a Lima.
Clarita está facturando su equipaje.
Pone sus maletas en la báscula.
El agente pone un talón en cada maleta.

Los pasajeros están esperando en la puerta de salida.
El avión sale de la puerta número catorce.
El vuelo sale a tiempo.
No sale tarde. No sale con una demora.

❖Práctica❖

A. HISTORIETA En el aeropuerto

Contesten.

1. ¿Hace Lupe un viaje a la América del Sur?
2. ¿Está en el aeropuerto?
3. ¿Está hablando con la agente de la línea aérea?
4. ¿Dónde pone sus maletas?
5. ¿Está facturando su equipaje a Bogotá?
6. ¿Pone la agente un talón en cada maleta?
7. ¿Revisa la agente su boleto?
8. ¿Tiene Lupe su tarjeta de embarque?
9. ¿De qué puerta va a salir su vuelo?

Málaga, España

B. La tarjeta de embarque

Den la información siguiente.

1. el nombre de la línea aérea
2. el número del vuelo
3. el destino del vuelo
4. el aeropuerto de salida
5. la hora de embarque
6. la fecha del vuelo, el día que sale

C. ¿Dónde está su asiento?   Completen según la tarjeta de embarque.

1. ¿Cuál es la letra del asiento que tiene el pasajero?
2. ¿En qué fila está el asiento?
3. ¿De qué puerta sale el avión?
4. ¿Tiene que conservar el pasajero la tarjeta durante el vuelo?
5. ¿Está su asiento en la sección de fumar o de no fumar?

D. HISTORIETA Antes de la salida

Escojan.

1. _____ indica el asiento que tiene el pasajero a bordo del avión.
   a. El talón   **b.** La tarjeta de embarque   **c.** El boleto

2. Bogotá es _____ del vuelo.
   a. el número   **b.** la ciudad   **c.** el destino

3. Inspeccionan el equipaje de mano de los pasajeros en _____.
   a. el mostrador de la línea aérea   **b.** el control de seguridad
   c. la puerta de salida

4. El vuelo para Bogotá sale _____ número cinco.
   a. del mostrador   **b.** del control   **c.** de la puerta

5. Los pasajeros están _____ por el control de seguridad.
   a. saliendo   **b.** facturando   **c.** pasando

Actividades comunicativas

A. **En el aeropuerto** Work with a classmate. You're checking in at the airport for your flight to Quito, Ecuador. Have a conversation with the airline agent (your partner) at the ticket counter.

B. **Un vuelo** Work with a classmate. Look at the following photograph. You are a passenger on this flight. Tell as much as you can about your experience at the airport.

Vocabulario

Después del vuelo

el control de pasaportes

el reclamo de equipaje

Los pasajeros están reclamando
(recogiendo) sus maletas.

Cuando los pasajeros desembarcan, tienen que
pasar por el control de pasaportes.

Tienen que pasar por el control de pasaportes
cuando llegan de un país extranjero.

la aduana

La agente de aduana está abriendo las maletas.
Está inspeccionando el equipaje.
Quiere saber lo que está en las maletas.

El vuelo

Un avión está despegando.

La tripulación

el comandante, el piloto

la copiloto

el asistente de vuelo

la asistente de vuelo

Otro avión está aterrizando.

La tripulación trabaja a bordo del avión.
Los asistentes de vuelo les dan la
   bienvenida a los pasajeros.

Práctica

A HISTORIETA La llegada

Contesten.

1. Cuando el avión aterriza, ¿abordan o desembarcan los pasajeros?
2. ¿Tienen que pasar por el control de pasaportes cuando llegan a un país extranjero?
3. ¿Van los pasajeros al reclamo de equipaje?
4. ¿Reclaman su equipaje?
5. ¿Tienen que pasar por la aduana?
6. ¿Abre las maletas el agente?

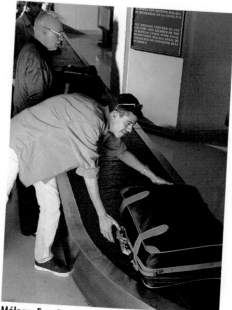

Málaga, España

B ¿Sí o no? Digan que sí o que no.

1. El avión aterriza cuando sale.
2. El avión despega cuando llega a su destino.
3. Un vuelo internacional es un vuelo que va a un país extranjero.
4. Los agentes de la línea aérea que trabajan en el mostrador en el aeropuerto son miembros de la tripulación.
5. La tripulación consiste en los empleados que trabajan a bordo del avión.

C Pareo Busquen una palabra relacionada.

1. asistir	a. la llegada
2. controlar	b. la salida
3. reclamar	c. el asistente, la asistenta
4. inspeccionar	d. el despegue
5. despegar	e. el aterrizaje
6. aterrizar	f. el control
7. salir	g. la inspección
8. llegar	h. el reclamo
9. embarcar	i. el vuelo
10. volar	j. el embarque

A ¿Qué tenemos que hacer? You're on a flight to Caracas. The person seated next to you (your partner) has never flown before. He or she is confused as to what you have to do when you get off the plane. Be as helpful as possible in answering his or her questions.

B Un trabajo Work with a classmate. You got a part-time job working at the airport because you can speak Spanish. You are called upon to help the Spanish-speaking passengers. In just one hour, the following situations need your attention. Help each of the following passengers.

1. A person is leaving on flight 125 for Chicago. He doesn't know if it's leaving on time. Help him out.

2. Another passenger is confused. He doesn't know his flight number to New York. Let him know what it is. Be extra helpful and let him know what time his flight leaves.

3. Another passenger is in a real hurry. She's changing **(cambiar)** flights and wants to know what gate to go to for her flight to Los Angeles. Tell her.

4. A young woman missed her flight and has to change her ticket. Go with her to the airline counter and explain to her what the agent says she has to do.

C Una tarjeta de embarque This is a boarding card for a flight you are about to take. Tell a classmate (your partner) all you can about your flight based on the information on the card.

Estructura

Telling what people do
Hacer, poner, traer, salir en el presente

1. The verbs **hacer** *(to do, to make)*, **poner, traer** *(to bring)*, and **salir** have an irregular **yo** form. The **yo** form has a **g**. All other forms are the same as those of a regular **-er** or **-ir** verb.

INFINITIVE	hacer	poner	traer	salir
yo	hago	pongo	traigo	salgo
tú	haces	pones	traes	sales
él, ella, Ud.	hace	pone	trae	sale
nosotros(as)	hacemos	ponemos	traemos	salimos
vosotros(as)	*hacéis*	*ponéis*	*traéis*	*salís*
ellos, ellas, Uds.	hacen	ponen	traen	salen

2. The verb **venir** *(to come)* also has an irregular **yo** form. Note that in addition it has a stem change **e → ie** in all forms except **nosotros** and **vosotros**.

    VENIR   **vengo vienes viene venimos *venís* vienen**

> **¿Te acuerdas?**
> The verb tener also has a g in the yo form.

3. The verb **hacer** means "to do" or "to make." The question **¿Qué haces?** or **¿Qué hace Ud.?** means "What are you doing?" or "What do you do?" In Spanish, you will almost always answer these questions with a different verb.

    ¿Qué haces? Trabajo en el aeropuerto.

4. The verb **hacer** is used in many idiomatic expressions. An idiomatic expression is one that does not translate directly from one language to another. The expression **hacer un viaje** *(to take a trip)* is an idiomatic expression because in Spanish the verb **hacer** is used whereas in English we use the verb *to take.* Another idiomatic expression is **hacer la maleta** which means "to pack a suitcase."

"Transportación Terrestre Aeropuerto",
S.A. de C.V.
R.F.C. TTA - 880304 - 4R9
Alameda de León 1-G   Tel. 4-43-50   Oaxaca,Oax.

N°   15368   **CLIENTE**
Incluído Seguro
del Viajero

Viaje Especial N$ 90.00

Nombre _____
DEL
Domicilio _____

Z O N A   2   Fecha_____

❖Práctica❖

A HISTORIETA Un viaje en avión

Contesten.

1. ¿Haces un viaje?
2. ¿Haces un viaje a Europa?
3. ¿Haces un viaje a España?
4. ¿Sales para el aeropuerto?
5. ¿Sales en coche o en taxi?
6. ¿Traes equipaje?
7. ¿Pones el equipaje en la maletera del taxi?
8. En el aeropuerto, ¿pones el equipaje en la báscula?
9. ¿En qué vuelo sales?
10. ¿Sales de la puerta de salida número ocho?

Cádiz, España

B HISTORIETA Al aeropuerto

Sigan el modelo.

Ellos hacen un viaje...

Ellos hacen un viaje y nosotros también hacemos un viaje.

1. Ellos salen para el aeropuerto.
2. Ellos salen en taxi.
3. Ellos traen mucho equipaje.
4. Ellos ponen las maletas en la maletera.
5. Ellos salen a las seis.
6. Ellos vienen solos.

ESTRUCTURA

C HISTORIETA Un viaje a Marbella

Completen.

Marbella, España

Yo _____ (hacer) un viaje a
1
Marbella. Marbella _____ (estar)
2
en la Costa del Sol en el sur de
España. Mi amiga Sandra _____
3
(hacer) el viaje también. Nosotros
_____ (hacer) el viaje en avión
4
hasta Málaga y luego _____ (ir) a tomar el autobús a Marbella.
5

—¡Ay, ay, Sandra! Pero tú _____ (traer) mucho equipaje.
6

—No, yo no _____ (traer) mucho. _____ (Tener) sólo dos maletas. Tú
7   8
exageras. Tú también _____ (venir) con mucho equipaje.
9

—¡Oye! ¿A qué hora _____ (salir) nuestro vuelo?
10

—No _____ (salir) hasta las seis y media. Nosotros _____ (tener)
11   12
mucho tiempo.

Actividades comunicativas

A **¿Adónde vas y qué haces?** Work with a classmate. Ask one
another about places you go to and what activities you do there. Below
are suggestions for places you may want to find out about.

la escuela   el mercado   la tienda   el museo

las montañas

el aeropuerto   la playa   el supermercado   una exposición de arte

el café   la piscina   el cine

B **¿Qué haces cuando... ?** Work with a classmate. Find out what he
or she does under the following weather conditions. Take turns asking
and answering questions.

hace buen tiempo   hay mucho sol

hace frío   llueve   hace mal tiempo   hace calor   nieva

Describing an action in progress
El presente progresivo

1. The present progressive is used in Spanish to express an action that is presently going on, an action in progress. The present progressive is formed by using the present tense of the verb **estar** and the present participle—*speaking, doing.* To form the present participle of most verbs in Spanish you drop the ending of the infinitive and add **-ando** to the stem of **-ar** verbs and **-iendo** to the stem of **-er** and **-ir** verbs. Study the following forms of the present participle.

INFINITIVE	hablar	llegar	comer	hacer	salir
STEM	habl-	lleg-	com-	hac-	sal-
PARTICIPLE	hablando	llegando	comiendo	haciendo	saliendo

2. Note that the verbs **leer** and **traer** have a **y** in the present participle.

leyendo   trayendo

3. Study the following examples of the present progressive.

¿Qué está haciendo Isabel?
Ahora está esperando el avión.
Ella está mirando y leyendo su tarjeta de embarque.
Y yo estoy buscando mi boleto.

A **HISTORIETA** En el aeropuerto

Contesten según se indica.

1. ¿Adónde están llegando los pasajeros? (al aeropuerto)
2. ¿Cómo están llegando? (en taxi)
3. ¿Adónde están viajando? (a Europa)
4. ¿Cómo están haciendo el viaje? (en avión)
5. ¿Dónde están facturando el equipaje? (en el mostrador de la línea aérea)
6. ¿Qué está mirando el agente? (los boletos y los pasaportes)
7. ¿De qué puerta están saliendo los pasajeros para Madrid? (número siete)
8. ¿Qué están abordando? (el avión)

Madrid, España

B **¿Qué estás haciendo?** Formen oraciones según el modelo.

Estoy viajando.
No estoy viajando.

viajar

1. comer
2. hablar
3. estudiar
4. bailar
5. escribir
6. aprender
7. trabajar
8. hacer un viaje
9. leer
10. salir para España

Telling what and whom you know
Saber y conocer en el presente

1. The verbs **saber** and **conocer** both mean "to know." Note that like many Spanish verbs they have an irregular **yo** form in the present tense. All other forms are regular.

INFINITIVE	saber	conocer
yo	sé	conozco
tú	sabes	conoces
él, ella, Ud.	sabe	conoce
nosotros(as)	sabemos	conocemos
vosotros(as)	sabéis	conocéis
ellos, ellas, Uds.	saben	conocen

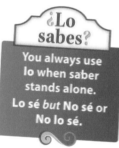

¿Lo sabes?

You always use **lo** when saber stands alone.

Lo sé *but* **No sé** or **No lo sé.**

2. The verb **saber** means "to know a fact" or "to have information about something." It also means "to know how to do something."

Yo sé el número de nuestro vuelo.
Pero no sabemos a qué hora sale.
Yo sé esquiar y jugar tenis.

3. The verb **conocer** means "to know" in the sense of "to be acquainted with." It is used to talk about people and complex or abstract concepts rather than simple facts.

Yo conozco a Luis.
Teodoro conoce muy bien la literatura mexicana.

A **Mi vuelo** Contesten.

1. ¿Sabes el número de tu vuelo?
2. ¿Sabes a qué hora sale?
3. ¿Sabes de qué puerta va a salir?
4. ¿Sabes la hora de tu llegada a Cancún?
5. ¿Conoces al comandante del vuelo?
6. ¿Conoces a mucha gente en Cancún?

B **HISTORIETA** Adela Del Olmo

Completen con **saber** o **conocer**.

La Bahía de Panamá

PEPITA: Sandra, ¿____ tú a Adela Del Olmo?
                     1

SANDRA: Claro que ____ a Adela. Ella y yo
                     2
            somos muy buenas amigas.

PEPITA: ¿____ tú que ella va a Panamá?
             3

SANDRA: ¿Ella va a Panamá? No, yo no ____
                                       4
            nada de su viaje. ¿Cuándo va a salir?

PEPITA: Pues, ella no ____ exactamente
                          5
            qué día va a salir. Pero ____ que va
                                   6
            a salir en junio. Ella va a hacer su
            reservación mañana. Yo ____ que
                                  7
            ella quiere tomar un vuelo directo.

SANDRA: ¿Adela ____ Panamá?
                   8

PEPITA: Creo que sí. Pero yo no ____ definitivamente. Pero yo ____
                                   9   10
            que ella ____ a mucha gente en Panamá.
                    11

SANDRA: ¿Cómo es que ella ____ a mucha gente allí?
                             12

PEPITA: Pues, tú ____ que ella tiene parientes en Panamá, ¿no?
                    13

SANDRA: Ay, sí, es verdad. Yo ____ que tiene familia en Panamá porque
                                 14
            yo ____ a su tía Lola. Y ____ que ella es de Panamá.
              15   16

Actividad comunicativa

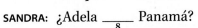 **Lo/La conozco muy bien.** Work with a classmate. Think of someone in the class whom you know quite well. Tell your partner some things you know about this person. Don't say who it is. Your partner will guess. Take turns.

Conversación

Está saliendo nuestro vuelo.

Señores pasajeros. Su atención, por favor. La compañía de aviación anuncia la salida de su vuelo ciento seis con destino a Santafé de Bogotá. Embarque inmediato por la puerta de salida número seis.

ANTONIO: ¡Chist, Luisa! Están anunciando la salida de nuestro vuelo.

LUISA: Sí, lo sé. ¡Y Dios mío! ¿Antonio, sabes dónde está Fernando?

ANTONIO: Sí, tú conoces a Fernando. Llegó tarde otra vez. Todavía está facturando su equipaje.

LUISA: Hablando de equipaje, ¿tienes los talones para nuestras maletas?

ANTONIO: Sí, aquí están. Los tengo con los boletos.

LUISA: ¿De qué puerta sale nuestro vuelo?

ANTONIO: De la puerta número seis. Primero tenemos que pasar por el control de seguridad.

LUISA: ¡Vamos ya! No vamos a esperar a Fernando. Él puede perder el vuelo si quiere. Pero yo, no.

Después de conversar

Contesten.

1. ¿Está Fernando con Antonio y Luisa?
2. ¿Sabe Antonio dónde está Fernando?
3. ¿Qué está haciendo Fernando?
4. ¿Siempre llega tarde?
5. ¿Qué va a perder?

Actividades comunicativas

A Un billete para Madrid Work with a classmate. You want to fly from Mexico City to Madrid. Call the airline to get a reservation. Your partner will be the reservation agent. Before you call, think about all the information you will need to give or get from the agent: date of departure, departure time, arrival time in Madrid, flight number, price.

B Antonio, Antonio Work with a classmate. You both know Antonio. He's a great guy, but he'll never get to the airport on time. He's always late. Have a conversation about Antonio. Tell some things you know about him that always make him late.

PRONUNCIACIÓN

La consonante r

When a word begins with an **r** (initial position), the **r** is trilled in Spanish. Within a word, **rr** is also trilled. The Spanish trilled **r** sound does not exist in English. Repeat the following.

ra	re	ri	ro	ru
rápido	reclama	Ricardo	Roberto	Rubén
raqueta	recoger	rico	rojo	rubio
párrafo	corre	perrito	perro	
		aterrizar	catarro	

The sound for a single **r** within a word (medial position) does not exist in English either. It is trilled less than the initial **r** or **rr.** Repeat the following.

ra	re	ri	ro	ru
demora	arena	Clarita	maletero	Perú
verano		consultorio	número	Aruba
para			miro	

Repeat the following sentences.

El mesero recoge los refrescos.
El perrito de Rubén corre en la arena.
El maletero corre rápido por el aeropuerto.
El avión para Puerto Rico aterriza con una demora de una hora.
El rico tiene una raqueta en el carro.

Lecturas CULTURALES

Reading Strategy

Identifying the main idea

When reading, it is important to identify the main idea the author is expressing. Each paragraph usually discusses a different idea. The main idea is often found in the first or second sentence of a paragraph. Go through the reading quickly to find the main idea in each paragraph. Do not read every word. Once you know the main idea of the passage, go back and read it again more carefully.

EL AVIÓN EN LA AMÉRICA DEL SUR

El avión es un medio de transporte muy importante en la América del Sur. ¿Por qué? Pues, vamos a mirar un mapa del continente sudamericano. Van a ver que es un continente inmenso. Por consiguiente[1], toma mucho tiempo viajar de una ciudad a otra, sobre todo por tierra.

En la mayoría de los casos es imposible viajar de un lugar a otro por tierra. ¿Por qué? Porque es imposible cruzar[2] los picos de los Andes o la selva (jungla) tropical del río Amazonas. Por eso, a todas horas del día y de la noche, los aviones de muchas líneas aéreas están sobrevolando[3] el continente. Hay vuelos nacionales que enlazan[4] una ciudad con otra en el mismo país. Y hay vuelos internacionales que enlazan un país con otro.

[1] Por consiguiente *Consequently*
[2] cruzar *to cross*
[3] sobrevolando *flying over*
[4] enlazan *connect*

El río Amazonas

Los Andes, Patagonia

Después de leer

A **¿Sí o no?** Digan que sí o que no.

1. El continente sudamericano es muy pequeño.
2. El tren es un medio de transporte importante en la América del Sur.
3. En muchas partes de la América del Sur, es difícil viajar por tierra.
4. Los picos andinos son muy altos.
5. Las selvas tropicales están en los picos andinos.

B **Análisis** Contesten.

1. ¿Por qué es el avión un medio de transporte importante en la América del Sur?
2. ¿Por qué es imposible viajar por tierra de una ciudad a otra en muchas partes de la América del Sur?
3. ¿Cuál es la diferencia entre un vuelo nacional y un vuelo internacional?
4. ¿Cuál es la idea principal de esta lectura?

La selva amazónica cerca de Iquitos, Perú

El aeropuerto JFK en Nueva York

DISTANCIAS Y TIEMPO DE VUELO

Nueva York a Madrid

Los vuelos entre los Estados Unidos y Europa son muy largos, ¿no? El Atlántico es un océano grande. Para cruzar el océano Atlántico toma mucho tiempo. Pero los vuelos dentro de la América del Sur pueden ser muy largos también. Vamos a hacer algunas comparaciones.

Susana Rogers está abordando un jet en el aeropuerto internacional de John F. Kennedy en Nueva York. Va a ir a Madrid. Es un vuelo sin escala[1] y después de unas siete horas, el avión va a aterrizar en el aeropuerto de Barajas en Madrid.

Caracas a Buenos Aires

A la misma hora que Susana está abordando el vuelo para Madrid, José Dávila está saliendo de Caracas, Venezuela. Él va a Buenos Aires, Argentina. Su vuelo es también un vuelo sin escala. ¿Sabe Ud. cuánto tiempo va a tomar? José va a llegar a Ezeiza, el aeropuerto de Buenos Aires, después de un vuelo de unas siete horas. Como ven Uds., hay muy poca diferencia entre el vuelo que cruza el océano de Nueva York a Madrid y el vuelo de Caracas a Buenos Aires.

[1]sin escala *nonstop*

El aeropuerto en Caracas, Venezuela

Después de leer

A ¿Lo sabes? Busquen la siguiente información.
1. el nombre de un océano
2. el nombre de un país
3. el nombre de una ciudad norteamericana
4. el nombre de una ciudad sudamericana
5. la duración del vuelo entre Nueva York y Madrid
6. la duración del vuelo entre Caracas y Buenos Aires

LAS LÍNEAS DE NAZCA

Un vuelo muy interesante es el vuelo en una avioneta de un solo motor sobre las figuras o líneas de Nazca. ¿Qué son las figuras de Nazca? En el desierto entre Nazca y Palpa en el Perú, hay toda una serie de figuras o dibujos misteriosos en la arena. Hay figuras de aves[1], peces[2] y otros animales. Hay también figuras geométricas— rectángulos, triángulos y líneas paralelas.

El origen de las figuras de Nazca es un misterio. No sabemos de dónde vienen. Pero sabemos que tienen unos tres o cuatro mil años de edad. Y son tan[3] grandes y cubren[4] un área tan grande que para ver las figuras bien es necesario tomar un avión. La avioneta para Nazca sale todos los días de Jorge Chávez, el aeropuerto internacional de Lima.

[1]aves *birds*
[2]peces *fish*
[3]tan *so*
[4]cubren *cover*

Después de leer

A **Nazca**   Contesten.

1. ¿Sobre qué vuela la avioneta?
2. ¿Cuántos motores tiene la avioneta?
3. ¿Dónde están las figuras o líneas de Nazca?
4. ¿Están en un desierto las figuras?
5. ¿Es un misterio el origen de las figuras o sabemos de dónde vienen?
6. ¿Qué tipo de figuras o líneas hay?
7. ¿Cuántos años tienen?
8. ¿Cubren un área muy grande las líneas?
9. ¿De dónde salen los aviones para ver las líneas?

Conexiones

LAS MATEMÁTICAS

LAS FINANZAS

When we travel we have to take into account how much the trip will cost. A wise traveler has some idea of an affordable travel budget. Can the budget afford a luxury hotel or is it better to stay in an inexpensive hostel? Some travel ads, like this one below, suggest that people can travel now and pay later. Before making a decision, one must consider the financial impact. When are the payments due? What is the interest rate?

Here is some important information about everyday finances that may come in handy when traveling to a Spanish-speaking country.

Las finanzas

Si vamos a hacer un viaje, es necesario saber cuánto va a costar. Es una buena idea preparar un presupuesto[1]. El presupuesto nos permite saber cuánto dinero tenemos y cuánto podemos gastar[2]. El presupuesto tiene que incluir los siguientes gastos[3]:

precio del vuelo
transporte local
hotel
comidas y refrescos
entradas
— museos, teatros

Cuando viajamos, podemos pagar nuestras cuentas o facturas con una tarjeta de crédito, cheques de viajero o (dinero) en efectivo.

En un país extranjero no vamos a pagar con dólares. Vamos a usar la moneda nacional—pesos o soles, por ejemplo. Tenemos que cambiar dinero. En México es necesario cambiar dólares en pesos. Antes de cambiar dinero, es importante saber el tipo de cambio[4].

Si decidimos pagar a plazos[5], es necesario pagar un pronto[6] (un pie, un enganche). Luego hay que hacer un pago cada mes—una mensualidad. Antes de decidir pagar algo a plazos, es necesario saber la tasa de interés[7] que tenemos que pagar. Todos debemos ser consumidores inteligentes porque la tasa de interés puede ser muy alta.

Madrid, España

[1]presupuesto *budget*
[2]gastar *to spend*
[3]gastos *expenses*
[4]tipo de cambio *exchange rate*
[5]pagar a plazos *to pay in installments*
[6]pronto *down payment*
[7]tasa de interés *interest rate*

➤ Después de leer ➤

A **La palabra, por favor.** Completen.

1. El _____ nos indica cuánto dinero tenemos y cuánto podemos gastar en varias categorías.
2. El dinero que tenemos que pagar es un _____.
3. Los _____ no pueden exceder la cantidad de dinero que tenemos.
4. *VISA* es una _____.
5. Podemos pagar nuestras _____ con una tarjeta de crédito, _____ o _____.
6. En México tenemos que _____ dólares en pesos mexicanos. En España tenemos que _____ dólares en pesetas españolas.
7. Antes de cambiar dinero es necesario saber el _____.
8. Si uno decide comprar algo a plazos, es necesario pagar un _____ al principio.
9. Un pago mensual es una _____.
10. Si vamos a comprar algo a plazos, es siempre necesario saber la _____ que puede ser bastante alta.

Culminación

Actividades orales

A **Un semestre en España** Work with a classmate. The two of you are leaving soon to spend a semester studying at a school in Seville, Spain. Discuss all the things you have to do to prepare for your upcoming experience—things you have to buy, travel arrangements you have to make, etc.

B **¿Adónde vas?** You just got to the airport and unexpectedly ran into a friend (your partner). Exchange information about the trip and flight each of you is about to take.

C **¡A planear un viaje!** Go to a travel agency in your community. Get some travel brochures and plan a trip. Tell all about your trip. Be sure to include how you will get from one place to another.

Actividad escrita

A **Un viaje en avión**   You have a Venezuelan pen pal who is going to visit you this winter. This will be his or her first flight. Write your pen pal a letter and explain all the things he or she is going to experience before, during, and after the flight.

Writing Strategy

Answering an essay question

When writing an answer to an essay question, first read the question carefully to look for clues to determine how your answer should be structured. Then begin by restating the essay question in a single statement in your introduction. Next, support the statement in the body of the answer with facts, details, and reasons. Finally, close with a conclusion that summarizes your answer.

Un concurso

In order to win an all-expense-paid trip to the Spanish-speaking country of your choice, you have to write an essay in Spanish and send it to the company sponsoring the trip. Read the following essay questions and then write your answers. You really want to go, so be sure to plan your answers carefully and check your work.

¿A qué país quiere Ud. viajar? ¿Cómo quiere Ud. viajar? ¿Por qué quiere Ud. ir allí? ¿Qué quiere Ud. hacer allí? ¿Qué quiere aprender?

Vocabulario

GETTING AROUND AN AIRPORT—DEPARTURE

el aeropuerto
el taxi
la línea aérea
el avión
el mostrador
el/la agente
el billete, el boleto
el pasaporte
la pantalla de salidas y
   llegadas
la tarjeta de embarque
el número del asiento

el número del vuelo
el destino
la puerta de salida,
   la sala de salida
la sección de no fumar
la báscula
el talón
la maleta
el/la maletero(a)
el/la pasajero(a)
el equipaje (de mano)
el control de seguridad

GETTING AROUND AN AIRPORT—ARRIVAL

el control de pasaportes
la aduana
el reclamo de equipaje

IDENTIFYING AIRLINE PERSONNEL

el/la agente
la tripulación
el/la comandante,
   el/la piloto

el/la copiloto
el asistente de vuelo
la asistente de vuelo

DESCRIBING AIRPORT ACTIVITIES

hacer un viaje
dar la bienvenida
salir a tiempo
   tarde
   con una demora
revisar el boleto
pasar por el control
   de seguridad
tomar un vuelo

facturar el equipaje
abrir las maletas
inspeccionar
abordar
desembarcar
despegar
aterrizar
reclamar (recoger) el equipaje

OTHER USEFUL EXPRESSIONS

el país
extranjero(a)
permitir
venir

poner
saber
conocer

TECNOTUR

VIDEO

¡Buen viaje!

EPISODIO 11 ▶ Un viaje en avión

Luis tiene que volver a la Ciudad de México,...

...pero parece que hay un problema.

CD-ROM

Expansión cultural

OPERACIÓN CON AEROLÍNEAS REGIONALES
OPERACIÓN A PARTIR DEL 1° DE DICIEMBRE 1990
DESTINOS ADICIONALES POTENCIALES LÍNEA REGIONAL
DESTINOS ADICIONALES POTENCIALES MEXICANA

Mexicana es una línea aérea de México.

interNET CONNECTION

In this video episode Luis misses his flight to Mexico City because of bad weather. To familiarize yourself with airports in the Spanish-speaking world, go to the Capítulo 11 Internet activity at the Glencoe Foreign Language Web site:

http://www.glencoe.com/sec/fl

Repaso CAPÍTULOS 8–11

Conversación

El pobre Juanito

ANITA: Juanito fue a Navacerrada a esquiar.

ANTONIO: Ah, sí. ¿Qué tal lo pasó?

ANITA: Muy bien. Pasó un fin de semana estupendo. Pero, ¿sabes dónde está ahora?

ANTONIO: No sé. No tengo idea.

ANITA: Pues, está en la consulta del médico.

ANTONIO: ¿Qué tiene? ¿Qué le pasó?

ANITA: No sé. Le duele mucho el estómago y no sabe si tiene fiebre.

ANTONIO: Pues, tú conoces a Juanito. Siempre está haciendo cosas que no debe hacer. ¿Qué comió?

Después de conversar

A **El pobre Juanito** Contesten.

1. ¿Adónde fue Juanito?
2. ¿Por qué fue a Navacerrada?
3. ¿Qué tal fue el fin de semana?
4. ¿Dónde está Juanito ahora?
5. ¿Por qué? ¿Qué tiene?
6. ¿Qué está haciendo siempre Juanito?
7. ¿Comió algo malo Juanito?

CLINICA MEDICA ARABIAL

HOMEOPATIA — OXIGENOTERAPIA
— HOMOTOXICOLOGIA
TERAPIAS BIOLOGICAS — HOMEOSINIATRIA
— MESOTERAPIA
— ACUPUNTURA
— NEURALTERAPIA
— MEDICINA ESTETICA
— FITOTERAPIA

C/. Arabial, 118 - 1.º D
Teléfono 42 13 57

GRANADA

RECUERDE:

«PORQUE HAY OTROS CAMINOS PARA SU CURACION, NO DEJE DE CONSULTARNOS CUALQUIERA QUE SEA SU PROBLEMA».

CLINICA MEDICA ARABIAL

SE RUEGA PEDIR CITA AL TELEFONO 42 13 57

Estructura

Ser y estar

1. The verbs **ser** and **estar** both mean "to be." **Ser** is used to tell where someone or something is from. It is also used to describe an inherent trait or characteristic.

> **Roberto es de Los Ángeles.**
> **Roberto es inteligente y guapo.**

2. **Estar** is used to tell where someone or something is located. It is also used to describe a temporary condition or state.

> **Ahora Roberto está en Madrid.**
> **Madrid está en España.**
> **Roberto está muy contento en Madrid.**

3. **Estar** is used with a present participle to form the progressive tense.

> **Estamos estudiando y aprendiendo mucho.**

Nueva York

A HISTORIETA Roberto

Completen con la forma apropiada de **ser** o **estar.**

Roberto ____₁ de Caracas. Él ____₂ muy simpático. ____₃ muy gracioso también. Ahora él ____₄ en Nueva York. ____₅ estudiando en la universidad. Roberto ____₆ muy contento en Nueva York.

Nueva York ____₇ en el noreste de los Estados Unidos. Nueva York ____₈ muy grande. ____₉ muy interesante también. A Roberto le gusta mucho.

Hoy Roberto ____₁₀ de mal humor. No ____₁₁ muy contento. La nota que recibió en un curso no ____₁₂ muy buena y Roberto ____₁₃ muy inteligente.

Verbos irregulares en el presente

The following verbs all have an irregular **yo** form in the present tense. All other forms are regular.

HACER	**yo hago**	TRAER	**yo traigo**	SABER	**yo sé**
PONER	**yo pongo**	SALIR	**yo salgo**	CONOCER	**yo conozco**

Práctica

B **Entrevista** Contesten personalmente.

1. ¿Haces un viaje a Madrid?
2. ¿A qué hora sales para el aeropuerto?
3. ¿Pones las maletas en la maletera del carro?
4. ¿Traes mucho equipaje?

5. ¿Sabes a qué hora sale tu vuelo?
6. ¿Sabes el número del vuelo?
7. ¿Conoces Madrid?
8. ¿Sabes hablar español?

Los pronombres de complemento

1. The object pronouns **me, te,** and **nos** can function as either direct or indirect object pronouns. Note that the object pronouns in Spanish precede the conjugated verb.

> ¿*Te* vio Juan?   Sí, Juan *me* vio y *me* dio el libro.

2. **Lo, los, la,** and **las** function as direct object pronouns only. They can replace persons or things.

Pablo compró *el boleto*.	Pablo *lo* compró.
Pablo compró *los boletos*.	Pablo *los* compró.
Elena compró *la raqueta*.	Elena *la* compró.
Elena compró *las raquetas*.	Elena *las* compró.
Yo vi a *los muchachos*.	Yo *los* vi.

3. **Le** and **les** function as indirect object pronouns only.

> Yo *le* escribí una carta (a él, a ella, a Ud.).
> Yo *les* escribí una carta (a ellos, a ellas, a Uds.).

Práctica

C **¡A esquiar!** Cambien los sustantivos en pronombres.

1. Llevo *los esquís* a la cancha.
2. También llevo *las botas*.
3. Compro *el boleto* en la taquilla.
4. Veo *a mi hermana* en el telesquí.
5. Doy *el boleto* a mi hermana.
6. Ella da *los esquís* a los muchachos.

Chacaltaya, una estación de esquí en Bolivia

El pretérito

1. The preterite is used to express an event that started and ended in the past. Review the forms of the preterite of regular verbs.

INFINITIVE	mirar	comer	vivir
yo	miré	comí	viví
tú	miraste	comiste	viviste
él, ella, Ud.	miró	comió	vivió
nosotros(as)	miramos	comimos	vivimos
vosotros(as)	*mirasteis*	*comisteis*	*vivisteis*
ellos, ellas, Uds.	miraron	comieron	vivieron

2. The forms of **ir** and **ser** in the preterite are identical. The meaning is made clear by the context of the sentence.

fui fuiste fue fuimos *fuisteis* fueron

Práctica

D **¿Qué hicieron todos?** Contesten.

1. ¿Fuiste al museo ayer?
¿Viste una exposición de arte?
¿Tomaste un refresco en la cafetería del museo?

2. ¿Salieron Uds. anoche?
¿Fueron al cine?
¿Tomaron el metro?

3. ¿Esquió Roberto?
¿Subió la pista en el telesilla?
¿Bajó la pista para expertos?

4. ¿Pasaron tus amigos el fin de semana en la playa?
¿Te escribieron una tarjeta postal?
¿Nadaron y tomaron el sol en la playa?

Actividades comunicativas

A **Deportes** The Latin American exchange student (your partner) at your school asks you what sports you played last year. Tell him or her and say which one you liked most and why. Then ask the exchange student the same questions.

B **Diversiones** Work with a classmate. Discuss what you each do when you have free time. Do you like to do the same activities?

1. Paseo de la Princesa, Viejo San Juan
2. Plaza de Armas, Viejo San Juan
3. Zona residencial, Viejo San Juan
4. Baile folklórico, Viejo San Juan
5. Coquí, Luquillo
6. Frutero, Viejo San Juan
7. Desfile de los Reyes Magos,
   Viejo San Juan

NATIONAL GEOGRAPHIC

VISTAS
DE PUERTO RICO

4

5

1. *Vegetación tropical, Sierra de Cayey*
2. *Radiotelescopio, Arecibo*
3. *Laguna del Condado, San Juan*
4. *Museo de arte, Ponce*
5. *Cosecha de piñas, Manatí*
6. *Atleta puertorriqueña, San Juan*
7. *Catedral de Nuestra Señora de Guadalupe, Ponce*

PUERTO RICO

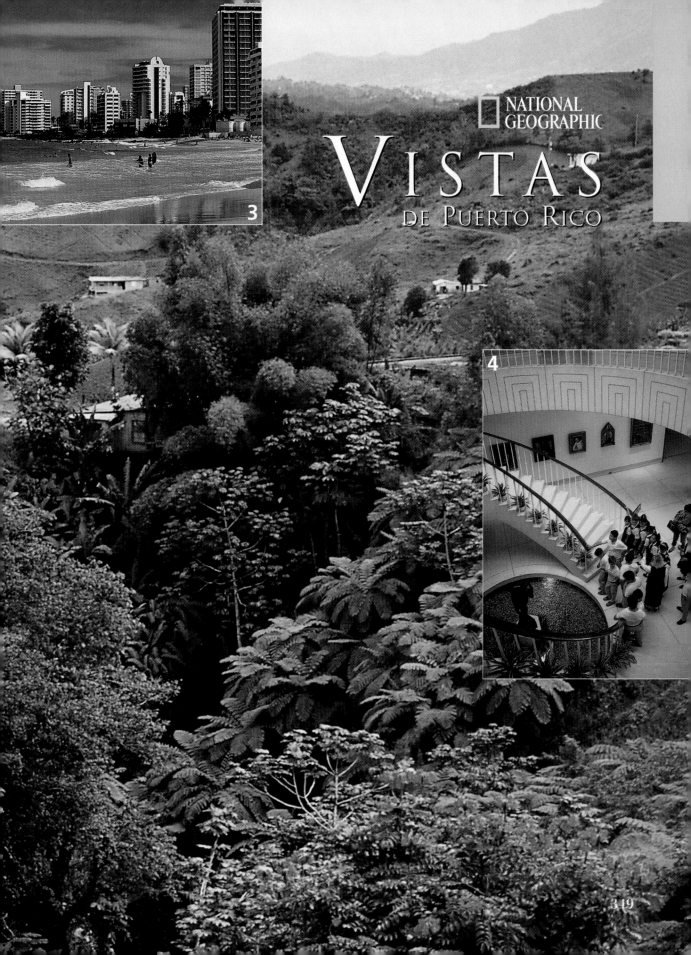

NATIONAL GEOGRAPHIC

VISTAS
DE PUERTO RICO

3

4

CAPÍTULO 12

Una gira

Objetivos

In this chapter you will learn to do the following:

- ∽ describe your personal grooming habits
- ∽ talk about your daily routine
- ∽ tell some things you do for yourself
- ∽ talk about a back-packing trip

Vocabulario

La rutina

Hola. Yo me llamo José. ¿Y tú? ¿Cómo te llamas?

El muchacho se llama José.

José se acuesta.
Se acuesta a las once de la noche.
Él se duerme enseguida.

La muchacha se despierta temprano.
Se levanta enseguida.

la cara

El muchacho se lava la cara.

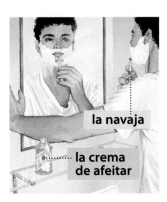

la navaja

la crema de afeitar

El muchacho se afeita.
Se afeita con la navaja.

el pelo

El muchacho toma una ducha.
El muchacho se lava el pelo.

La muchacha se baña.

El muchacho se cepilla (se lava)
   los dientes.

La muchacha se maquilla.
Se pone el maquillaje.

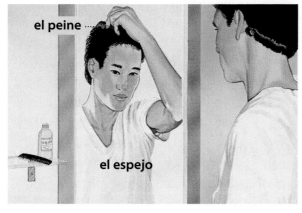

El muchacho se peina.
Se mira en el espejo cuando se peina.

Ella se pone la ropa.

La muchacha se sienta a la mesa.
Toma el desayuno.
Se desayuna.

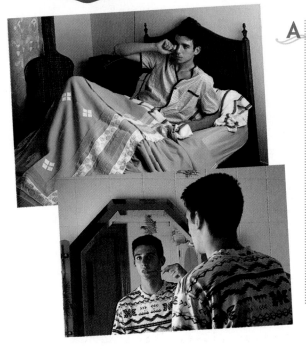

Práctica

A. HISTORIETA Un día en la vida de...

Contesten según se indica.

1. ¿Cómo se llama el joven? (Paco)
2. ¿A qué hora se despierta? (a las seis y media)
3. ¿Cuándo se levanta? (enseguida)
4. ¿Adónde va? (al cuarto de baño)
5. ¿Qué hace? (se lava la cara y se cepilla los dientes)
6. Luego, ¿adónde va? (a la cocina)
7. ¿Se sienta a la mesa? (sí)
8. ¿Qué toma? (el desayuno)

B. ¿Qué hace el muchacho o la muchacha? Describan.

1.

2.

3.

4.

5.

6.

HISTORIETA Las actividades de Sarita

Completen.

Sarita _____ por la mañana.
₁
Ella _____ la cara y las manos.
₂
Ella _____ los dientes. Ella _____
₃   ₄
el pelo. Ella _____ la ropa—un
₅
blue jean y una camiseta. Ella _____
₆
en la cocina. Ella _____ a la mesa.
₇

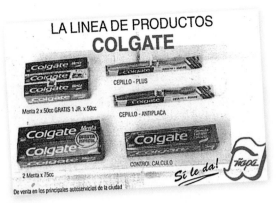

Málaga, España

D **Entrevista**

Contesten personalmente.

1. ¿Cómo te llamas?
2. ¿A qué hora tomas el desayuno?
3. ¿Tomas el desayuno en la cocina o en el comedor?
4. ¿Te gusta tomar un desayuno grande?
5. ¿Qué comes en el desayuno?
6. ¿Te gustan los cereales?

Actividad comunicativa

A **La rutina** Work with a classmate. Each of you will choose one family member and tell each other about that person's daily activities.

Vocabulario

Una gira

Los amigos están viajando por España.
Están haciendo un viaje económico.
Lo están pasando muy bien.
   Se divierten mucho.
Duermen en el saco de dormir.

el saco de dormir

¿Qué ponen o llevan en la mochila?

 una botella de agua mineral

el champú

 un cepillo

 un rollo de papel higiénico

un cepillo de dientes

un tubo de pasta dentífrica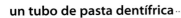

 una barra (una pastilla) de jabón

Los amigos dan una caminata.
Algunos van a pie.
Y otros van en bicicleta.

Pasan la noche en un albergue para jóvenes.
Y a veces pasan la noche en un hostal o en una pensión.

VOCABULARIO

A ¿Qué pierde Pepe de la mochila?   Identifiquen.

Caracas, Venezuela

B **HISTORIETA** Una gira

Contesten.

1. ¿Hacen los jóvenes un viaje de lujo o un viaje económico?
2. ¿Por dónde están viajando?
3. ¿En qué llevan sus cosas?
4. ¿Cuáles son algunas cosas que ponen en la mochila?
5. ¿Cómo van de un lugar (sitio) a otro?
6. ¿En qué duermen a veces?
7. ¿Dónde pasan la noche de vez en cuando (a veces)?
8. ¿Se divierten?

C HISTORIETA En el cuarto de baño

Completen.

1. El muchacho va a tomar una ducha. Necesita _____.
2. La muchacha quiere peinarse pero, ¿dónde está _____?
3. El muchacho va a afeitarse. Necesita _____.
4. Juanito quiere lavarse los dientes. ¿Dónde está _____?
5. No hay pasta dentífrica. Tengo que comprar otro _____.
6. No hay más jabón. Tengo que comprar otra _____.
7. Siempre uso _____ para lavarme el pelo.

Actividad comunicativa

A **En la farmacia** You're a clerk in a drugstore. A classmate is a Spanish-speaking customer who wants to buy the following toiletries. Have a conversation.

VOCABULARIO

trescientos cincuenta y nueve ∞ **359**

Estructura

◆ Telling what people do for themselves
Verbos reflexivos

1. Compare the following pairs of sentences.

Mariana baña al perro.

Mariana cepilla al perro.

Mariana se baña.

Mariana se cepilla.

In the sentences above the drawings, Mariana performs the action. The dog receives the action. In the sentences below the drawings, Mariana both performs and receives the action of the verb. For this reason the pronoun **se** must be used. **Se** refers back to Mariana in these sentences and is called a "reflexive pronoun." It indicates that the action of the verb is reflected back to the subject.

2. Study the forms of a reflexive verb.

INFINITIVE	lavarse	levantarse
yo	me lavo	me levanto
tú	te lavas	te levantas
él, ella, Ud.	se lava	se levanta
nosotros(as)	nos lavamos	nos levantamos
vosotros(as)	os laváis	os levantáis
ellos, ellas, Uds.	se lavan	se levantan

¿Lo sabes?

The reflexive pronoun is attached to the infinitive. José va a lavarse. Tengo que bañarme.

3. In the negative form, **no** is placed before the reflexive pronoun.

No te lavas las manos.
La familia Martínez no se desayuna en el comedor.

4. In Spanish when you refer to parts of the body and articles of clothing, you often use the definite article, not the possessive adjective.

Él se lava la cara.
Me lavo los dientes.

A HISTORIETA Teresa

Contesten.

1. ¿A qué hora se levanta Teresa?
2. ¿Se baña por la mañana o por la noche?
3. ¿Se desayuna en casa?
4. ¿Se lava los dientes después del desayuno?
5. ¿Se pone una chaqueta si sale cuando hace frío?

B El aseo   Contesten personalmente.

1. ¿A qué hora te levantas? ¿Y a qué hora te levantaste esta mañana?
2. ¿Te bañas por la mañana o tomas una ducha? Y esta mañana, ¿te bañaste o tomaste una ducha?
3. ¿Te cepillas los dientes con frecuencia? ¿Cuántas veces te cepillaste los dientes hoy?
4. ¿Te desayunas en casa o en la escuela? Y esta mañana, ¿dónde te desayunaste?
5. ¿Te afeitas o no? Y hoy, ¿te afeitaste?
6. ¿Te peinas con frecuencia? ¿Te miras en el espejo cuando te peinas? ¿Cuántas veces te peinaste hoy?

C ¿Qué haces? Sigan el modelo.

—¿Te lavas los dientes?
—Sí, me lavo los dientes.

1.

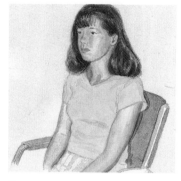

2.

3.

4.

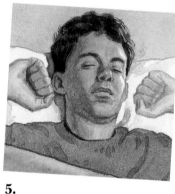

5.

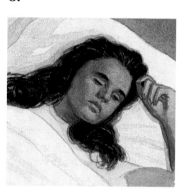

6.

D ¿Y Uds.? Sigan el modelo.

Ellos se levantan a las siete.

Nos levantamos a las siete también.

Ah, sí. ¿Y a qué hora se levantan Uds.?

1. Ellos se levantan a las seis y media.
2. Ellos se bañan a las siete menos cuarto.
3. Ellos se desayunan a las siete y media.

Nombres   Contesten.

1. ¿Cómo te llamas?
2. Y tu hermano(a), ¿cómo se llama?
3. ¿Cómo se llama tu profesor(a) de español?
4. ¿Y cómo se llaman tus abuelos?
5. Una vez más, ¿cómo te llamas?

F   **¿Qué hacen todos?**   Completen según las fotos.

1. Yo

   Él

   Tú

   Ud.

2. Nosotros

   Ellos

   Uds.

   Él y yo

◈ Actividades comunicativas ◈

A   **Me desayuno y luego...**   Work in groups of three or four. Tell the order of your daily activities from morning to night. Do you all do everything in the same order? Does anyone do things really differently? What's the most common routine? What's the weirdest routine?

JUEGO   **Me pongo...**   Describe some clothing you're putting on. A classmate will guess where you are going or what you are going to do.

Telling what people do for themselves
Verbos reflexivos de cambio radical

1. The reflexive verbs **acostarse (o→ue)** and **(divertirse e→ie)** are stem-changing verbs. Study the following forms.

INFINITIVE	acostarse	divertirse
yo	me acuesto	me divierto
tú	te acuestas	te diviertes
él, ella, Ud.	se acuesta	se divierte
nosotros(as)	nos acostamos	nos divertimos
vosotros(as)	*os acostáis*	*os divertís*
ellos, ellas, Uds.	se acuestan	se divierten

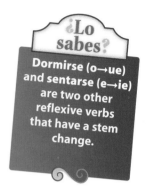

¿Lo sabes?

Dormirse (o→ue) and sentarse (e→ie) are two other reflexive verbs that have a stem change.

2. Many verbs in Spanish can be used with a reflexive pronoun. Often the reflexive pronoun gives a different meaning to the verb. Study the following examples.

María pone la blusa en la mochila.	*Mary puts the blouse in the backpack.*
María se pone la blusa.	*Mary puts on her blouse.*
María duerme ocho horas.	*Mary sleeps eight hours.*
María se duerme enseguida.	*Mary falls asleep immediately.*
María llama a Carlos.	*Mary calls Carlos.*
Ella se llama María.	*She calls herself Mary. (Her name is Mary.)*
María divierte a sus amigos.	*Mary amuses her friends.*
María se divierte.	*Mary amuses herself. (Mary has a good time.)*

A **¿Cómo lo haces tú?**
Contesten personalmente.

1. ¿Duermes en una cama o en un saco de dormir?
2. Cuando te acuestas, ¿te duermes enseguida?
3. Y cuando te despiertas, ¿te levantas enseguida?
4. ¿Te sientas a la mesa para tomar el desayuno?
5. ¿Te diviertes en la escuela?

Cataluña, España

B HISTORIETA Duermo ocho horas.

Completen.

Cuando yo ____ (acostarse), yo ____ (dormirse) enseguida. Cada
  $\quad$ 1 $\qquad$ 2

noche yo ____ (dormir) ocho horas. Yo ____ (acostarse) a las once y
  $\quad$ 3 $\qquad$ 4

____ (levantarse) a las siete de la mañana. Cuando yo ____
  5 $\qquad$ 6

(despertarse), ____ (levantarse) enseguida. Pero cuando mi hermana
  $\quad$ 7

____ (despertarse), ella no ____ (levantarse) enseguida. Y mi
  8 $\qquad$ 9

hermano, cuando él ____ (acostarse), no ____ (dormirse) enseguida.
  $\qquad$ 10 $\qquad$ 11

Él pasa horas escuchando música en la cama. Así él ____ (dormir)
  $\qquad$ 12

solamente unas seis horas.

Actividades comunicativas

A **¿Lo está pasando bien? ¿Se divierte?** Choose an illustration
below and describe it. A classmate will tell which one you're describing and let you know whether he or she thinks the people are having fun. Take turns.

JUEGO **¿Qué tengo?** You have something you have to use every day
for part of your daily routine. Tell a classmate what it is. He or she will
then guess what you do with it.

Tengo una navaja.

Ah, te afeitas.

Conversación

¿A qué hora te despertaste?

TIMOTEO: Maripaz, ¿a qué hora te despertaste esta mañana?

MARIPAZ: Esta mañana me levanté un poco tarde.

TIMOTEO: ¿Te levantaste tarde? ¿Por qué?

MARIPAZ: Porque anoche me acosté muy tarde.

TIMOTEO: ¿Por qué te acostaste tan tarde? ¿Saliste?

MARIPAZ: No, no salí. Pasé la noche estudiando. Hoy tengo un examen de álgebra. Estudié hasta la medianoche.

TIMOTEO: ¿Estudiaste hasta la medianoche?

MARIPAZ: Sí, y por lo general me despierto a las seis pero esta mañana no me desperté hasta las seis y media.

TIMOTEO: ¿Llegaste tarde a la escuela?

MARIPAZ: No, afortunadamente llegué a tiempo porque la clase de álgebra es mi primera clase.

Después de conversar

Contesten.

1. Esta mañana, ¿se levantó tarde o temprano Maripaz?
2. ¿Por qué se levantó tarde?
3. ¿Salió ella anoche?
4. ¿Cómo pasó la noche?
5. ¿Hasta qué hora estudió?
6. Por lo general, ¿a qué hora se despierta ella?
7. ¿A qué hora se despertó esta mañana?
8. ¿Llegó tarde a la escuela?
9. ¿Cuál es la primera clase de Maripaz?

A **Me acosté muy tarde.** You got to bed really late last night and you're feeling tired. Tell a classmate why. Then he or she will ask you some questions about what you're doing today and how things are.

B **Vamos a dar una caminata.** You're planning to backpack through a Spanish-speaking country. Work with a classmate. Decide what country you want to go to. Then decide what you are going to take with you, how long you'll be away, how much money you'll need, and how you plan to get around.

PRONUNCIACIÓN

La **h**, la **y**, la **ll**

The **h** in Spanish is silent. It is never pronounced. Repeat the following.

hijo	hotel	higiénico
hermano	hace	hostal

Y in Spanish can be either a vowel or a consonant. As a vowel, it is pronounced exactly the same as the vowel **i**. Repeat the following.

Juan y María
el jabón y el champú

Y is a consonant when it begins a word or a syllable. As a consonant, **y** is pronounced similarly to the *y* in the English word *yo-yo*. This sound has several variations throughout the Spanish-speaking world. Repeat the following.

ya   **desayuno**   **ayuda**   **playa**

The **ll** is pronounced as a single consonant in Spanish. In many areas of the Spanish-speaking world, it is pronounced the same as the **y**. It too has several variations. Repeat the following.

llama	botella	cepillo	toalla
llega	pastilla	rollo	lluvia

Repeat the following sentences.

La hermana habla hoy con su hermano en el hotel.
Está lloviendo cuando ella llega a la calle Hidalgo.
El hombre lleva una botella de agua a la playa hermosa.

Lecturas CULTURALES

Reading Strategy

Skimming

There are several ways to read an article or a passage—each one with its own purpose. Skimming means reading quickly in order to find out the general idea of a passage. To skim means to read without paying careful attention to small details, noting only information about the main theme or topic. Sometimes a reader will skim a passage only to decide whether it's interesting enough to then read it in detail.

DEL NORTE DE ESPAÑA

¡Hola! Me llamo Iván Orama. Soy de San Juan, Puerto Rico. Pero ahora no estoy en Puerto Rico. Estoy en España donde un grupo de amigos de nuestro colegio estamos pasando el verano. Es una experiencia fabulosa. Nos divertimos mucho. ¿Me permites describir un día típico?

Esta mañana nos despertamos temprano. Todos nos levantamos enseguida. Con la mochila en la espalda[1] salimos de la pensión. Fuimos a una cafetería donde nos desayunamos. Yo tomé un jugo de china o, como lo llaman aquí en España, un zumo de naranja. Marta comió churros, una cosa típica española. Y los otros, no sé lo que comieron.

Cuando salimos del café, fuimos en nuestras bicicletas en dirección a Santiago de Compostela. Estamos siguiendo[2] más o menos el Camino[3] de Santiago.

[1]en la espalda *on our back*
[2]siguiendo *following*
[3]Camino *Way, Route*

Los Picos de Europa, España

El lago Enol en el Parque Nacional de Covadonga, España

El otro día pasamos un día estupendo en San Sebastián. Nos sentamos en la playa y nos bañamos en el mar Cantábrico. Te aseguro[4] que el agua del Cantábrico está mucho más fría que el agua del Caribe en nuestro Puerto Rico.

El lunes dimos una caminata por los Picos de Europa. Fue increíble. Los picos son tan altos que aún[5] en julio están cubiertos de nieve.

No sabemos cuándo vamos a llegar a Santiago. Pero lo estamos pasando muy bien. Nos divertimos mucho.

[4]Te aseguro *I assure you*
[5]aún *even*

San Sebastián, España

Después de leer

A Un día con los amigos   Contesten.

1. ¿Cómo se llama el muchacho?
2. ¿De dónde es?
3. ¿Dónde está ahora?
4. ¿Con quiénes está?
5. ¿Qué están haciendo?
6. ¿Cuándo se levantaron esta mañana?
7. ¿Adónde fueron cuando salieron de la pensión?
8. ¿Qué comió Marta en el desayuno?

B Más sobre la caminata   Escojan.

1. Cuando salieron del café, fueron _____.
   a. al albergue juvenil
   b. a San Sebastián
   c. hacia Santiago de Compostela

2. Pasaron el otro día _____.
   a. en la playa
   b. en el Camino de Santiago
   c. en el Cantábrico

3. Hay una playa bonita en _____.
   a. Santiago de Compostela
   b. los Picos de Europa
   c. San Sebastián

4. El agua del mar está fría en _____.
   a. el mar Cantábrico
   b. el mar Caribe
   c. los Picos de Europa

5. Los Picos de Europa están cubiertos de nieve porque _____.
   a. están cerca del mar Cantábrico
   b. son muy altos y allí hace mucho frío
   c. son increíbles

C La ruta   Dibujen un mapa de la ruta de los jóvenes.

La catedral
en Santiago de
Compostela

EL CAMINO DE SANTIAGO

Durante la Edad Media[1] hay tres peregrinaciones[2] famosas—la peregrinación a Jerusalén en Israel, la peregrinación a Roma y la peregrinación a Santiago de Compostela.

Santiago de Compostela está en Galicia, una región pintoresca en el noroeste de España. Galicia se parece más a[3] Irlanda que al resto de España. Llueve mucho en Galicia y todo es muy verde.

El Camino de Santiago es el camino que tomaron los peregrinos de la Edad Media. El camino empieza en los Pirineos, en el pueblo de Roncesvalles y termina en Santiago. Atraviesa o cruza todo el norte de España. ¿Por qué quieren ir a Santiago los peregrinos? Porque creen que allí está enterrado[4] el apóstol Santiago.

[1]Edad Media *Middle Ages*
[2]peregrinaciones *pilgrimages*
[3]se parece más a *looks more like*
[4]enterrado *buried*

Una vista de Galicia

Los peregrinos viajan a pie (caminan) de un pueblo a otro. Cada día cubren un trecho[5] (tramo) fijo. Al final de cada trecho hay un hostal donde los peregrinos pueden pasar la noche. En el siglo XI hay hostales que pueden alojar[6] a unos mil peregrinos.

Una vez más el Camino de Santiago es muy popular. Hoy día muchos turistas toman la misma ruta. Pero no van a pie. Van en carro. Y muchos jóvenes van en bicicleta.

[5]trecho *stretch*
[6]alojar *lodge, accommodate*

Hostal de los Reyes Católicos, Santiago de Compostela

Después de leer

A **Santiago de Compostela**
Contesten.

1. ¿Dónde está Santiago de Compostela?
2. ¿En qué parte de España está Galicia?
3. ¿Por qué se parece mucho a Irlanda?
4. ¿Quién está enterrado en la catedral en Santiago de Compostela?

B **¿Qué sabes?** Describan lo que aprendieron del Camino de Santiago.

Conexiones

LAS CIENCIAS NATURALES

LA ECOLOGÍA

Ecology is a subject of great interest to young people around the world. No one wants to wake up each morning and breathe polluted air. No one wants to hike along a river bank that is loaded with debris or swim in a contaminated ocean. As people travel around the world, they are appalled by the destruction they see done to the environment. We are all aware that urgent and dramatic steps must be taken to avert future ecological disasters.

La contaminación del aire en la Ciudad de México

La ecología

El término «ecología» significa el equilibrio entre los seres vivientes—los seres humanos— y la naturaleza[1]. Hoy en día hay grandes problemas ecológicos en casi todas partes del mundo.

La contaminación del aire

La contaminación del medio ambiente[2] es el problema número uno. La contaminación de todos los tipos es la plaga de nuestros tiempos.

El aire que respiramos[3] está contaminado. Está contaminado principalmente por las emisiones de gases que escapan de los automóviles y camiones. Está contaminado también por el humo[4] que emiten las chimeneas de las fábricas[5] que queman[6] sustancias químicas.

Caracas, Venezuela

[1]naturaleza *nature*
[2]medio ambiente *environment*
[3]respiramos *we breathe*

[4]humo *smoke*
[5]fábricas *factories*
[6]queman *burn*

El agua

Nuestras aguas están contaminadas también. Buques petroleros derraman[7] cantidades de petróleo cada año en nuestros mares y océanos. En las zonas industriales las fábricas echan los desechos[8] industriales en los ríos. Muchos de los desechos son tóxicos. Los ríos contaminados son portadores[9] de enfermedades serias.

El reciclaje

Hoy en día hay grandes campañas de reciclaje. El reciclaje consiste en recoger los desechos—papel, vidrio[10], metal— para transformar y poder utilizar estos productos de nuevo (una vez más).

[7]Buques petroleros derraman *Oil tankers spill*
[8]desechos *wastes*
[9]portadores *carriers*
[10]vidrio *glass*

Río de la Plata, Buenos Aires

Madrid, España

Después de leer

A En español, por favor.
Busquen las palabras equivalentes en español.

1. ecology
2. ecological problems
3. air pollution
4. toxic wastes
5. recycling

B Para discutir   Contesten.

1. ¿Está contaminado el aire donde Uds. viven?
2. ¿Hay mucha industria donde viven?
3. ¿Hay muchas fábricas?
4. ¿Hay muchos automóviles y camiones?
5. ¿Escapan gases de los automóviles?
6. ¿Hay campañas de reciclaje donde viven?

Culminación

Actividades orales

A **Maricarmen se divierte.** Look at the illustrations below. Based on what you see in the illustrations, have a conversation with a classmate about Maricarmen's activities.

1.

2.
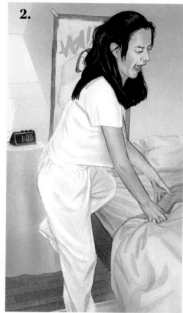

3.

4.

B **Durante la semana y los fines de semana** Most people like a change of pace on the weekend. Talk with a classmate about things that students do or don't do during the week. Your partner will say how that differs on the weekend and why. Take turns.

Durante la semana los alumnos se despiertan muy temprano.

Durante los fines de semana los alumnos se despiertan más tarde.

Actividades escritas

A **Un día típico** Your Colombian pen pal is curious about your daily routine. Send him or her an e-mail describing all the activities you do on a typical day from the time you wake up to the time you go to bed.

B **Una gira** You backpacked around Spain for a month last summer. Write a Spanish-speaking friend a letter telling about your experience.

HOTELES, CAMPINGS, APARTAMENTOS
españa

MADRID

Hostal Goya
** **
Barrio de Santa Cruz
Habitación   Chambre n.° 30
Mateos Gago, 31 - 41004 SEVILLA - Teléfono 421 11 70 - Fax 456 29 88

H
** **
HOSTAL RESIDENCIA
La Perla Asturiana
Plaza de Santa Cruz, 3
Teléfono 266 46 00
Fax 266 46 08
28012 MADRID
SR. D. _Alexander Woodford_
MR.
HABITACION N.°
ROOM NR.
CHAMBRE N.°
PRECIO   NUEVO TELEFONO
RATE   366 46 00
PRIX   FAX 366 46 08
Dirección: JESÚS LENTIJO

Writing Strategy

Taking notes

Taking notes gives you a written record of important information you may need for later use. When taking notes, write down key words and phrases as you continue to focus on what the speaker is still saying. When the speaker has finished, go back over your notes as soon as possible, highlighting the most important points and adding details to make them as complete as possible. If necessary, rewrite your notes, organizing them so they will be of utmost use to you.

Un trabajo de verano

You are working abroad this summer. You are going to help take care of two small children in Seville, Spain. The children's mother gives you many instructions about the children's routine and activities. Since you probably will not remember all she is telling you, you jot down notes. Take your notes and organize them to describe each child's day. Then write down your responsibilities—what it is you have to do.

Vocabulario

STATING DAILY ACTIVITIES

la rutina
despertarse
levantarse
lavarse
bañarse
tomar una ducha
afeitarse
ponerse la ropa
mirarse

maquillarse
cepillarse
peinarse
sentarse
desayunarse
acostarse
dormirse
llamarse
divertirse

IDENTIFYING ARTICLES FOR GROOMING AND HYGIENE

la navaja
la crema de afeitar
el cepillo
el peine
el cepillo de dientes
el espejo

el maquillaje
una barra (una pastilla) de jabón
un tubo de pasta dentífrica
un rollo de papel higiénico
el champú

IDENTIFYING MORE PARTS OF THE BODY

la cara
los dientes
el pelo

IDENTIFYING MORE BREAKFAST FOODS

una botella de agua mineral
un vaso de jugo de naranja

el cereal
el pan tostado

DESCRIBING BACKPACKING

una gira
la mochila
el saco de dormir
el albergue para jóvenes

el hostal
la pensión
dar una caminata
ir en bicicleta

OTHER USEFUL EXPRESSIONS

el lugar
de vez en cuando

VIDEO

¡Buen viaje!

EPISODIO 12 ▶ Una gira

Isabel, Luis y Cristina hacen una gira por el campo.

Durante la gira los jóvenes preparan un desayuno.

CD-ROM

Expansión cultural

Un desayuno mexicano

inter**NET** CONNECTION

In this video episode Cristina, Isabel, and Luis go hiking and camping near Puerto Vallarta. To find out about some other interesting places to do these outdoor activities, go to the **Capítulo 12** Internet activity at the **Glencoe Foreign Language** Web site:

http://www.glencoe.com/sec/fl

CAPÍTULO *13*

Un viaje en tren

Objetivos

In this chapter you will learn to do the following:

- ∽ use expressions related to train travel
- ∽ purchase a train ticket and request information about arrival, departure, etc.
- ∽ talk about more past events or activities
- ∽ tell what people say
- ∽ discuss an interesting train trip in Spain

En la estación de ferrocarril

Próximas LLegadas
Regionales y L. Recorrido

Próximas Salidas
Cercanías   Regionales y L. Recorrido

el tablero de llegadas   el tablero de salidas

el quiosco

el horario

MADRID
ALMERIA
GRANADA

la sala de espera

Un billete para Madrid, por favor.

¿En primera o en segunda?

En segunda—de ida y vuelta.

venta de Billetes
Sin reserva

el billete de ida y vuelta

la ventanilla

el billete sencillo

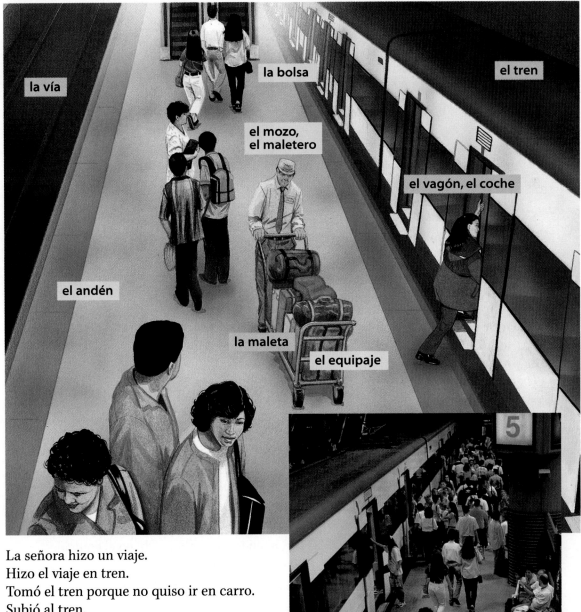

la vía

la bolsa

el tren

el mozo, el maletero

el vagón, el coche

el andén

la maleta

el equipaje

La señora hizo un viaje.
Hizo el viaje en tren.
Tomó el tren porque no quiso ir en carro.
Subió al tren.

El mozo vino con el equipaje.
El mozo puso el equipaje en el tren.
Los mozos ayudaron a los pasajeros
    con su equipaje.

El tren salió del andén número cinco.
Algunos amigos estuvieron en el andén.

A HISTORIETA En la estación de ferrocarril

Contesten según se indica.

1. ¿Cómo vino la señora a la estación?
   (en taxi)
2. ¿Dónde puso sus maletas?
   (en la maletera del taxi)
3. En la estación, ¿adónde fue?
   (a la ventanilla)
4. ¿Qué compró? (un billete)
5. ¿Qué tipo de billete compró?
   (de ida y vuelta)
6. ¿En qué clase? (segunda)
7. ¿Dónde puso su billete?
   (en su bolsa)
8. ¿Qué consultó? (el horario)
9. ¿Adónde fue? (al andén)
10. ¿De qué andén salió el tren? (del número dos)
11. ¿Por qué hizo la señora el viaje en tren? (no quiso ir en coche)

Atocha, una estación de ferrocarril en Madrid

En la estación de Atocha

B HISTORIETA Antes de abordar el tren

Escojan.

1. ¿Dónde espera la gente el tren?
   a. en la ventanilla   **b.** en la sala de espera
   c. en el quiosco
2. ¿Dónde venden o despachan los billetes?
   a. en la ventanilla   **b.** en el equipaje
   c. en el quiosco
3. ¿Qué venden en el quiosco?
   a. boletos   **b.** maletas
   c. periódicos y revistas
4. ¿Qué consulta el pasajero para verificar la hora de salida del tren?
   a. la llegada   **b.** la vía   **c.** el horario
5. ¿Quién ayuda a los pasajeros con el equipaje?
   a. el mozo   **b.** el tablero   **c.** el andén
6. ¿De dónde sale el tren?
   a. de la ventanilla   **b.** del andén
   c. del tablero

HISTORIETA El billete del tren

Contesten.

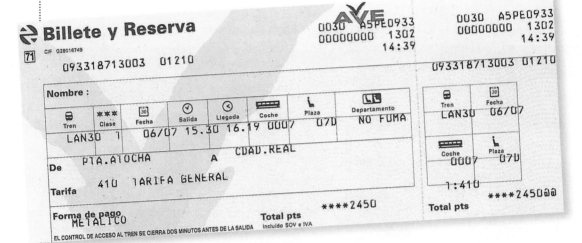

1. ¿De qué estación sale el tren?
2. ¿Adónde va el tren?
3. ¿Cuál es la fecha del billete?
4. ¿A qué hora sale el tren?
5. ¿Está el asiento en la sección de fumar o de no fumar?
6. ¿Qué clase de billete es?
7. ¿Con qué pagó el/la pasajero(a)?

Actividad comunicativa

A. **RENFE (Red Nacional de Ferrocarriles Españoles)**

You're in Spain and you want to visit one of the cities on the map. A classmate will be the ticket agent. Get yourself a ticket and ask the agent any questions you have about your train trip.

Vocabulario

En el tren

el revisor

Reservado

ocupado

libre

el asiento, la plaza

el pasillo

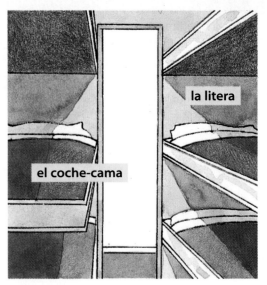

la litera

el coche-cama

el coche-comedor, el coche-cafetería

El tren salió a tiempo.
No salió tarde.
No salió con retraso (con una demora).

bajar(se) del tren

transbordar

Los pasajeros van a bajar en la próxima parada (estación).
Van a transbordar en la próxima parada.

Práctica

A HISTORIETA En el tren

Contesten.

1. Cuando llegó el tren a la estación, ¿subieron los pasajeros a bordo?
2. ¿El tren salió tarde?
3. ¿Con cuántos minutos de demora salió?
4. ¿Vino el revisor?
5. ¿Revisó él los boletos?

Santiago, Chile

Madrid, España

B HISTORIETA El tren

Contesten según la foto.

1. ¿Tiene el tren compartimientos?
2. ¿Tiene el coche o vagón un pasillo central o lateral?
3. ¿Cuántos asientos hay a cada lado del pasillo?
4. ¿Hay asientos libres o están todos ocupados?
5. ¿Está completo el tren?
6. ¿Hay pasajeros de pie en el pasillo?

C HISTORIETA Un viaje en tren

Completen.

1. Entre Granada y Málaga el tren local hace muchas ____.
2. No hay un tren directo a Benidorm. Es necesario cambiar de tren. Los pasajeros tienen que ____.
3. Los pasajeros que van a Benidorm tienen que ____ en la próxima ____ o ____.
4. ¿Cómo lo sabes? El ____ nos informó que nuestro tren no es directo.

Actividades comunicativas

A ¿Qué tienes que hacer? Work with a classmate. You are spending a month in Madrid and your Spanish hosts are taking you to San Sebastián. You're trying to pack your bags and their child (your partner) has a lot of questions. Answer his or her questions and try to be patient. The child has never taken a train trip before.

> ¿Dónde nos sentamos en el tren?

> Nos sentamos en un compartimiento.

Madrid

San Sebastián

B De Santiago a Puerto Montt You're planning a trip from Santiago de Chile to Puerto Montt. A classmate will be your travel agent. Get as much information as you can about the trip from Santiago to Puerto Montt. It gets rather cold and windy there and it rains a lot. You may want to find out if there are frequent delays. The following are some words and expressions you may want to use with the travel agent.

reservar   la tarifa   el número de paradas   el horario

el boleto de ida y vuelta   la demora   primera (segunda) clase

VOCABULARIO

trescientos ochenta y siete 387

Estructura

Relating more past actions
Hacer, querer y venir en el pretérito

1. The verbs **hacer, querer,** and **venir** are irregular in the preterite. Note that they all have an **i** in the stem and the endings for the **yo, él, ella,** and **Ud.** forms are different from the endings of regular verbs.

INFINITIVE	hacer	querer	venir
yo	hice	quise	vine
tú	hiciste	quisiste	viniste
él, ella, Ud.	hizo	quiso	vino
nosotros(as)	hicimos	quisimos	vinimos
vosotros(as)	*hicisteis*	*quisisteis*	*vinisteis*
ellos, ellas, Uds.	hicieron	quisieron	vinieron

2. The verb **querer** has several special meanings in the preterite.

Quise ayudar.	*I tried to help.*
No quise ir en carro.	*I refused to go by car.*

❖Práctica❖

A **HISTORIETA** *¿Cómo viniste?*

Contesten.

1. ¿Viniste a la estación en taxi?
2. ¿Viniste en un taxi público o privado?
3. ¿Hiciste el viaje en tren?
4. ¿Hiciste el viaje en el tren local?
5. ¿Lo hiciste en tren porque no quisiste ir en coche?

Lima, Perú

B. No quisieron. Completen.

1. —Ellos no ____ (querer) hacer el viaje.
$_1$

   —¿No lo ____ (querer) hacer?
$_2$

   —No, de ninguna manera.

   —Pues, ¿qué pasó entonces? ¿Lo ____ (hacer) o no lo
$_3$

   ____ (hacer)?
$_4$

   —No lo ____ (hacer).
$_5$

2. —¿Por qué no ____ (venir) Uds. esta mañana?
$_6$

   —Nosotros no ____ (venir) porque no ____ (hacer) las
$_7$ $_8$

   reservaciones.

3. —Carlos no ____ (querer) hacer la cama.
$_9$

   —Entonces, ¿quién la ____ (hacer)?
$_{10}$

   —Pues, la ____ (hacer) yo.
$_{11}$

   —¡Qué absurdo! ¿Tú la ____ (hacer) porque él no la ____ (querer)
$_{12}$ $_{13}$

   hacer?

Actividades comunicativas

A. ¡Rebelde!

A friend of yours (your classmate) is in trouble with his or her parents because he or she didn't do as told. Find out what your friend didn't do and why. Use the model as a guide.

¿Hiciste la cama?

No.

¿Por qué no hiciste la cama?

No hice la cama porque no quise.

hacer la maleta
reservar un taxi
comprar los billetes
llamar a los parientes
hacer las reservaciones
leer el horario

B. ¿Qué hiciste durante el fin de semana?

With a classmate, take turns asking each other what you and other friends did over the weekend.

Describing more past actions
Verbos irregulares en el pretérito

1. The verbs **estar, andar,** and **tener** are irregular in the preterite. They all have a **u** in the stem. Study the following forms.

INFINITIVE	estar	andar	tener
yo	estuve	anduve	tuve
tú	estuviste	anduviste	tuviste
él, ella Ud.	estuvo	anduvo	tuvo
nosotros(as)	estuvimos	anduvimos	tuvimos
vosotros(as)	*estuvisteis*	*anduvisteis*	*tuvisteis*
ellos, ellas, Uds.	estuvieron	anduvieron	tuvieron

2. The verb **andar** means "to go," but not to a specific place. The verb **ir** is used with a specific place.

> **Fueron a Toledo.**
> *They went to Toledo.*

> **Anduvieron por las plazas pintorescas de Toledo.**
> *They wandered through (walked around) the picturesque squares of Toledo.*

«Vista de Toledo» de El Greco

3. The verbs **poder, poner,** and **saber** are also irregular in the preterite. Like the verbs **estar, andar,** and **tener,** they all have a **u** in the stem. Study the following forms.

INFINITIVE	poder	poner	saber
yo	pude	puse	supe
tú	pudiste	pusiste	supiste
él, ella, Ud.	pudo	puso	supo
nosotros(as)	pudimos	pusimos	supimos
vosotros(as)	*pudisteis*	*pusisteis*	*supisteis*
ellos, ellas, Uds.	pudieron	pusieron	supieron

4. Like **querer,** the verbs **poder** and **saber** have special meanings in the preterite.

Pude parar.	*(After trying hard) I managed to stop.*
No pude parar.	*(I tried but) I couldn't stop.*
Yo lo supe ayer.	*I found it out (learned it) yesterday.*

❖Práctica❖

A **HISTORIETA** **¿Dónde está mi tarjeta de identidad estudiantil?**

Contesten según se indica.

1. ¿Estuviste ayer en la estación de ferrocarril? (sí)
2. ¿Tuviste que tomar el tren a Toledo? (sí)
3. ¿Pudiste comprar un billete de precio reducido? (no)
4. ¿Tuviste que presentar tu tarjeta de identidad estudiantil? (sí)
5. ¿Dónde la pusiste? (no sé)
6. ¿La perdiste? (sí, creo)
7. ¿Cuándo supiste que la perdiste? (cuando llegué a la estación)

Toledo, España

B HISTORIETA En el mercado

Completen.

El otro día yo _____ (estar) en
₁
el mercado de Chichicastenango,
en Guatemala. Ramón _____ (estar)
₂
allí también. Nosotros _____ (andar)
₃
por el mercado pero no _____ (poder)
₄
comprar nada. No es que no _____
₅
(querer) comprar nada, es que no
_____ (poder) porque _____ (ir) al
₆   ₇
mercado sin un quetzal.

Chichicastenango, Guatemala

Telling what people say
Decir en el presente y en el pasado

The verb **decir** *(to say)* is irregular in the present and past tenses. Study the following forms.

	Presente	Pasado
yo	digo	dije
tú	dices	dijiste
él, ella, Ud.	dice	dijo
nosotros(as)	decimos	dijimos
vosotros(as)	*decís*	*dijisteis*
ellos, ellas, Uds.	dicen	dijeron

Práctica

A **¿Qué dices?** Sigan el modelo.

¿Qué dices de la clase de español?

Pues, yo digo que es fantástica. Estoy aprendiendo mucho.

1. ¿Qué dices de la clase de matemáticas?
2. ¿Qué dices de la clase de inglés?
3. ¿Qué dices de la clase de biología?
4. ¿Qué dices de la clase de educación física?
5. ¿Qué dices de la clase de historia?

B **¿Qué dicen todos?** Completen con la forma apropiada del presente de **decir.**

Yo ____₁ que quiero ir en tren pero Elena me ____₂ que prefiere tomar el avión. Ella y Tomás también ____₃ que no hay mucha diferencia entre la tarifa del avión y la tarifa del tren.

—¿Qué ____₄ tú?

—Yo ____₅ que es mejor ir en tren.

—Bien. Tú y yo ____₆ la misma cosa. Estamos de acuerdo.

C **¿Qué dijeron todos?** Contesten.

1. ¿Dijiste tú que quieres ir?
2. ¿Dijeron Uds. que es mejor ir en tren?
3. ¿Dije yo que sí?
4. ¿Dijo Elena que ella tiene los boletos?
5. ¿Dijimos la misma cosa?

Conversación

PASAJERA: Un billete para Madrid, por favor.

AGENTE: ¿Sencillo o de ida y vuelta?

PASAJERA: Sencillo, por favor.

AGENTE: ¿Para cuándo, señorita?

PASAJERA: Para hoy.

AGENTE: ¿En qué clase, primera o segunda?

PASAJERA: En segunda. ¿Tiene Ud. una tarifa reducida para estudiantes?

AGENTE: Sí. ¿Tiene Ud. su tarjeta de identidad estudiantil?

PASAJERA: Sí, aquí la tiene Ud.

AGENTE: Con el descuento son tres mil pesetas.

PASAJERA: ¿A qué hora sale el próximo tren?

AGENTE: Sale a las veinte y diez del andén número ocho.

PASAJERA: Gracias.

Después de conversar

Contesten.

1. ¿Dónde está la señorita?
2. ¿Adónde va?
3. ¿Qué tipo de billete quiere?
4. ¿Para cuándo lo quiere?
5. ¿En qué clase quiere viajar?
6. ¿Es alumna la señorita?
7. ¿Hay una tarifa reducida para estudiantes?
8. ¿Qué tiene la señorita?
9. ¿Cuánto cuesta el billete con el descuento estudiantil?
10. ¿A qué hora sale el tren?
11. ¿De qué andén sale?

Actividades comunicativas

A **El horario** Look at the train schedule. With a classmate, ask and answer as many questions as you can about it.

B **Vamos a Barcelona.** You and a classmate are spending a semester in Spain. You will be going to Barcelona for a couple of days. One of you is going to fly and the other is going to take the train. Compare your trips: time, cost, and what you have to do the day of departure.

Madrid Toledo

Válido desde el 29 de mayo 24 de septiembre d

TIPO DE TREN	REGIONAL	REGIONAL	REGIONAL	REGIONAL	REGIONAL
PRESTACIONES	2.ª	2.ª	2.ª	2.ª	2.ª
ORIGEN		■	■	MADRID CH. 9.25	■
MADRID-ATOCHA					
VILLAVERDE BAJO		7.20	8.25		10.55
LOS ANGELES		7.28	8.33	9.39	11.03
SAN CRISTOBAL DE LOS ANGELES		7.30	8.35		11.05
GETAFE-INDUSTRIAL		7.33	8.38		11.08
PINTO		7.36	8.41		11.11
VALDEMORO		7.41	8.46		11.16
CIEMPOZUELOS		7.47	8.52		11.22
ARANJUEZ	6.20	7.52	8.57		11.27
CASTILLEJO-AÑOVER		8.03	9.08	10.11	11.38
VILLAMEJOR		8.13	9.16		11.53
ALGODOR	6.37	8.22			
TOLEDO-INDUSTRIAL		8.29			12.02
TOLEDO	6.50	8.36	9.44	10.40	12.09
					12.16
DESTINO		■	■	■	■
OBSERVACIONES	L M X J V S – (1)	Diario (2)	L M X J V – – (4)	– – – – S D (3)	Diario

OBSERVACIONES:
(1) No circula 25-VII y 15-VIII.
(2) Efectúa parada en Santa Catalina (7.26).
(3) Circula 25-VII y 15-VIII.
(4) No circula 25-VII y 15-VIII. Diario hasta Aranjuez.
(5) Efectúa parada en Santa Catalina (14.31).

(L) Lunes   (V) Viernes
(M) Martes   (S) Sábado
(X) Miércoles   (D) Domingo
(J) Jueves

PRONUNCIACIÓN

Las consonantes ñ, ch

The **ñ** is a separate letter of the Spanish alphabet. The mark over it is called a **tilde.** Note that it is pronounced similarly to the *ny* in the English word *canyon.* Repeat the following.

señor	**otoño**	**España**
señora	**pequeño**	**cumpleaños**
año		

Ch is pronounced much like the **ch** in the English word *church.* Repeat the following.

coche	**chaqueta**
chocolate	**muchacho**

Repeat the following sentences.

El señor español compra un coche cada año en el otoño.

El muchacho chileno duerme en una cama pequeña en el coche-cama.

El muchacho pequeño lleva una chaqueta color chocolate.

Lecturas CULTURALES

Reading Strategy

Interpretation of images

Reading passages sometimes use images as a symbol to create an impression. Many times these images are animals. If you are able to identify an image, it is helpful to stop for a moment and think about the qualities and characteristics of the particular symbol the author is using in his or her imagery. Then when you have finished reading, go back and think about how the two images being compared are alike.

EN EL AVE

José Luis y su hermana, Maripaz, pasan dos días en Sevilla. Vinieron a visitar a sus abuelos. El viaje que hicieron de Madrid, donde viven, fue fantástico. Tomaron el tren y llegaron a Sevilla en sólo dos horas y quince minutos. Salieron de Atocha en Madrid a las 17:00 y bajaron del tren en Sevilla a las 19:15. ¿Es posible recorrer el trayecto[1] Madrid–Sevilla en dos horas quince minutos? Es una distancia de 538 kilómetros. ¡Es increíble!

[1]recorrer el trayecto *cover the route*

A bordo del AVE

Sí, es increíble, pero es verdad. El nuevo tren español de alta velocidad es uno de los trenes más rápidos del mundo. Viaja a 250 kilómetros por hora. El tren se llama el AVE. ¿Por qué el AVE? Porque el tren vuela como un ave o pájaro.

José Luis y Maripaz tomaron el AVE. Según ellos, el viaje fue fantástico. ¿Por qué? Primero la velocidad. Pero el tren es también muy cómodo². Lleva ocho coches en tres clases. Los pasajeros pueden escuchar música estereofónica o mirar tres canales de video. El tren también dispone de³ teléfono por si acaso⁴ un pasajero quiere o necesita hacer una llamada telefónica.

²cómodo *comfortable*
³dispone de *has available*
⁴por si acaso *in case*

Plaza de España, Sevilla

Torre del Oro, Sevilla

Después de leer

A Una visita a los abuelos
Contesten.

1. ¿Quiénes hicieron un viaje de Madrid a Sevilla?
2. ¿Quiénes vinieron a Sevilla, José Luis y su hermana o sus abuelos?
3. ¿Cómo hicieron el viaje?
4. ¿Qué tal fue el viaje?
5. ¿Cuánto tiempo tardó el viaje?
6. ¿A qué hora salieron de Madrid?
7. ¿A qué hora llegaron a Sevilla?

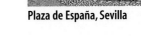
Plaza de España, Sevilla

B Información   Busquen la información.

1. uno de los trenes más rápidos del mundo
2. el nombre del tren
3. el número de coches que lleva el tren
4. el número de clases que tiene
5. algunas comodidades que el tren ofrece a los pasajeros

DE CUZCO A MACHU PICCHU

Un viaje muy interesante en tren es el viaje de Cuzco a Machu Picchu en el Perú. Cada día a las siete de la mañana, un tren de vía estrecha[1] sale de la estación de San Pedro en Cuzco y llega a Machu Picchu a las diez y media. Cuzco está a unos 3.500 metros sobre el nivel del mar. El tren tiene que bajar a 2.300 metros para llegar a Machu Picchu. Tiene que bajar 1.200 metros y en el viaje de regreso tiene que subir 1.200 metros.

Pero, ¿quiénes toman el tren para ir a Machu Picchu? Es un tren que lleva a muchos turistas que quieren ir a ver las famosas ruinas de los incas. Machu Picchu es una ciudad entera, totalmente aislada[2] en un pico andino al borde de[3] un cañón. Un dato histórico increíble es que los españoles no descubrieron a Machu Picchu durante su conquista

[1]de vía estrecha *narrow gauge*
[2]aislada *isolated*
[3]al borde de *on the edge of*

El valle del Urubamba, Perú

La Plaza de Armas, Cuzco

del Perú. Los historiadores creen que Machu Picchu fue el último refugio de los nobles incas al escaparse[4] de los españoles.

Machu Picchu fue descubierto por Hiram Bingham, el explorador y senador de los Estados Unidos, en 1911. ¿Cómo llegó Bingham a Machu Picchu en 1911? ¡A pie! Y aún hoy hay sólo dos maneras de ir a Machu Picchu—a pie o en el tren que sale a las siete y media de Cuzco.

[4]al escaparse *upon escaping*

Machu Picchu

Después de leer

A **¿Sí o no?**   Digan que sí o que no.

1. Machu Picchu está a una altura más elevada que Cuzco.
2. El tren que va de Machu Picchu a Cuzco tiene que subir 1.200 metros.
3. El viaje de Cuzco a Machu Picchu toma tres horas y media.
4. Hay muy pocos turistas en el tren a Machu Picchu.
5. En Machu Picchu hay ruinas famosas de los incas.
6. Machu Picchu fue una ciudad de los incas.
7. Los españoles descubrieron la ciudad de Machu Picchu durante su conquista del Perú.
8. Hiram Bingham fue un senador de los Estados Unidos.
9. Él también fue a Machu Picchu en tren.

Conexiones

LAS MATEMÁTICAS

CONVERSIONES ARITMÉTICAS

When traveling through many of the Spanish-speaking countries, you will need to make some mathematical conversions. For example, train as well as plane schedules and hours for formal events, radio, and television are given using the twenty-four-hour clock. The metric system rather than the English system is used for weights and measures. Let's take a look at some of the conversions that must be made.

La hora

Cuando lees el horario para el tren o un anuncio para un programa cultural, dan la hora usando las 24 horas. La una (1:00) es la una de la mañana y las doce (12:00) es el mediodía. Las trece (13:00), una hora después del mediodía, es la una de la tarde y las veinticuatro horas (00:00) es la medianoche.

Nuestros amigos José Luis y Maripaz salieron de Madrid a las 17:00 y llegaron a Sevilla a las 19:15. Es decir que salieron de Madrid a las 5:00 de la tarde y llegaron a las 7:15 de la tarde.

HORARIOS

MADRID Puerta de Atocha CADIZ	LLANO	
NUMERO DE TREN	9220	41 (1)
DIAS DE CIRCULACION	LMXJVSD	LMXJVSD
MADRID Puerta de Atocha	10:05	16:05
CIUDAD REAL	11:06	17:06
PUERTOLLANO	*11:23	*17:23
CORDOBA	12:12	18:11
SEVILLA Santa Justa	13:19	19:26
JEREZ DE LA FRONTERA	14:16	20:23
EL PUERTO DE STA. MARIA	14:27	20:36
SAN FERNANDO DE CADIZ	14:41	20:50
CADIZ	14:55	21:05

CADIZ MADRID Puerta de Atocha		LLANO
NUMERO DE TREN	42 (2)	9233
DIAS DE CIRCULACION	LMXJVSD	LMXJVSD
CADIZ	08:00	16:25
SAN FERNANDO DE CADIZ	08:13	16:36
EL PUERTO DE STA. MARIA	08:26	16:48
JEREZ DE LA FRONTERA	08:36	16:59
SEVILLA Santa Justa	09:43	17:57
CORDOBA	10:50	*19:03
PUERTOLLANO	*11:42	19:52
CIUDAD REAL	11:59	20:09
MADRID Puerta de Atocha	13:02	21:10

MADRID Puerta de Atocha HUELVA	LLANO	
NUMERO DE TREN		9220
DIAS DE CIRCULACION		LMXJVSD
MADRID Puerta de Atocha		10:05
CIUDAD REAL		11:06
PUERTOLLANO		*11:23
CORDOBA		12:12
LA PALMA DEL CONDADO (*)		14:05
HUELVA		14:30

HUELVA MADRID Puerta de Atocha	LLANO	
NUMERO DE TREN		9233
DIAS DE CIRCULACION		LMXJVSD
HUELVA		16:55
LA PALMA DEL CONDADO		17:19
CORDOBA		*19:03
PUERTOLLANO		19:52
CIUDAD REAL		20:09
MADRID Puerta de Atocha		21:10

(*) La Palma no admite viajeros destino Huelva.

TIPO DE RESTAURACION

SNACK

* El servicio de restauración en el asiento se realiza únicamente entre las estaciones señaladas.

OBSERVACIONES

(1) Procede de Barcelona, Zaragoza.

(2) Continúa a Zaragoza, Barcelona.

El sistema métrico—pesos y medidas[1]

Pesos

Las medidas tradicionales para peso en los Estados Unidos son la onza, la libra y la tonelada. En el sistema métrico decimal, las medidas para peso están basadas en el kilogramo, o kilo.

---

[1] pesos y medidas *weights and measures*

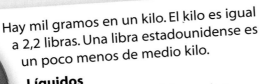

Hay mil gramos en un kilo. El kilo es igual a 2,2 libras. Una libra estadounidense es un poco menos de medio kilo.

Líquidos

Las medidas para líquidos en los Estados Unidos son la pinta, el cuarto y el galón. En el sistema métrico es el litro. Un litro contiene un poco más que un cuarto.

Distancia y altura

Para medir la distancia y la altura en los Estados Unidos usamos la pulgada, el pie, la yarda y la milla. El sistema métrico usa el metro.

El metro es un poco más que una yarda. Un kilómetro (mil metros) es 0,621 millas—un poco más que media milla.

~Después de leer~

A **La hora** Read the schedule on page 400 and give the arrival and departure times of the trains using our system.

B **El sistema métrico** Contesten según las fotografías.

1. ¿Cuánto cuesta un litro de gasolina?

2. ¿Cuál es el límite de velocidad?

3. ¿Cuánto cuesta un litro de leche?

4. ¿Cuánto cuesta un kilo de carne?

Culminación

Actividades orales

A **El tren, el bus o el avión**   Work in groups of three or four. Discuss the advantages **(las ventajas)** and the disadvantages **(las desventajas)** of bus, train, and air travel. In your discussion, include such things as speed, price, location of stations, and anything else you consider important.

B **¿Qué vamos a hacer?**   You and a classmate are on a bus on the way to the train station in Madrid. There's an awful traffic jam **(un tapón, un atasco).** You know you are going to miss your train. Discuss your predicament with one another and figure out what you can do.

La estación de ferrocarril, Málaga

❧ Actividad escrita ❧

A **En la estación de ferrocarril** Look at the illustrations and write a paragraph about them.

Writing Strategy

Writing a descriptive paragraph

Your overall goal in writing a descriptive paragraph is to enable the reader to visualize your scene. To achieve this you must select and organize details that create an impression. Using a greater number of specific nouns and vivid adjectives will make your writing livelier.

Un viaje excelente

Write about a trip you took to a place you love. The place can be real or imaginary. Describe how and where you went, and when. Then describe what the weather is like in that place and what clothing you need there. Continue by writing about what you saw and how you got to each place you visited. In your description of the place, try to make your readers understand what it is about the place that you think is so great.

Vocabulario

GETTING AROUND A TRAIN STATION

la estación de ferrocarril
la ventanilla
el billete, el boleto
   sencillo
   de ida y vuelta
la sala de espera
el mozo, el maletero
el equipaje
la maleta
la bolsa
el tablero de llegadas,
   de salidas

el horario
el quiosco
el tren
el andén
la vía
en segunda (clase)
en primera (clase)

DESCRIBING ACTIVITIES AT A TRAIN STATION

bajar(se) del tren
subir al tren
transbordar
salir a tiempo
   con retraso, con una demora

ON BOARD THE TRAIN

el coche, el vagón
el pasillo
el compartimiento
el asiento, la plaza
   libre
   ocupado(a)
   reservado(a)
completo(a)
el coche-cama
el coche-comedor, el coche-cafetería
la litera
el revisor
la parada
en la próxima parada

TECNOTUR

¡Buen viaje!

EPISODIO 13 ▶ Un viaje en tren

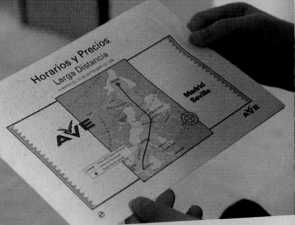

Juan Ramón y Teresa hacen un viaje en tren a Sevilla.

En Sevilla visitan varios lugares interesantes.

CD-ROM

Expansión cultural

interNET
CONNECTION

In this video episode, Juan Ramón and Teresa take the AVE from Madrid to Seville. To plan your own train trip, go to the **Capítulo 13** Internet activity at the **Glencoe Foreign Language Web** site:

http://www.glencoe.com/sec/fl

Muchos españoles creen que Sevilla es la ciudad más bonita del mundo.

CAPÍTULO 14

En el restaurante

Objetivos

In this chapter you will learn to do the following:

- ✺ order food or a beverage at a restaurant
- ✺ identify eating utensils and dishes
- ✺ identify more foods
- ✺ make a reservation at a restaurant
- ✺ talk about present and past events
- ✺ describe some cuisines of the Hispanic world

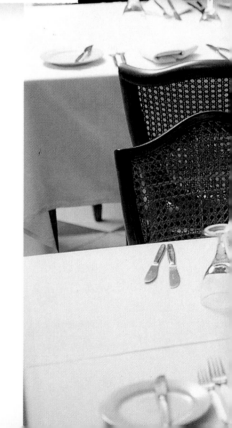

Vocabulario

En el restaurante

El mesero pone la mesa.

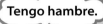

Tengo hambre.

Tengo hambre y quiero comer.

**el camarero,
el mesero**

el vaso

Tengo sed.

Tengo sed y quiero beber algo.

la sal

la pimienta

la taza

el platillo

el plato

la cuchara

la cucharita

el cuchillo

el tenedor

la servilleta

el mantel

La señorita pide el menú.

el cocinero

freír

El cocinero fríe las papas.
Está friendo las papas.

El mesero le sirve la comida.

la tarjeta de crédito

la cuenta

la propina

el dinero

La señorita pide la cuenta.
El servicio no está incluido.
Ella deja una propina.

Práctica

A **¿Qué necesitas?** Contesten según el modelo.

¿Para tomar leche?
Para tomar leche necesito un vaso.

1. ¿Para tomar agua?
2. ¿Para tomar café?
3. ¿Para comer la ensalada?
4. ¿Para comer el postre?
5. ¿Para cortar la carne?

B **HISTORIETA** En el restaurante

Contesten.

1. ¿Cuántas personas hay en la mesa?
2. ¿Tiene hambre María?
3. ¿Pide María el menú?
4. ¿Le trae el menú el mesero?
5. ¿Qué pide María?
6. ¿El mesero le sirve?
7. ¿El mesero le sirve bien?
8. Después de la comida, ¿le pide la cuenta al mesero?
9. ¿Le trae la cuenta el mesero?
10. ¿Paga con su tarjeta de crédito María?
11. ¿María le da (deja) una propina al mesero?
12. Después de la comida, ¿tiene hambre María?

Madrid, España

C | Palabras relacionadas   Busquen una palabra relacionada.

1. la mesa	**a.** el servicio
2. la cocina	**b.** la bebida
3. servir	**c.** el cocinero
4. freír	**d.** la comida
5. comer	**e.** el mesero
6. beber	**f.** frito

Alcalá de Henares, España

D | HISTORIETA   El mesero pone la mesa.

Completen.

1. Para comer, los clientes necesitan ____, ____, ____ y ____.

2. Dos condimentos son la ____ y la ____.

3. El mesero cubre la mesa con ____.

4. En la mesa el mesero pone una ____ para cada cliente.

5. El niño pide un ____ de leche y sus padres piden una ____ de café.

6. Ellos tienen ____ y piden una botella de agua mineral.

Actividad comunicativa

A | **En el restaurante**   Look at the advertisement for a restaurant in Santiago de Chile. Tell as much as you can about the restaurant based on the information in the advertisement. A classmate will tell whether he or she wants to go to the restaurant and why.

Aquí está Coco

El sabor de los mejores pescados y mariscos del Pacífico Sur, preparados como usted quiera, en un ambiente agradable e informal.

Vocabulario

Más alimentos o comestibles

la carne

la carne de res, el biftec

la ternera

el cerdo

el cordero

el pescado

los mariscos

los camarones

las almejas

la langosta

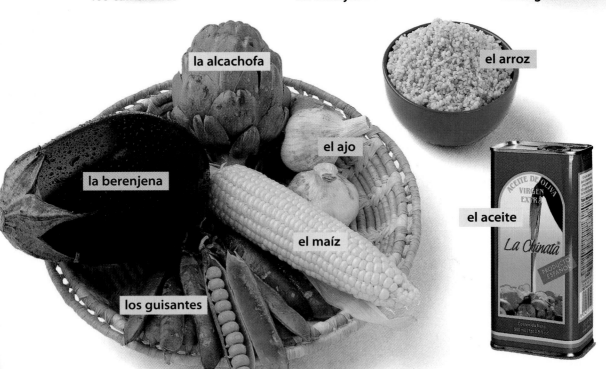

la alcachofa

el arroz

el ajo

la berenjena

el aceite

el maíz

los guisantes

La joven pidió un biftec.
El mesero sirvió el biftec.
La comida está rica, deliciosa.

¡Diga!

Quisiera reservar una mesa, por favor.

Sí, señor. ¿Para cuándo?

Para esta noche a las nueve y media.

¿Cuántas personas?

Cuatro.

¿A nombre de quién, por favor?

A nombre de Julio Amaral.

Conforme, señor.

✦Práctica✦

A **¿Te gusta(n) o no te gusta(n)?**   Contesten según las fotos.

1.

2.

3.

4.

5.

6.

B **HISTORIETA** Cenó en el restaurante.

Contesten.

1. ¿Fue Victoria al restaurante anoche?
2. ¿Quién le sirvió?
3. ¿Pidió Victoria un biftec?
4. ¿Pidió también una ensalada?
5. ¿Le sirvió el mesero una ensalada de lechuga y tomate?
6. ¿Le sirvió una comida deliciosa o una comida mala?

Caracas, Venezuela

C ¿Qué te gusta? Contesten personalmente.

1. ¿Te gusta la ensalada?
2. ¿Te gusta la ensalada con aceite y vinagre?
3. ¿Te gusta el biftec?
4. ¿Te gusta el sándwich de jamón y queso?
   ¿Te gusta más con pan tostado?
5. ¿Te gusta la tortilla de queso?
6. ¿Te gustan los huevos con jamón?

Actividades comunicativas

A Una reservación You call a restaurant in Buenos Aires. The head-waiter (a classmate) answers. Make a reservation for yourself and a group of friends.

B ¿Qué recomienda Ud.?
Here's a menu from a very famous restaurant in Madrid. In fact, it's the oldest restaurant in the city, dating from 1725. There are many items on the menu that you will be able to recognize. A classmate will be the server. Ask what he or she recommends and then order.

CARTA
I.V.A. 7% INCLUIDO

RESTAURANT
3ª Categoría

ENTRADAS

Jugos de tomate, naranja	395
Pimientos asados con bacalao	960
Lomo ibérico de bellota	2.260
Jamón ibérico de bellota	2.475
Surtido ibérico de bellota	2.115
Melón con jamón	2.095
Queso (manchego)	875
Ensalada riojana	930
Ensalada de lechuga y tomate	475
ENSALADA BOTIN (con pollo y jamón)	1.195
Ensalada de rape y langostinos	2.575
Ensalada de endivias con perdiz	2.075
Morcilla de Burgos	725
Croquetas de pollo y jamón	875
Manitas de cochinillo rebozadas	785
Salmón ahumado	1.990

SOPAS

Sopa al cuarto de hora (de pescados)	1.590
SOPA DE AJO CON HUEVO	580
Caldo de ave	480
Gazpacho	800

HUEVOS

Revuelto de la casa (morcilla y patatas)	830
Huevos revueltos con espárragos trigueros	995
Huevos revueltos con salmón ahumado	1.050
Tortilla de gambas	1.050

VERDURAS

Espárragos con mahonesa	1.335
Menestra de verduras salteadas con jamón ibérico	1.170
Alcachofas salteadas con jamón ibérico	885
Judías verdes con jamón ibérico	885
Setas a la segoviana	965
Patatas fritas	370
Patatas asadas	370

PESCADOS

Angulas (según mercado)	2.355
ALMEJAS BOTIN	3.730
Langostinos con mahonesa	2.695
Gambas al ajillo	2.695
Gambas a la plancha	2.825
Cazuela de pescados	2.610
Rape en salsa	3.085
Merluza al horno o frita	2.495
Lenguado frito, al horno o a la plancha (pieza)	1.565
Calamares fritos	1.640
CHIPIRONES EN SU TINTA (arroz blanco)	

ASADOS Y PARRILLAS

COCHINILLO ASADO	2.315
CORDERO ASADO	2.500
Pollo asado 1/2	950
Pollo en cacerola 1/2	1.260
Perdiz estofada (pieza)	2.460
Filete de ternera a la plancha	1.850
Escalope de ternera	1.880
Ternera asada con guisantes	1.880
Solomillo a la plancha	2.695
SOLOMILLO BOTIN (al champiñón)	2.695
"Entrecotte" de cebón a la plancha	2.530

POSTRES

Cuajada	645
Tarta helada	650
Tarta de la casa (crema y bizcocho)	660
Tarta de chocolate	715
Tarta de frambuesa	805
Pastel ruso (crema de praliné)	785
Flan de la casa	415
Flan de la casa con nata	675
Helado de chocolate o caramelo	510
Helado de vainilla con salsa de chocolate	520
Surtido de buñuelos	855
Hojaldre de crema	725
Piña natural al dry-sack	605
Fresón con nata	765
Sorbete de limón	580
Melón	640
Bartolillos (sábados y domingos)	715

MENU DE LA CASA
(Primavera - Verano)
Precio: 4.080 ptas.

Gazpacho campero
Cochinillo asado
Helado

CAFE 215 - PAN 100 - MANTEQUILLA 125
HORAS DE SERVICIO: ALMUERZO, de 1:00 A 4:00 - CENA, de 8:00 A 12:00
HAY HOJAS DE RECLAMACION
ABIERTO TODOS LOS DIAS

RESTAVRANTE BOTIN

Estructura

Describing more present activities
Verbos con el cambio **e → i** en el presente

1. The verbs **pedir, servir, repetir, freír, seguir** *(to follow)*, and **vestirse** *(to get dressed)* are stem-changing verbs. The **e** of the infinitive stem changes to **i** in all forms of the present tense except the **nosotros** and **vosotros** forms. Study the following forms. Note the spelling of **seguir.**

INFINITIVE	pedir	servir	seguir	vestirse
yo	pido	sirvo	sigo	me visto
tú	pides	sirves	sigues	te vistes
él, ella, Ud.	pide	sirve	sigue	se viste
nosotros(as)	pedimos	servimos	seguimos	nos vestimos
vosotros(as)	*pedís*	*servís*	*seguís*	*os vestís*
ellos, ellas, Uds.	piden	sirven	siguen	se visten

Práctica

A **Lo que yo pido** Digan si piden lo siguiente o no.

1.

2.

3.

4.

5.

6.

B Lo que pedimos en el restaurante Sigan el modelo.

A Juan le gusta el pescado. ¿Qué pide él?

Él pide pescado.

1. A Teresa le gustan los mariscos. ¿Qué pide ella?
2. A Carlos le gusta el biftec. ¿Qué pide él?
3. A mis amigos les gustan las legumbres. ¿Qué piden ellos?
4. A mis padres les gusta mucho la ensalada. ¿Qué piden ellos?

5. Nos gusta el postre. ¿Qué pedimos?
6. Nos gustan las tortillas. ¿Qué pedimos?
7. ¿Qué pides cuando tienes sed?
8. ¿Qué pides cuando tienes hambre?

C HISTORIETA Vamos al restaurante.

Completen.

Cuando mi amiga y yo _____ (ir) al restaurante, nosotros _____
1   2
(pedir) casi siempre una hamburguesa. Yo la _____ (pedir) con lechuga
3
y tomate y ella la _____ (pedir) con queso. A mi amiga le _____ (gustar)
4   5
mucho las papas fritas. Ella _____ (decir) que le _____ (gustar) más
6   7
cuando el cocinero las _____ (freír) en aceite de oliva.
8

D Entrevista Contesten personalmente.

1. Cuando vas a un restaurante, ¿qué pides?
2. ¿Pides papas? Si no pides papas, ¿pides arroz?
3. ¿Qué más pides con la carne y las papas o el arroz?
4. ¿Quién te sirve en el restaurante?
5. Si te sirve bien, ¿qué le dejas?

Marbella, España

Actividad comunicativa

A ¿Por qué no pides... ? You're in a restaurant with a friend
(a classmate). You are hungry and thirsty, but you don't know what
to order. Your friend will suggest something. Then you decide.

Describing more activities in the past
Verbos con el cambio e → i, o → u en el pretérito

1. The verbs **pedir, repetir, freír, servir,** and **vestirse** have a stem change in the preterite. The **e** of the infinitive stem changes to **i** in the **él** and **ellos** forms.

INFINITIVE	pedir	repetir	vestirse
yo	pedí	repetí	me vestí
tú	pediste	repetiste	te vestiste
él, ella, Ud.	pidió	repitió	se vistió
nosotros(as)	pedimos	repetimos	nos vestimos
vosotros(as)	*pedisteis*	*repetisteis*	*os vestisteis*
ellos, ellas, Uds.	pidieron	repitieron	se vistieron

2. The verbs **preferir, divertirse,** and **dormir** also have a stem change in the preterite. The **e** in **preferir** and **divertirse** changes to **i** and the **o** in dormir changes to **u** in the **él** and **ellos** forms.

INFINITIVE	preferir	divertirse	dormir
yo	preferí	me divertí	dormí
tú	preferiste	te divertiste	dormiste
él, ella, Ud.	prefirió	se divirtió	durmió
nosotros(as)	preferimos	nos divertimos	dormimos
vosotros(as)	*preferisteis*	*os divertisteis*	*dormisteis*
ellos, ellas, Uds.	prefirieron	se divirtieron	durmieron

 **Práctica**

A **HISTORIETA** Servicio bueno o malo

Contesten según se indica.

1. ¿Qué pediste en el restaurante? (una ensalada)
2. ¿Cómo la pediste? (sin aceite y vinagre)
3. ¿Cuántas veces repetiste «sin aceite y vinagre»? (dos veces)
4. Y, ¿cómo sirvió el mesero la ensalada? (con aceite y vinagre)
5. ¿Qué hiciste? (pedí otra ensalada)
6. ¿Qué pidió tu amigo? (puré de papas)
7. ¿Y qué pasó? (el cocinero frió las papas)
8. ¿Qué sirvió el mesero? (papas fritas)
9. ¿Pidieron Uds. una bebida? (sí)
10. ¿Qué pidieron para beber? (una limonada)
11. ¿Qué sirvió el mesero? (un té)
12. ¿Le dieron Uds. una propina al mesero? (no)

B **HISTORIETA** Preparando la comida

Completen con el pretérito.

Anoche mi hermano y yo _____ (preparar) la comida para la familia.
                        1
Yo _____ (freír) el pescado. Mi hermano _____ (freír) las papas.
   2   3
Mamá _____ (poner) la mesa. Y papá _____ (servir) la comida. Todos
     4   5
nosotros _____ (comer) muy bien. A todos nos
         6
_____ (gustar) mucho el pescado. Mi hermano y mi papá _____
7   8
(repetir) el pescado. Luego

yo _____ (servir) el postre,
   9
un sorbete. Después de la comida
mi hermano tomó una siesta.
Él _____ (dormir) media hora.
   10
Yo no _____ (dormir). No me
      11
gusta dormir inmediatamente
después de comer.

Valparaíso, Chile

Actividad comunicativa

A **Lo siento mucho.** You're in a restaurant and you're fed up with
the waiter. He hasn't done a thing right. Call over the manager
(a classmate) and tell him or her all that happened. He or she will
apologize and say something to try to make you happy.

Conversación

En el restaurante

TERESA: ¿Tiene Ud. una mesa para dos personas?

MESERO: Sí, señorita. Por aquí, por favor.

TERESA: ¿Es posible tener un menú en inglés?

MESERO: Sí, ¡cómo no!

PACO: Teresa, no necesito un menú en inglés. Lo puedo leer en español. (El mesero les da un menú en inglés.)

PACO: No sé por qué ella me pidió un menú en inglés.

MESERO: No hay problema. Le traigo uno en español.

PACO: Gracias.

TERESA: Pues, Paco, ¿qué vas a pedir?

PACO: Para mí, la especialidad de la casa.

TERESA: Yo también pido la especialidad de la casa.

Después de conversar

Completen.

1. ¿Para cuántas personas quiere la mesa Teresa?
2. ¿Tiene el mesero una mesa libre?
3. ¿Qué tipo de menú pide Teresa?
4. ¿Necesita un menú en inglés Paco?
5. ¿Sabe él por qué ella le pidió un menú en inglés?
6. ¿Qué va a pedir Paco?
7. Y Teresa, ¿qué pide ella?

Actividades comunicativas

A **Fuimos al restaurante.** You and your parents went to a restaurant last night. A classmate will ask you questions about your experience. Answer him or her.

B **Preferencias** Work with a classmate and discuss whether you prefer to eat at home or in a restaurant. Give reasons for your preferences.

PRONUNCIACIÓN

La consonante x

An x between two vowels is pronounced much like the English x but a bit softer. It's like **a gs: examen → eg-samen.** Repeat the following.

exacto	**examen**
éxito	**próximo**

When x is followed by a consonant, it is often pronounced like an s. Repeat the following.

extremo **explicar** **exclamar**

Repeat the following sentence.

El extranjero exclama que baja en la próxima parada.

Lecturas CULTURALES

Reading Strategy

Thinking while reading

Good readers always think while reading. They think about what the passage might be about after reading the title and looking at the visuals. They predict, create visual images, compare, and check for understanding, and continually think while the author is explaining.

LA COMIDA MEXICANA

Es muy difícil decir lo que es la comida hispana porque la comida varía mucho de una región hispana a otra.

Aquí en los Estados Unidos la comida mexicana es muy popular. Hay muchos restaurantes mexicanos. Algunos sirven comida típicamente mexicana y otros sirven variaciones que vienen del suroeste de los Estados Unidos donde vive mucha gente de ascendencia mexicana.

La base de muchos platos mexicanos es la tortilla. La tortilla es un tipo de panqueque. Puede ser de harina[1] de maíz o de trigo[2]. Con las tortillas, los mexicanos preparan tostadas, tacos, enchiladas, etc. Rellenan[3] las tortillas de pollo, carne de res o frijoles y queso.

[1]harina *flour*
[2]trigo *wheat*
[3]Rellenan *They fill*

San Miguel de Allende, México

Después de leer

A **La comida mexicana** Contesten.

1. ¿Varía mucho la cocina hispana de una región a otra?
2. ¿Dónde es popular la comida mexicana?
3. ¿De dónde vienen muchas variaciones de la cocina mexicana?
4. ¿Qué sirve de base para muchos platos mexicanos?
5. ¿Qué es una tortilla? ¿De qué puede ser?
6. ¿De qué rellenan las tortillas?

SECRETARIA DE EDUCACION, CULTURA
Y RECREACION
MUSEO CASA
"DIEGO RIVERA"
GUANAJUATO, GTO.
COOPERACION N$ 5.00

«El cultivo del maíz» de Diego Rivera

LA COMIDA ESPAÑOLA

En España, como en México, hay tortillas también. Pero hay una gran diferencia entre una tortilla mexicana y una tortilla española. La tortilla española no es de maíz. El cocinero español prepara la tortilla con huevos. La tortilla española, que es muy típica, lleva patatas (papas) y cebollas[1].

La cocina española es muy buena y muy variada. Como España es un país que tiene mucha costa, muchos platos españoles llevan marisco y pescado. Y los cocineros preparan muchos platos con aceite de oliva.

[1] cebollas *onions*

Barcelona, España

Después de leer

A   La cocina española   Contesten.

1. ¿Cuál es la diferencia entre una tortilla española y una tortilla mexicana?
2. ¿Qué lleva la típica tortilla a la española?
3. ¿Por qué llevan marisco y pescado muchos platos españoles?
4. ¿Qué usan muchos cocineros españoles para preparar una comida?

LA COMIDA DEL CARIBE

En el Caribe, en Puerto Rico, Cuba y en la República Dominicana, la gente come muchos mariscos y pescado. Es natural porque Puerto Rico, Cuba y la República Dominicana son islas. Pero la carne favorita de la región es el puerco o el lechón[1]. No hay nada más delicioso que un buen lechón asado[2]. Sirven el lechón con arroz, frijoles (habichuelas) y tostones. Para hacer tostones el cocinero corta en rebanadas[3] un plátano, una banana grande, verde y dura. Luego fríe las rebanadas en manteca[4].

[1]lechón *suckling pig*
[2]asado *roast*
[3]rebanadas *slices*
[4]manteca *lard*

Humacao, Puerto Rico

Después de leer

A **¿Lo sabes?** Busquen la información.

1. algunos países de la región del Caribe
2. por qué come la gente muchos mariscos y pescado en la región del Caribe
3. una carne favorita de los puertorriqueños, cubanos y dominicanos
4. lo que sirven con el lechón asado
5. lo que son tostones

Conexiones

LAS HUMANIDADES

EL LENGUAJE

As we already know, Spanish is a language that is spoken in many areas of the world. In spite of the fact that the Spanish-speaking world covers a large area of the globe, it is possible to understand a speaker of Spanish regardless of where he or she is from. Although there are regional differences, these differences do not cause serious comprehension problems.

However, pronunciation does change from area to area. For example, people from San Juan, Puerto Rico; Buenos Aires, Argentina; and Madrid, Spain have pronunciations that are quite different one from the other. However, the same is true of English. People from New York, Memphis, and London also have a distinct pronunciation but they can all understand one another.

The use of certain words will also change from one area to another. This is particularly true in the case of words for foods. Let's look at some regional differences with regard to vocabulary.

Regionalismos

Comestibles

En España son patatas y en todas partes de Latinoamérica son papas.

En casi todas partes es el maíz pero en México es el maíz o el elote y en Chile es el choclo.

En España son cacahuetes; en muchas partes de Latinoamérica son cacahuates pero en el Caribe son maní.

En muchas partes es jugo de naranja pero en Puerto Rico es jugo de china y en España es zumo de naranja.

Las judías verdes tienen muchos nombres. Además de judías verdes son habichuelas tiernas, chauchas, vainitas, ejotes y porotos.

Cosas que no son comestibles

Tomamos el autobús en España, el camión en México y la guagua en el Caribe y en las Islas Canarias.

En España todos duermen en el dormitorio o en la habitación. En México duermen en la recámara y, en muchas partes, en el cuarto o en el cuarto de dormir.

En España sacas un billete en la ventanilla y en Latinoamérica compras un boleto en la ventanilla o en la boletería.

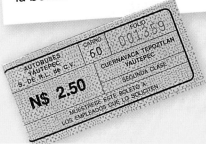

~Después de leer~

A **Hispanohablantes** If any of your classmates are native speakers of Spanish, ask them to compare the way they say things. Have them share this information with you.

B **El inglés** There are variations in the use of English words. Discuss the following terms and where they might be heard.

1. bag, sack
2. soda, pop
3. elevator, lift
4. line, queue
5. pram, baby carriage
6. truck, lorry
7. traffic circle, rotary, roundabout
8. subway, underground

Culminación

Actividades orales

A **Fuimos al restaurante.** Get together with a classmate and describe some dishes from different areas of the Spanish-speaking world. Then decide what kind of restaurant or restaurants you want to go to. Tell why.

B **¡A comer!** You and your classmates, accompanied by your teacher, go to a Spanish restaurant in your community and order your meal in Spanish. Try to speak only Spanish during your meal.

JUEGO **La comida** Mention a food category, such as meat, seafood, fruit, vegetable. Your partner will give the name of a food that belongs in that category. Take several turns each. Try to use as much of the food vocabulary you've learned as possible.

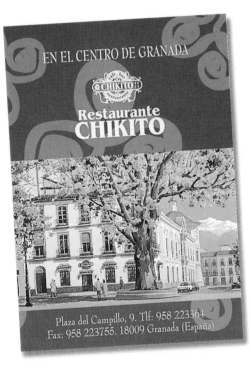

Actividad escrita

A **Comidas buenas y ricas** Prepare the menu for several Spanish meals—**el desayuno, el almuerzo,** and **la cena.** Then present your menus to the class. Have the class vote on whether or not they would order your meals. Then decide who in the class should open a restaurant.

35° Aniversario — La Estancia

ASADOR CRIOLLO

Lechón al Asador	$ 14,00
Chivito «La Estancia»	$ 16,00
Asado al Asador	$ 11,00

COCINA

Costilla de Cerdo con puré de manzana	$ 10,00
Costilla de Cerdo a la Riojana	$ 12,00
Lomo a la Pimienta con papas a la crema	$ 16,00
Lomo al Champignon	$ 17,00
Milanesa de Lomo	$ 6,50
Milanesa de Lomo a la Napolitana	$ 9,50
Milanesa de Pollo	$ 6,00
Milanesa de Pollo a la Napolitana	$ 9,00
Suprema de Pollo «La Estancia»	$ 10,50
...la Maryland	$ 10,00

BIFES

Bife de costilla con Lomo con guarnición de papas fritas	$ 8,50
Bife de Chorizo	$ 7,50
Bife especial «La Estancia»	$ 12,50
Bife de Lomo especial «La Estancia»	$ 15,00
Costillas de Cerdo	$ 8,00
Chorizos (c/u)	$ 2,50
Salchicha Criolla (c/u)	$ 3,00
Morcillas (c/u)	$ 2,50
Matambrito Tiernizado	$ 10,00
Bife Aniversario con Lomo	$ 17,00
Mollejas porción	$ 11,00
Longaniza (c/u)	$ 4,00
Riñones porción	$ 5,00
Chinchulines de Ternera porción	$ 5,00
Chinchulines de Cordero porción	$ 9,00
Ubre porción	$ 4,50

Writing Strategy

Writing a letter of complaint

When you write a letter of complaint, you must clearly identify the problem and suggest solutions; you should use a businesslike tone. You might be angry when you write a letter of complaint. But to be effective, you must control your emotions since your goal is to get the problem corrected. Your tone of voice is reflected in writing as much as it is in speech; your results will be better if you address the situation calmly and reasonably. In addition, it is important that the letter be addressed to the person who has the most authority.

¡Qué desastre!

Pretend you went to a restaurant where you had a very bad experience. The waiter didn't serve you what you ordered nor the way you ordered it. Write a letter to the management complaining about the food and the service.

Vocabulario

GETTING ALONG AT A RESTAURANT

el restaurante
la mesa
el/la mesero(a),
    el/la camarero(a)
el/la cocinero(a)

el menú
la cuenta
la tarjeta de crédito
la propina
el dinero

IDENTIFYING A PLACE SETTING

el vaso
la taza
el platillo
el plato
el tenedor

el cuchillo
la cucharita
la cuchara
el mantel
la servilleta

DESCRIBING SOME RESTAURANT ACTIVITIES

poner la mesa
pedir
servir
freír

repetir
reservar
tener hambre
tener sed

DESCRIBING FOOD

rico(a), delicioso(a)

IDENTIFYING MORE FOODS

la carne
la carne de res, el biftec
la ternera
el cerdo
el cordero
el pescado
los mariscos
los camarones
las almejas
la langosta

el ajo
la berenjena
la alcachofa
el arroz
el maíz
la sal
la pimienta
el aceite
el vinagre

TECNOTUR

¡Buen viaje!

EPISODIO 14 ▶ En el restaurante

Cristina, Isabel y Luis van a un restaurante.

Después del almuerzo los jóvenes miran los videos que reciben de España.

CD-ROM

Expansión cultural

inter NET CONNECTION

In this video episode, Cristina, Isabel, and Luis are having lunch at a restaurant in Mexico. To visit some restaurants in cities in the Spanish-speaking world, go to the **Capítulo 14** Internet activity at the **Glencoe Foreign Language** Web site:

http://www.glencoe.com/sec/fl

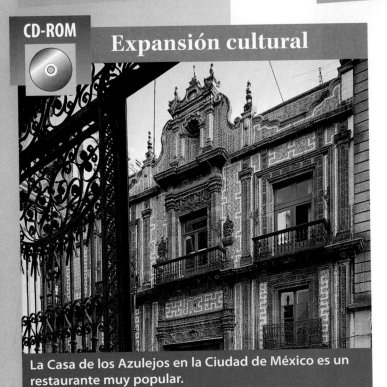

La Casa de los Azulejos en la Ciudad de México es un restaurante muy popular.

Repaso CAPÍTULOS 12–14

Conversación

El viaje en tren

ALBERTO: ¿Te gustó el viaje que hiciste en tren?

MARÍA: Sí, bastante. Dormí bien en la litera.

ALBERTO: ¿Te desayunaste en el tren?

MARÍA: No, porque llegamos a Madrid a las seis y media.

ALBERTO: Y, ¿a qué hora salieron de San Sebastián?

MARÍA: Salimos de San Sebastián a las veinte cuarenta.

Después de conversar

 A Contesten.

1. ¿A María le gustó el viaje que hizo en tren?
2. ¿Cómo durmió en la litera?
3. ¿Se desayunó en el tren?
4. ¿A qué hora llegaron a Madrid?
5. ¿A qué hora salieron de San Sebastián?

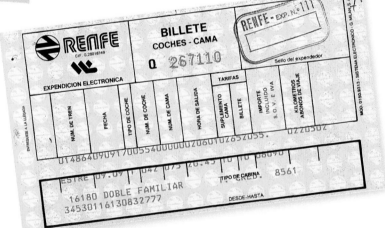

Estructura

Verbos irregulares en el pretérito

Review the preterite forms of the following irregular verbs.

HACER	**hice**	**hiciste**	**hizo**	**hicimos**	*hicisteis*	**hicieron**
QUERER	**quise**	**quisiste**	**quiso**	**quisimos**	*quisisteis*	**quisieron**
VENIR	**vine**	**viniste**	**vino**	**vinimos**	*vinisteis*	**vinieron**
ANDAR	**anduve**	**anduviste**	**anduvo**	**anduvimos**	*anduvisteis*	**anduvieron**
ESTAR	**estuve**	**estuviste**	**estuvo**	**estuvimos**	*estuvisteis*	**estuvieron**
TENER	**tuve**	**tuviste**	**tuvo**	**tuvimos**	*tuvisteis*	**tuvieron**
PODER	**pude**	**pudiste**	**pudo**	**pudimos**	*pudisteis*	**pudieron**
PONER	**puse**	**pusiste**	**puso**	**pusimos**	*pusisteis*	**pusieron**
SABER	**supe**	**supiste**	**supo**	**supimos**	*supisteis*	**supieron**

A **HISTORIETA** En la estación de ferrocarril

Completen con la forma apropiada del pretérito.

El otro día yo _____ (tener) que ir a Toledo. Carlos _____ (ir) ₁ ₂ también. Nosotros _____ (estar) en la estación de ferrocarril. Carlos ₃ _____ (hacer) cola en la ventanilla. Él me _____ (dar) mi billete y yo ₄ ₅ lo _____ (poner) en mi bolsa. Nosotros _____ (estar) en el andén. ₆ ₇ Cuando _____ (venir) el tren, yo no _____ (poder) hallar mi billete. ₈ ₉ No sé dónde lo _____ (poner). No sé dónde está. ₁₀

Verbos de cambio radical

1. Some verbs have a stem change in both the present and preterite tenses. Verbs like **pedir (i, i)** change the **e** to **i** in both the present and preterite.

PRESENT	**pido**	**pides**	**pide**	**pedimos**	*pedís*	**piden**
PRETERITE	**pedí**	**pediste**	**pidió**	**pedimos**	*pedisteis*	**pidieron**

2. Verbs like **preferir (ie, i)** change the **e** to **ie** in the present; they change **e** to **i** in the preterite.

PRESENT	**prefiero**	**prefieres**	**prefiere**	**preferimos**	*preferís*	**prefieren**
PRETERITE	**preferí**	**preferiste**	**prefirió**	**preferimos**	*preferisteis*	**prefirieron**

3. Verbs like **dormir (ue, u)** change the **o** to **ue** in the present; they change **o** to **u** in the preterite.

PRESENT	**duermo**	**duermes**	**duerme**	**dormimos**	*dormís*	**duermen**
PRETERITE	**dormí**	**dormiste**	**durmió**	**dormimos**	*dormisteis*	**durmieron**

Práctica

B **Información**   Completen con el presente.

1. Yo te _____ el café y tú me _____ el postre. Nosotros nos _____. (servir)
2. Tú lo _____ y yo lo _____. Nosotros dos lo _____. (preferir)
3. Ellos lo _____ y yo lo _____. Todos nosotros lo _____. (repetir)
4. Él _____ enseguida y yo _____ enseguida. Todos _____ enseguida. (dormirse)

C **Información**   Completen.

1. Yo pedí un biftec y Ud. _____ un biftec también.
2. Yo freí el biftec y Ud. también lo _____.
3. Nosotros les servimos a todos los clientes y Uds. también les _____ a todos.
4. Seguimos trabajando en el comedor hasta las once y Uds. también _____ trabajando hasta las once.

D **HISTORIETA** En un restaurante mexicano

Contesten.

1. ¿Quién pidió tacos, tú o tu amigo?
2. ¿Quién pidió enchiladas?
3. ¿Sirvieron las enchiladas con mucho queso?
4. ¿Pediste arroz y frijoles también?
5. ¿Frió el cocinero los frijoles?
6. ¿Sirvió el mesero la ensalada con la comida?
7. Después de comer, ¿dormiste?
8. Y tu amigo, ¿durmió él también?

Comida mexicana en el restaurante «La Fonda», San Miguel de Allende

Verbos reflexivos

The subject of a reflexive verb both performs and receives the action of the verb. Each subject has its corresponding reflexive pronoun.

INFINITIVE	levantarse	acostarse
yo	me levanto	me acuesto
tú	te levantas	te acuestas
él, ella, Ud.	se levanta	se acuesta
nosotros(as)	nos levantamos	nos acostamos
vosotros(as)	*os levantáis*	*os acostáis*
ellos, ellas, Uds.	se levantan	se acuestan

Práctica

E **¿Y tú?** Contesten personalmente.

1. ¿A qué hora te acuestas?
2. ¿Te duermes enseguida?
3. Y, ¿a qué hora te despiertas?
4. ¿Te levantas enseguida?
5. ¿Cuántas horas duermes?

F **¿Y ellos?** Escriban las respuestas de Práctica A, cambiando **yo** a **mis hermanos.**

Actividades comunicativas

A **Un día típico** Work with a classmate. Compare a typical day in your life with a typical day in your partner's life.

B **Comidas** Work with a classmate. Ask your partner about the meals he or she ate yesterday. Which meals did he or she eat, at what time, and what foods? Your partner will answer and tell you what he or she liked and didn't like to eat. Take turns.

Tapas, Estepona, España

1

1. Cosecha de cebada,
   provincia de Chimborazo
2. Mujer en un mercado, Saquisilí
3. Selva tropical cerca del río Coca
4. Nueva catedral, Cuenca
5. Plaza de la Independencia, Quito
6. Iguanas marinas, Islas Galápagos
7. Confección de sombreros de jipijapa,
   Cuenca

2

3

6

7

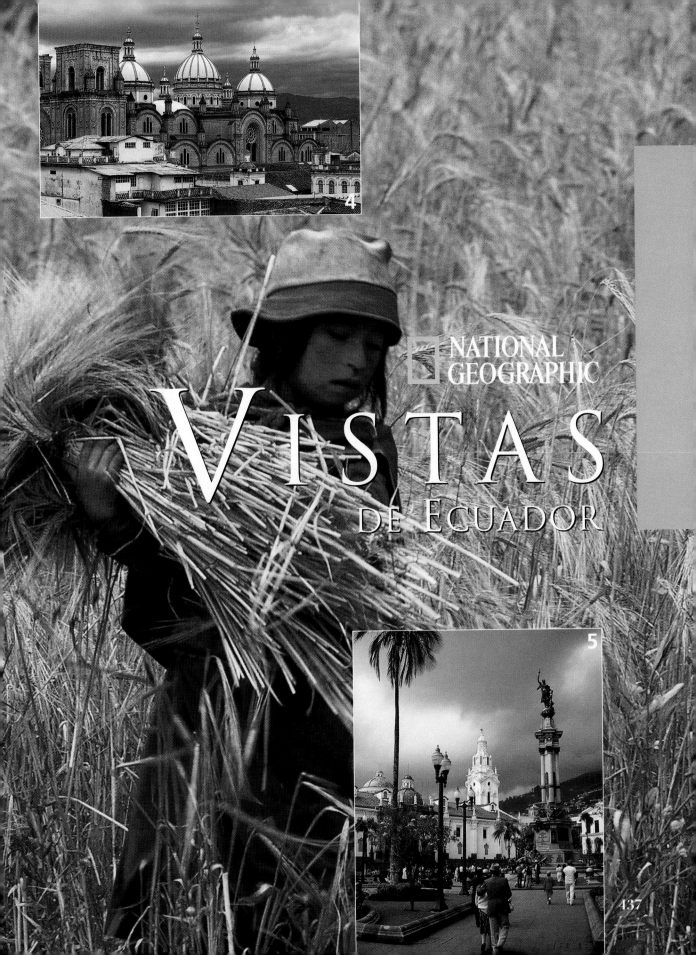

NATIONAL GEOGRAPHIC

VISTAS
DE ECUADOR

1. Volcán Cotopaxi
2. Ciudad de Guayaquil
3. Perforación petrolera, río Napo
4. Alfombras hechas a mano, mercado de Otavalo
5. Envase del camarón, Guayaquil
6. Islas Galápagos
7. Plantación bananera, provincia de Guayas

Literatura 1

Vocabulario

una rosa

una flor

el corazón

El señor da la mano.

Práctica

A **¿Sí o no?**   Digan que sí o que no.

1. Una rosa es una flor bonita.
2. El corazón es un órgano vital.

3. Damos la mano a un amigo.

VERSOS SENCILLOS
de José Martí

INTRODUCCIÓN José Martí (1853–1895) es cubano. Es un hombre muy famoso. Es poeta y es también un héroe. Durante toda la vida Martí lucha[1] por la independencia de Cuba.

Estudia en Madrid y en Zaragoza en España. José Martí admira mucho a la España artística y humana. Pero ataca la España política porque su país, Cuba, en aquel entonces[2] es una colonia de España.

Martí pasa mucho tiempo en varias repúblicas hispanoamericanas— México, Guatemala, Venezuela y Honduras. «De América soy hijo»— proclama Martí. Pasa también unos catorce años en los Estados Unidos. Publica *Versos sencillos* en Nueva York en 1891.

Versos sencillos es una colección de poemas (poesías).

[1]**lucha** *fights* [2]**en aquel entonces** *at that time*

La Habana, Cuba

Versos sencillos

Cultivo una rosa blanca,
en julio como en enero
para el amigo sincero
que me da su mano franca.

Y para el cruel que me arranca°
el corazón con que vivo,
cardo ni ortiga° cultivo
cultivo la rosa blanca.

arranca *pulls out*

cardo ni ortiga
thistle nor nettle

Después de leer

A **En inglés, por favor.** Contesten.

1. Is the theme of this short poem gardening, friendship, or roses?

2. What two types of people does the poet speak about?

3. In your own words in English, explain how the poet tells us that he treats all people equally.

4. How does the poet express "all the time"?

Literatura 2

Vocabulario

la luna

el parque

el dedo

el suelo

una moneda de oro

Es temprano por la noche (8:30).
Hay una moneda en el suelo.

La moneda refleja la luz de la luna.
Un señor halla la moneda.

la luz

La señora enciende la luz.

el agujero

el bolsillo

Ella cose el bolsillo porque
tiene un agujero.

el chaleco

La señora cuelga el chaleco
en la silla.

el mantel

El señor esconde la moneda.
Mete la moneda debajo del mantel.

El señor levanta el mantel.
Debajo del mantel hay dinero.
El señor está muy alegre.

un juguete

Es la Navidad.
El señor recoge el juguete.
La niña está dormida.

⊰Práctica⊱

A **¿Sabes la palabra?**   Escojan.

1. El ____ de diciembre es la Navidad.
   a. veinticinco   **b.** veinticuatro

2. Los niños reciben ____ para la Navidad.
   a. sillas   **b.** juguetes

3. Él tiene que coser el bolsillo porque tiene ____.
   a. un agujero   **b.** una moneda

4. El señor no pierde la moneda. ____ la moneda.
   a. Busca   **b.** Halla

5. La señora cuelga ____ en la silla.
   a. el chaleco   **b.** el mantel

6. ¿Ellos van a ver la moneda? No, no quiero. Voy a ____ la moneda.
   a. recoger   **b.** esconder

7. En la mano hay cinco ____.
   a. monedas   **b.** dedos

B **La moneda**   Contesten.

1. ¿Dónde está el señor? (en el parque)
2. ¿Qué parte del día es? (la noche)
3. ¿Qué halla el señor? (una moneda)
4. ¿Recoge la moneda? (sí)
5. ¿De qué es la moneda? (de oro)
6. ¿Qué refleja la moneda? (la luna)

«UNA MONEDA DE ORO»
de Francisco Monterde

INTRODUCCIÓN Francisco Monterde es de México. Nace en 1894. Es poeta, dramaturgo y novelista. Es también cuentista. Publica una colección de cuentos[1] en 1943. Sus cuentos presentan un estudio serio de la historia de México.

Aquí tenemos el cuento «Una moneda de oro». Es un cuento sencillo[2] y tierno[3]. El autor habla de una pobre familia mexicana del campo.

[1]**cuentos** *stories*   [2]**sencillo** *simple*   [3]**tierno** *tender*

«Una moneda de oro»

1

Es una Navidad alegre para el pobre. El pobre es Andrés. No tiene dinero y no tiene trabajo desde el otoño.

Es temprano por la noche. Andrés pasa por el parque. En el suelo ve una moneda que refleja la luz de la luna. —¿Es una moneda de oro?—pregunta Andrés. —Pesa° mucho. ¡Imposible! No puede ser una moneda de oro. Es sólo una medalla.

Pesa *It weighs*

Andrés sale del parque y examina la moneda. No, no es una medalla. Es realmente una moneda de oro. Andrés acaricia° la moneda. ¡Es muy agradable su contacto!

acaricia *caresses*

2

Con la moneda entre los dedos, mete la mano derecha en el bolsillo de su pantalón. No, no puede meter la moneda en el bolsillo. Tiene miedo° de perder la moneda. Examina el bolsillo. No, no tiene agujeros. No hay problema. Puede meter la moneda en el bolsillo. No va a perder la moneda.

Tiene miedo
He is afraid

Andrés va a casa a pie. Anda rápido. La moneda de oro salta° en el bolsillo. El pobre Andrés está muy contento.

salta *jumps around*

Luego tiene una duda. ¿Es falsa la moneda? Andrés tiene una idea. Va a entrar en una tienda. Va a comprar algo. Y va a pagar con la moneda. Si el dependiente acepta la moneda, es buena, ¿no? Y si no acepta la moneda, ¿qué? Andrés reflexiona. No, no va a ir a la tienda. Prefiere ir a casa con la moneda. Su mujer va a estar muy contenta.

Su casa es una casa humilde. Tiene sólo dos piezas o cuartos. Cuando llega a casa, su mujer no está. No está porque cada día tiene que ir a entregar° la ropa que cose para ganar unos pesos.

Andrés enciende una luz. Pone la moneda en la mesa. En unos momentos oye° a su mujer y a su hija. Ellas vuelven a casa. Esconde la moneda debajo del mantel.

La niña entra. Andrés toma la niña en sus brazos. Luego llega su mujer. Tiene una expresión triste y melancólica. —¿Tienes trabajo?—pregunta ella. —Hoy no puedo comprar pan. No me pagan cuando entrego la costura°.

Andrés no contesta. Levanta el mantel. Su mujer ve la moneda. Toma la moneda en las manos. —¿Quién te da la moneda?

—Nadie°—Andrés habla con su mujer. Explica cómo halla la moneda en el parque.

La niña toma la moneda y empieza a jugar con la moneda. Andrés tiene miedo. No quiere perder la moneda. Puede irse por° un agujero.

Andrés toma la moneda y pone la moneda en uno de los bolsillos de su chaleco. —¿Qué compramos con la moneda?—pregunta Andrés.

—No compramos nada. Tenemos que pagar mucho—suspira su mujer.

—Debemos° mucho.

—Es verdad—contesta Andrés. —Pero hoy es Nochebuena°. Tenemos que celebrar.

—No—contesta su mujer. —Primero tenemos que pagar el dinero que debemos.

entregar *return, deliver*

oye *he hears*

costura *sewing*

Nadie *No one*

irse por *slip through*

Debemos *We owe*
Nochebuena *Christmas Eve*

Una casa humilde, México

Andrés está un poco malhumorado. Se quita° el chaleco y el saco. Cuelga el chaleco y el saco en la silla.

—Bueno, Andrés. Si quieres, puedes ir a comprar algo. Pero tenemos que guardar lo demás°.

Andrés acepta. Se pone° el chaleco y el saco y sale de casa.

◆4◆

En la calle Andrés ve a su amigo Pedro.

—¿Adónde vas? ¿Quieres ir a tomar algo?

Andrés acepta. Los amigos pasan un rato en un café pequeño. Beben y hablan. Y luego Andrés sale. Va a la tienda. Sólo va a comprar comida para esta noche. Y un juguete para la niña.

Andrés compra primero los alimentos. El paquete está listo°. Andrés busca la moneda. Busca en el chaleco. No está. Busca en el saco. No está. Busca en su pantalón. La moneda no está en ninguno de sus bolsillos. El pobre Andrés está lleno de terror. Tiene que salir de la tienda sin la comida.

Una vez más está en la calle. Vuelve a casa. Llega a la puerta. No quiere entrar. Pero tiene que entrar. Entra y ve a la niña dormida con la cabeza entre los brazos sobre la mesa. Su mujer está cosiendo a su lado.

—La moneda...

—¿Qué?

—No tengo la moneda.

—¿Cómo?

La niña sobresalta°. Abre los ojos. Baja los brazos y bajo la mesa Andrés y su mujer oyen el retintín° de la moneda de oro.

¡Qué contentos están Andrés y su mujer! Recogen la moneda que la niña había escamoteado° del chaleco cuando estaba colgado en la silla.

Se quita He takes off

guardar lo demás keep the rest
Se pone He puts on

listo ready

sobresalta jumps up
retintín jingle
había escamoteado had secretly taken out

espués de leer

 Comprensión   Contesten.

1. ¿Quién es el pobre?

2. ¿Por qué no tiene dinero?

3. ¿Por dónde pasa Andrés?

4. ¿Qué ve en el suelo?

5. ¿Es una moneda de oro o es una medalla?

B **Andrés y la moneda**   Escojan.

1. ¿Por qué no debe Andrés meter la moneda en el bolsillo de su pantalón?

   a. Porque el bolsillo tiene un agujero.

   b. Porque puede perder la moneda.

   c. Porque la moneda es muy grande.

2. Cuando Andrés examina el bolsillo, ¿qué decide?

    a. Puede meter la moneda en el bolsillo porque no tiene agujero.

    b. Va a perder la moneda.

    c. La moneda de oro es sólo una medalla.

3. ¿Cómo va Andrés a casa?

    a. Salta.

    b. A pie y rápido.

    c. Con miedo.

4. ¿Qué duda tiene Andrés?

    a. Si tiene que comprar algo.

    b. Si la moneda es falsa o no.

    c. Si su pantalón tiene un agujero.

5. Si compra algo en una tienda, ¿por qué quiere pagar con la moneda?

    a. Si el dependiente acepta la moneda, no es falsa.

    b. Porque la moneda es falsa y Andrés no quiere la moneda.

    c. Porque no tiene dinero.

6. ¿Qué decide Andrés?

    a. Decide que la moneda es falsa.

    b. Decide que no necesita nada.

    c. Decide que no va a la tienda. Prefiere ir a casa.

Una vista del campo, México

La Navidad, México

C **¿Sí o no?** Digan que sí o que no.

  1. La casa de Andrés es muy humilde.

  2. La casa tiene cuatro piezas.

  3. Cuando llega Andrés, su mujer cose.

  4. Su mujer cose para ganar dinero.

  5. Su mujer y su hija vuelven a casa.

  6. Andrés toma a su mujer en sus brazos.

  7. Su mujer está muy contenta.

  8. Hoy ella compra pan.

  9. Cuando Andrés levanta el mantel, su mujer ve la moneda.

10. La niña empieza a jugar con la moneda.

11. Andrés quiere comprar algo para celebrar la Navidad.

12. Su mujer quiere comprar mucho.

13. Por fin Andrés puede ir a la tienda a comprar algo.

D **Andrés sale.** Contesten.

  1. ¿A quién ve Andrés en la calle?

  2. ¿Adónde van los dos?

  3. Luego, ¿adónde va Andrés?

  4. ¿Qué va a comprar?

  5. ¿Qué busca Andrés?

  6. ¿Qué no puede hallar?

  7. ¿Qué ve cuando entra en la casa?

  8. ¿Dónde está la moneda?

*L*iteratura 3

Vocabulario

Es un galán.
Es un señor muy elegante.
Es soltero. No tiene esposa.
 No está casado.

el cuello

el vestido
de novia

Los jóvenes están enamorados.
El joven le echa flores a la señorita.
La joven le flecha el corazón al joven.
Los jóvenes tienen una sonrisita.

una cadena de diamantes (brillantes)

El sacerdote habla con los recién casados.
Están en la iglesia.

el **suegro**   el padre del marido o de la mujer
el **sacerdote**   un padre (religioso) católico
el **pobretón**   un muchacho pobre que no tiene dinero
el **chisme**   la historieta, un rumor
los **muebles**   la silla, la mesa, la cama, etc., son muebles
altivo   arrogante
con mucha plata   que tiene mucho dinero, rico

NOTA In this story you will come across the following words that describe money used in Peru in the eighteenth century. From the context of the reading you will be able to tell which were of little value and which were of great value. It is not necessary for you to learn these words: **un ochavo, un real, un maravedí, un duro, un morlaco.**

 **Práctica**

 A Contesten según los dibujos.

1. ¿Es un tipo galán el joven?
2. ¿Es un poco altivo?
3. ¿Es soltero?
4. ¿Tiene esposa?
5. ¿Está enamorado el joven?
6. ¿Que le echa a la señorita?
7. ¿Qué tiene en la cara?
8. ¿Tiene la señorita una cadena de diamantes en el cuello?

B Expresen de otra manera.

1. Él no tiene mujer. No está casado.
2. Es un señor elegante.
3. Es un tipo muy arrogante.
4. No es un joven que tiene mucho dinero.
5. No sé si es verdad. Es un rumor.

LITERATURA

«LA CAMISA DE MARGARITA»
de Ricardo Palma

INTRODUCCIÓN Ricardo Palma es uno de los hombres más famosos de letras peruanas de todos los tiempos. Él da origen a un nuevo género literario—la tradición. La tradición es una anécdota histórica.

Ricardo Palma publica sus *Tradiciones peruanas* en diez tomos de 1872 a 1910. Las tradiciones presentan la historia del Perú desde la época precolombina hasta la guerra con Chile (1879–1883). Las tradiciones más interesantes y más famosas son las tradiciones que describen la época colonial. «La camisa de Margarita» es un ejemplo de una tradición de la época colonial.

«La camisa de Margarita»

◆1◆

Cuando las señoras viejas de Lima quieren describir algo que cuesta mucho, ¿qué dicen? Dicen: —¡Qué! Si esto es más caro que la camisa de Margarita Pareja.

Margarita Pareja es por los años 1765 la hija mimada° de don Raimundo Pareja, un colector importante del Callao. La muchacha es una de estas limeñitas que es tan bella que puede cautivar° al mismo diablo°. Tiene unos ojos negros cargados° de dinamita que hacen explosión sobre el alma° de los galanes limeños.

Llega de España un arrogante joven llamado don Luis de Alcázar. Don Luis tiene en Lima un tío aragonés, don Honorato. Don Honorato es solterón y es muy rico. Si el tío es rico, no lo es el joven. No tiene ni un centavo.

mimada *spoiled*

cautivar *captivate, charm*
diablo *devil*
cargados *charged*
alma *soul*

◆2◆

En la procesión de Santa Rosa, Alcázar conoce a la linda Margarita. La muchacha le flecha el corazón. El joven le echa flores. Ella no le contesta ni sí ni no. Pero con sonrisitas y otras armas del arsenal femenino le da a entender al joven que es plato muy de su gusto.

Los enamorados olvidan° que existe la aritmética. Don Luis no considera su presente condición económica un obstáculo. Va al padre de Margarita y le pide su mano°. Al padre de Margarita, don Raimundo, no le gusta nada la petición del joven arrogante. Le dice que Margarita es demasiado joven para tomar marido.

olvidan *forget*

le pide su mano *asks for her hand*

Pero la edad de su hija no es la verdadera razón. Don Raimundo no quiere ser suegro de un pobretón. Les dice la verdad a algunos de sus amigos. Uno de ellos va con el chisme al tío aragonés. El tío, que es un tipo muy altivo, se pone° furioso.

—¡Cómo! ¡Desairar° a mi sobrino! No hay más gallardo en todo Lima. Ese don Raimundo va a ver...

❖ 3 ❖

Y la pobre Margarita se pone muy enferma. Pierde peso° y tiene ataques nerviosos. Sufre mucho. Su padre se alarma y llama a varios médicos y curanderos. Todos declaran que la única medicina que va a salvar a la joven no se vende en la farmacia. El padre tiene que permitir a la muchacha casarse° con el varón de su gusto.

Don Raimundo va a la casa de don Honorato. Le dice: —Ud. tiene que permitir a su sobrino casarse con mi hija. Porque si no, la muchacha va a morir.

—No puede ser—contesta de la manera más desagradable el tío. —Mi sobrino es un pobretón. Lo que Ud. debe buscar para su hija es un hombre con mucha plata.

El diálogo entre los dos es muy borrascoso°.

—Pero, tío, no es cristiano matar° a quien no tiene la culpa°—dice don Luis.

se pone *becomes*
Desairar *To snub*

peso *weight*

casarse *to marry*

borrascoso
stormy
matar *kill*
culpa *blame*

Iglesia de San Francisco, Lima, Perú

—¿Tú quieres casarte con esa joven?

—Sí, de todo corazón, tío y señor.

—Pues bien, muchacho. Si tú quieres, consiento. Pero con una condición. Don Raimundo me tiene que jurar° que no va a regalar un ochavo a su hija. Y no le va a dejar un real en la herencia—. Aquí empieza otra disputa.

—Pero, hombre, mi hija tiene veinte mil duros de dote°.

—Renunciamos a la dote. La niña va a venir a casa de su marido con nada más que la ropa que lleva o tiene puesta°.

—Entonces me permite regalar a mi hija los muebles° y el ajuar (vestido) de novia.

—Ni un alfiler°.

—Ud. no es razonable, don Honorato. Mi hija necesita llevar una camisa para reemplazar la puesta.

—Bien, Ud. le puede regalar la camisa de novia y se acaba°.

Al día siguiente don Raimundo y don Honorato van a la Iglesia de San Francisco a oír misa°. En el momento que el sacerdote eleva la Hostia, dice el padre de Margarita: —Juro no dar a mi hija más que la camisa de novia.

Y don Raimundo cumple con° su promesa. Ni en la vida ni en la muerte le da después a su hija un maravedí.

Los encajes° de Flandes que adornan la camisa de la novia cuestan dos mil setecientos duros. El cordoncillo que ajusta al cuello es una cadena de brillantes que tienen un valor de treinta mil morlacos.

Los recién casados hacen creer al tío aragonés que la camisa no vale° nada. Porque don Honorato es tan testarudo°, que a saber el valor real de la camisa, le hace al sobrino divorciarse.

Palacio arzobispal, Lima

Ahora sabemos por qué es muy merecida° la fama que tiene la camisa nupcial de Margarita Pareja.

jurar *to swear*

dote *dowry*

tiene puesta *has on*
muebles *furniture*

alfiler *pin*

se acaba *that's it*
oír misa *to hear mass*
cumple con *fulfills*

encajes *lace*
vale *is worth*
testarudo *hard-headed*
merecida *deserved*

Después de leer

A. Margarita Pareja   Contesten.

1. ¿Quiénes dicen: —¡Qué! ¡Si esto es más caro que la camisa de Margarita Pareja—?
2. ¿Quién es Margarita Pareja?
3. ¿Cómo es Margarita?
4. ¿Quién llega al Perú?
5. ¿De dónde viene?
6. ¿Quién es?
7. ¿Cómo es el tío?
8. ¿Cómo es el sobrino?

B. Don Luis   Completen.

1. Don Luis conoce a Margarita en _____.
2. Margarita le _____. Y don Luis le _____.
3. Don Luis no considera su condición económica _____.
4. Don Luis va al padre de Margarita y _____.
5. Al padre no le gusta nada _____.
6. No le gusta la petición porque _____.
7. Cuando el tío sabe lo que dice don Raimundo, él se pone _____.

Palacio arzobispal, Lima

C. En español, por favor.
Contesten en español.

1. What happens to Margarita?
2. What medicine does she need?
3. Why does the young man's uncle say his nephew cannot marry Margarita?
4. Under what condition does the uncle consent?

D. En tus propias palabras
In your own words in English, explain the ending of this story. What does Margarita's father do?

Plaza de Armas, Lima

Literatura 4

Vocabulario

la lanza

don Quijote
un caballero andante

delgado

Sancho Panza
un escudero

el asno

gordo

el caballo

el aspa

el campo

el molino de viento

un(a) vecino(a)   una persona que vive cerca, en la misma calle, por ejemplo

sabio(a)   inteligente, astuto(a)

espantoso   horrible, terrible

a toda prisa   muy rápido

de nuevo   otra vez

socorrer   ayudar, dar auxilio o ayuda

no les hizo caso   no les prestó atención

❖Práctica❖

A   **Don Quijote y Sancho Panza**   Contesten.

1. ¿Es don Quijote delgado o gordo?
2. ¿Quién es gordo?
3. ¿Quién es un caballero andante?
4. ¿Quién es su escudero?
5. ¿Quién tiene una lanza?
6. ¿Quién tiene un caballo?
7. Y Sancho Panza, ¿qué tiene él?
8. ¿Tiene aspas un molino de viento?

B   **¿Cómo son?**   Describan a don Quijote y a Sancho Panza.

C   **¿Cómo se dice?**   Expresen de otra manera.

1. Ellos viven en *una región rural*.
2. Fue una aventura *horrible*.
3. Él salió *rápido*.
4. No le *prestó atención* a su vecino.
5. Él es un señor *inteligente y astuto*.
6. Él lo hizo *otra vez*.
7. Trató pero no pudo *ayudar* a su vecino.

EL QUIJOTE
de Miguel de Cervantes Saavedra

INTRODUCCIÓN La obra más famosa de todas las letras hispanas es la novela *El ingenioso hidalgo don Quijote de la Mancha* de Miguel de Cervantes Saavedra.

Los dos personajes principales de la novela son don Quijote y Sancho Panza. Don Quijote, un hombre alto y delgado, es un caballero andante. Es un idealista que quiere conquistar todos los males[1] del mundo. Su escudero, Sancho Panza, es un hombre bajo y gordo. Él es un realista puro. Siempre trata de desviar[2] a don Quijote de sus ilusiones y aventuras.

[1]**males** *evils*
[2]**trata de desviar** *tries to dissuade*

El Quijote

◆1◆

Un día, don Quijote salió de su pueblo en la región de la Mancha. Un idealista sin par°, don Quijote salió en busca de aventuras para conquistar los males del mundo. Es el trabajo de un verdadero caballero andante. Pero después de unos pocos días, don Quijote volvió a casa porque hizo su primera expedición sin escudero. No hay caballero andante sin escudero— sobre todo un caballero andante de la categoría de don Quijote.

Cuando volvió a su pueblo, empezó a buscar un escudero. Por fin encontró a un vecino, Sancho Panza, un hombre bajo y gordo. Salió por segunda vez, esta vez acompañado de su escudero. Don Quijote montó a su caballo, Rocinante, y Sancho lo siguió° montado en su asno.

sin par *without equal*

siguió *followed*

◆2◆

Los dos hicieron muchas expediciones por la región de la Mancha. El idealista don Quijote hizo muchas cosas que no quiso hacer el realista Sancho Panza. Más de una vez Sancho le dijo: —Pero, don Quijote, noble caballero y fiel compañero. Vuestra merced° está loco. ¿Por qué no dejamos° con estas tonterías°? ¿Por qué no volvemos a casa? Yo quiero comer. Y quiero dormir en mi cama.

Don Quijote no les hizo mucho caso a los consejos° de Sancho. Uno de los episodios más famosos de nuestro estimado caballero es el episodio de los molinos de viento.

Vuestra Merced *Your Highness*
no dejamos con *put an end to*
tonterías *foolish things*
consejos *advice*

Del buen suceso que el valeroso don Quijote tuvo en la espantable y jamás imaginada aventura de los molinos de viento.

En esto descubrieron treinta o cuarenta molinos de viento que hay en aquel campo; y así como° don Quijote los vio, dijo a su escudero: —¡Sancho! ¡Mira! ¿Tú ves lo que veo yo?

—No, Vuestra Merced. No veo nada.

—Amigo Sancho, ¿no ves allí unos treinta o más gigantes que vienen hacia nosotros a hacer batalla?

—¿Qué gigantes?

—Aquellos que allí ves, de los brazos largos.

—Don Quijote. No son gigantes. Son simples molinos de viento. Y lo que en ellos parecen° brazos son aspas.

—Bien parece, Sancho, que tú no sabes nada de aventuras. Ellos son gigantes. Y si tienes miedo...

—¡Don Quijote! ¿Adónde va Vuestra Merced?

así como *as soon as*

parecen *appear to be*

Molinos de viento, La Mancha, España

◆4◆

¿Adónde fue don Quijote? Él fue a hacer batalla con los terribles gigantes. Gigantes como éstos no deben ni pueden existir en el mundo. En nombre de Dulcinea, la dama de sus pensamientos°, don Quijote los atacó. Puso su lanza en el aspa de uno de los molinos. En el mismo instante vino un viento fuerte. El viento movió el aspa. El viento la revolvió con tanta furia que hizo pedazos° de la lanza de don Quijote y levantó a don Quijote en el aire.

A toda prisa el pobre Sancho fue a socorrer a su caballero andante. Lo encontró° en el suelo muy mal herido°.

—Don Quijote, no le dije a Vuestra Merced que no vio gigantes. Vio simples molinos de viento. No puedo comprender por qué los atacó.

—Sancho, tú no sabes lo que dices. Son cosas de guerra° que tú no comprendes. Tú sabes que tengo un enemigo. Mi enemigo es el horrible pero sabio monstruo Frestón. Te dije las cosas malas que él hace. Y ahora convirtió a los gigantes en molinos de viento.

—Yo no sé lo que hizo vuestro enemigo, Frestón. Pero yo sé lo que le hizo el molino de viento.

Sancho levantó a don Quijote del suelo. Don Quijote subió de nuevo sobre Rocinante. Habló más de la pasada aventura pero Sancho no le hizo caso. Siguieron el camino hacia Puerto Lápice en busca de otras jamás imaginadas aventuras.

dama de sus pensamientos *lady of his dreams*

pedazos *pieces*

encontró *found*
herido *wounded*

guerra *war*

Plaza de España, Madrid

Después de leer

A **Don Quijote y Sancho Panza**   Escojan.

1. Don Quijote es ____.
   a. un realista
   b. un idealista
   c. un escudero

2. Don Quijote salió de su pueblo ____.
   a. en busca de la Mancha
   b. en busca de un escudero
   c. en busca de aventuras

3. Don Quijote volvió a casa para ____.
   a. comenzar su primera expedición
   b. buscar un escudero
   c. ver a Dulcinea

4. Sancho Panza es ____.
   a. un caballero andante también
   b. un idealista sin par
   c. un vecino de don Quijote

5. Sancho Panza tiene ____.
   a. un asno
   b. un caballo
   c. una lanza

B **¿Sí o no?**   Digan que sí o que no.

1. Don Quijote y Sancho Panza hicieron sólo dos expediciones.
2. Sancho le dice a don Quijote que está loco.
3. Don Quijote siempre quiere volver a casa.
4. Un episodio famoso del Quijote es el episodio de los molinos de viento.

C **Los molinos de viento**   Completen.

1. Don Quijote ve unos treinta o cuarenta ____.
2. Sancho no ve ____.
3. Según don Quijote, los ____ quieren hacer ____.
4. Según don Quijote, los ____ que ve tienen ____ largos.
5. Según Sancho, no son gigantes. Don Quijote ve unos ____ y no tienen brazos. Tienen ____.

D **La batalla**   Contesten.

1. ¿Contra quiénes fue don Quijote a hacer batalla?
2. ¿En dónde puso su lanza?
3. ¿Qué hizo mover al aspa?
4. ¿Revolvió rápidamente el aspa?
5. ¿Adónde levantó a don Quijote?
6. ¿Dónde encontró Sancho a don Quijote?
7. ¿Quién convirtió a los gigantes en molinos de viento?
8. Cuando Sancho levantó a don Quijote del suelo, ¿volvieron a casa?
9. Después de este episodio, ¿admite don Quijote que los gigantes son molinos de viento?

Apéndices

El mundo hispánico **462**

Verbos **466**

Vocabulario: español–inglés **472**

Vocabulario: inglés–español **493**

Índice gramatical **511**

El mundo hispánico

PAÍS	CAPITAL
Argentina	Buenos Aires
Belice	Belmopan
Bolivia	Sucre
Chile	Santiago
Colombia	Santafé de Bogotá
Costa Rica	San José
Cuba	La Habana
Ecuador	Quito
El Salvador	San Salvador
España	Madrid
Guatemala	Guatemala
Honduras	Tegucigalpa
México	México
Nicaragua	Managua
Panamá	Panamá
Paraguay	Asunción
Perú	Lima
Puerto Rico	San Juan
República Dominicana	Santo Domingo
Uruguay	Montivideo
Venezuela	Caracas

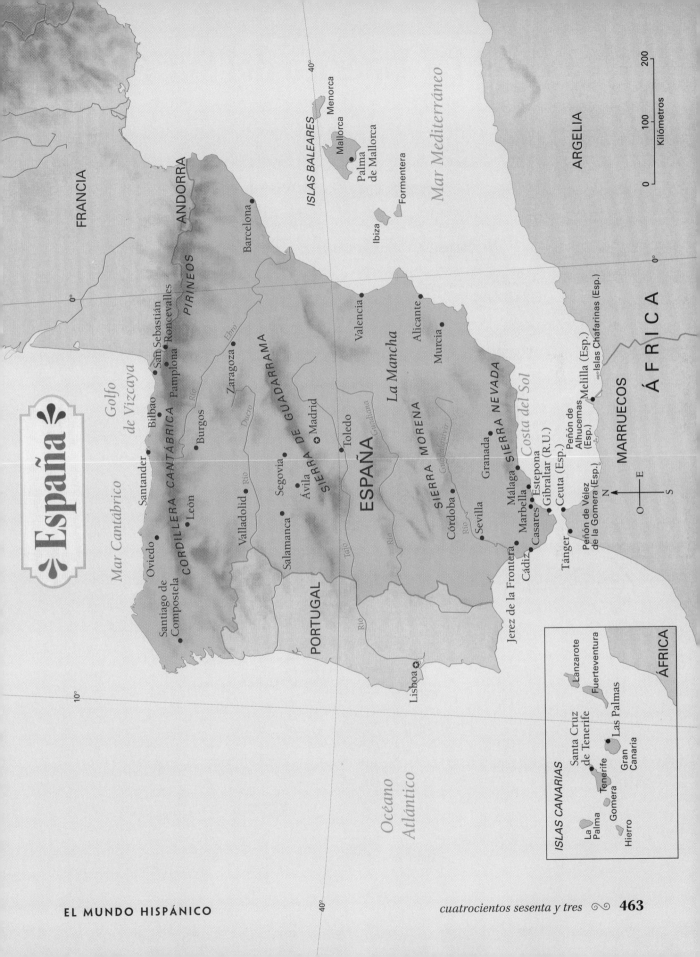

España

FRANCIA

ANDORRA

PIRINEOS

Barcelona

ISLAS BALEARES

Menorca

Mallorca

Palma de Mallorca

Formentera

Ibiza

Mar Mediterráneo

ARGELIA

Golfo de Vizcaya

San Sebastián
Roncevalles
Pamplona
Bilbao
Santander

Mar Cantábrico

CORDILLERA CANTÁBRICA

Oviedo

Santiago de Compostela

León

Burgos

Zaragoza

Río Ebro

Río Duero

SIERRA DE GUADARRAMA

Madrid

Ávila

Segovia

Valladolid

Salamanca

ESPAÑA

Toledo

Río Tajo

La Mancha

Valencia

Alicante

Murcia

Río Guadiana

SIERRA MORENA

Río Guadalquivir

Córdoba

Sevilla

Granada

SIERRA NEVADA

Costa del Sol

Málaga
Marbella
Estepona
Casares
Gibraltar (R.U.)
Ceuta (Esp.)

Cádiz
Jerez de la Frontera

Tánger

Peñón de Vélez de la Gomera (Esp.)

Peñón de Alhucemas (Esp.)

Melilla (Esp.)

Islas Chafarinas (Esp.)

MARRUECOS

ÁFRICA

PORTUGAL

Lisboa

Río

Océano Atlántico

N
O · E
S

ISLAS CANARIAS

La Palma
Gomera
Hierro
Tenerife
Santa Cruz de Tenerife
Gran Canaria
Las Palmas
Lanzarote
Fuerteventura

ÁFRICA

0   100   200
Kilómetros

40°

0°

10°

40°

0°

La América del Sur

Mar Caribe

Maracaibo • Caracas •
VENEZUELA **GUYANA**
Medellín • Georgetown • **SURINAM**
Santafé de Bogotá Paramaribo • Cayena •
Cali • **COLOMBIA** **GUAYANA FRANCESA**

Océano Atlántico

Islas Galápagos (Ecuador)
Otavalo •
Quito • Volcán Cotopaxi
ECUADOR
Guayaquil •
Cuenca • Iquitos •

Río Amazonas

CORDILLERA DE LOS ANDES

Lima • **PERÚ**
Miraflores •
MACHU PICCHU
Cuzco •

BRASIL

Brasilia •

BOLIVIA
La Paz •
Sucre •

ATACAMA DESERT

CORDILLERA DE LOS ANDES

PARAGUAY São Paulo •
Asunción • Río de Janeiro •

Océano Pacífico

Vicuña • Córdoba •
Rosario • **URUGUAY**
Valparaíso • Buenos Aires • Montevideo •
Santiago •
ARGENTINA
CHILE Mar del Plata •

Puerto Montt • Bariloche •

PATAGONIA

CORDILLERA DE LOS ANDES

Islas Malvinas (R.U.)

0   500   1000
Kilómetros

N
O — E
S

Punta Arenas •

México, La América Central y El Caribe

Océano Atlántico

ANTILLAS MENORES

PUERTO RICO
San Juan
Santurce
Arecibo
Ponce

REPÚBLICA DOMINICANA
Santo Domingo

VENEZUELA
Caracas

HAITÍ
Puerto Príncipe

ISLAS BAHAMAS

Guantánamo

COLOMBIA
Medellín

Camagüey

Mar Caribe

CUBA
Cienfuegos

Santiago de Cuba

JAMAICA
Kingston

Barranquilla
Cartagena

Matanzas

Panamá
PANAMÁ
Colón

ESTADOS UNIDOS

Tampa

La Habana

Isla de la Juventud

Miami

NICARAGUA

COSTA RICA
Puerto Limón
San José

Puntarenas

Dallas

Golfo de México

CHICHÉN ITZÁ

BELICE
Belmopán

HONDURAS
Tegucigalpa
COPÁN

San Antonio

Nueva Orléans

Mérida

Campeche

GUATEMALA
Guatemala
Antigua

Managua

Mississippi

Río Grande
Río Bravo

UXMAL
Golfo de Campeche

Veracruz
Parque La Venta

EL SALVADOR
San Salvador

Nuevo Laredo

MÉXICO

San Luis Potosí

Oaxaca

San Cristóbal de las Casas

Coyoacán
México
Puebla

Acapulco

Santa Fe
Albuquerque

El Paso
Ciudad Juárez

Chihuahua

Guanajuato
San Miguel de Allende

Phoenix
Tucson

Nogales

Guadalajara

Puerto Vallarta

Los Ángeles
San Diego
Tijuana
Mexicali

Río Grande
Río Bravo

Golfo de California

La Paz

Océano Pacífico

N
O — E
S

200

100

Kilómetros

0

Verbos

Verbos regulares

INFINITIVO	**hablar** *to speak*	**comer** *to eat*	**vivir** *to live*
PRESENTE PROGRESIVO	estar hablando	estar comiendo	estar viviendo
PRESENTE	yo hablo tú hablas él, ella, Ud. habla nosotros(as) hablamos *vosotros(as) habláis* ellos, ellas, Uds. hablan	yo como tú comes él, ella, Ud. come nosotros(as) comemos *vosotros(as) coméis* ellos, ellas, Uds. comen	yo vivo tú vives él, ella, Ud. vive nosotros(as) vivimos *vosotros(as) vivís* ellos, ellas, Uds. viven
PRETÉRITO	yo hablé tú hablaste él, ella, Ud. habló nosotros(as) hablamos *vosotros(as) hablasteis* ellos, ellas, Uds. hablaron	yo comí tú comiste él, ella, Ud. comió nosotros(as) comimos *vosotros(as) comisteis* ellos, ellas, Uds. comieron	yo viví tú viviste él, ella, Ud. vivió nosotros(as) vivimos *vosotros(as) vivisteis* ellos, ellas, Uds. vivieron

Verbos regulares con cambio en la primera persona singular
(Regular verbs with stem change in the first person singular)

INFINITIVO	**conocer** *to know*	**salir** *to leave*	**ver** *to see*
PRESENTE PROGRESIVO	estar conociendo	estar saliendo	estar viendo
PRESENTE	yo conozco	yo salgo	yo veo

Verbos con cambio radical
(Stem-changing verbs)

INFINITIVO	**preferir**[1] (e>ie) *to prefer*	**volver**[2] (o>ue) *to return*	**pedir**[3] (e>i) *to ask for*
PRESENTE PROGRESIVO	estar prefiriendo	estar volviendo	estar pidiendo
PRESENTE	yo prefiero tú prefieres él, ella, Ud. prefiere nosotros(as) preferimos *vosotros(as) preferís* ellos, ellas, Uds. prefieren	yo vuelvo tú vuelves él, ella, Ud. vuelve nosotros(as) volvemos *vosotros(as) volvéis* ellos, ellas, Uds. vuelven	yo pido tú pides él, ella, Ud. pide nosotros(as) pedimos *vosotros(as) pedís* ellos, ellas, Uds. piden
PRETÉRITO	yo preferí tú preferiste él, ella, Ud. prefirió nosotros(as) preferimos *vosotros(as) preferisteis* ellos, ellas, Uds. prefirieron	yo volví tú volviste él, ella, Ud. volvió nosotros(as) volvimos *vosotros(as) volvisteis* ellos, ellas, Uds. volvieron	yo pedí tú pediste él, ella, Ud. pidió nosotros(as) pedimos *vosotros(as) pedisteis* ellos, ellas, Uds. pidieron

[1] Verbos similares: *sugerir*
[2] Verbos similares: *morir, jugar*
[3] Verbos similares: *freír, repetir, seguir, servir*

Verbos irregulares

INFINITIVO	**andar** *to walk*	**dar** *to give*	**decir** *to tell, to say*
PRESENTE PROGRESIVO	estar andando	estar dando	estar diciendo
PRESENTE	yo ando tú andas él, ella, Ud. anda nosotros(as) andamos *vosotros(as) andáis* ellos, ellas, Uds. andan	yo doy tú das él, ella, Ud. da nosotros(as) damos *vosotros(as) dais* ellos, ellas, Uds. dan	yo digo tú dices él, ella, Ud. dice nosotros(as) decimos *vosotros(as) decís* ellos, ellas, Uds. dicen
PRETÉRITO	yo anduve tú anduviste él, ella, Ud. anduvo nosotros(as) anduvimos *vosotros(as) anduvisteis* ellos, ellas, Uds. anduvieron	yo di tú diste él, ella, Ud. dio nosotros(as) dimos *vosotros(as) disteis* ellos, ellas, Uds. dieron	yo dije tú dijiste él, ella, Ud. dijo nosotros(as) dijimos *vosotros(as) dijisteis* ellos, ellas, Uds. dijeron

Verbos irregulares

INFINITIVO	**empezar** *to begin*	**estar** *to be*	**hacer** *to do*
PRESENTE PROGRESIVO	estar empezando		estar haciendo
PRESENTE	yo empiezo tú empiezas él, ella, Ud. empieza nosotros(as) empezamos *vosotros(as) empezáis* ellos, ellas, Uds. empiezan	yo estoy tú estás él, ella, Ud. está nosotros(as) estamos *vosotros(as) estáis* ellos, ellas, Uds. están	yo hago tú haces él, ella, Ud. hace nosotros(as) hacemos *vosotros(as) hacéis* ellos, ellas, Uds. hacen
PRETÉRITO	yo empecé tú empezaste él, ella, Ud. empezó nosotros(as) empezamos *vosotros(as) empezasteis* ellos, ellas, Uds. empezaron	yo estuve tú estuviste él, ella, Ud. estuvo nosotros(as) estuvimos *vosotros(as) estuvisteis* ellos, ellas, Uds. estuvieron	yo hice tú hiciste él, ella, Ud. hizo nosotros(as) hicimos *vosotros(as) hicisteis* ellos, ellas, Uds. hicieron
INFINITIVO	**ir** *to go*	**poder** *to be able*	**poner** *to put*
PRESENTE PROGRESIVO	estar yendo	estar pudiendo	estar poniendo
PRESENTE	yo voy tú vas él, ella, Ud. va nosotros(as) vamos *vosotros(as) vais* ellos, ellas, Uds. van	yo puedo tú puedes él, ella, Ud. puede nosotros(as) podemos *vosotros(as) podéis* ellos, ellas, Uds. pueden	yo pongo tú pones él, ella, Ud. pone nosotros(as) ponemos *vosotros(as) ponéis* ellos, ellas, Uds. ponen
PRETÉRITO	yo fui tú fuiste él, ella, Ud. fue nosotros(as) fuimos *vosotros(as) fuisteis* ellos, ellas, Uds. fueron	yo pude tú pudiste él, ella, Ud. pudo nosotros(as) pudimos *vosotros(as) pudisteis* ellos, ellas, Uds. pudieron	yo puse tú pusiste él, ella, Ud. puso nosotros(as) pusimos *vosotros(as) pusisteis* ellos, ellas, Uds. pusieron

Verbos irregulares

INFINITIVO	**querer** *to want*	**saber** *to know*	**ser** *to be*
PRESENTE PROGRESIVO	estar queriendo	estar sabiendo	estar siendo
PRESENTE	yo quiero tú quieres él, ella, Ud. quiere nosotros(as) queremos *vosotros(as) queréis* ellos, ellas, Uds. quieren	yo sé tú sabes él, ella, Ud. sabe nosotros(as) sabemos *vosotros(as) sabéis* ellos, ellas, Uds. saben	yo soy tú eres él, ella, Ud. es nosotros(as) somos *vosotros(as) sois* ellos, ellas, Uds. son
PRETÉRITO	yo quise tú quisiste él, ella, Ud. quiso nosotros(as) quisimos *vosotros(as) quisisteis* ellos, ellas, Uds. quisieron	yo supe tú supiste él, ella, Ud. supo nosotros(as) supimos *vosotros(as) supisteis* ellos, ellas, Uds. supieron	yo fui tú fuiste él, ella, Ud. fue nosotros(as) fuimos *vosotros(as) fuisteis* ellos, ellas, Uds. fueron
INFINITIVO	**tener** *to have*	**traer** *to bring*	**venir** *to come*
PRESENTE PROGRESIVO	estar teniendo	estar trayendo	estar viniendo
PRESENTE	yo tengo tú tienes él, ella, Ud. tiene nosotros(as) tenemos *vosotros(as) tenéis* ellos, ellas, Uds. tienen	yo traigo tú traes él, ella, Ud. trae nosotros(as) traemos *vosotros(as) traéis* ellos, ellas, Uds. traen	yo vengo tú vienes él, ella, Ud. viene nosotros(as) venimos *vosotros(as) venís* ellos, ellas, Uds. vienen
PRETÉRITO	yo tuve tú tuviste él, ella, Ud. tuvo nosotros(as) tuvimos *vosotros(as) tuvisteis* ellos, ellas, Uds. tuvieron	yo traje tú trajiste él, ella, Ud. trajo nosotros(as) trajimos *vosotros(as) trajisteis* ellos, ellas, Uds. trajeron	yo vine tú viniste él, ella, Ud. vino nosotros(as) vinimos *vosotros(as) vinisteis* ellos, ellas, Uds. vinieron

Verbos reflexivos

INFINITIVO	**lavarse** *to wash oneself*		
PRESENTE PROGRESIVO	estar lavándose		
PRESENTE	yo me lavo tú te lavas él, ella, Ud. se lava nosotros(as) nos lavamos *vosotros(as) os laváis* ellos, ellas, Uds. se lavan		
PRETÉRITO	yo me lavé tú te lavaste él, ella, Ud. se lavó nosotros(as) nos lavamos *vosotros(as) os lavasteis* ellos, ellas, Uds. se lavaron		

Verbos reflexivos con cambio radical

INFINITIVO	acostarse (o>ue) *to go to bed*	despertarse (e>ie) *to wake up*	dormirse (o>ue, u) *to fall asleep*
PRESENTE PROGRESIVO	estar acostándose	estar despertándose	estar durmiéndose
PRESENTE	yo me acuesto tú te acuestas él, ella, Ud. se acuesta nosotros(as) nos acostamos *vosotros(as) os acostáis* ellos, ellas, Uds. se acuestan	yo me despierto tú te despiertas él, ella, Ud. se despierta nosotros(as) nos despertamos *vosotros(as) os despertáis* ellos, ellas, Uds. se despiertan	yo me duermo tú te duermes él, ella, Ud. se duerme nosotros(as) nos dormimos *vosotros(as) os dormís* ellos, ellas, Uds. se duermen
PRETÉRITO	yo me acosté tú te acostaste él, ella, Ud. se acostó nosotros(as) nos acostamos *vosotros(as) os acostasteis* ellos, ellas, Uds. se acostaron	yo me desperté tú te despertaste él, ella, Ud. se despertó nosotros(as) nos despertamos *vosotros(as) os despertasteis* ellos, ellas, Uds. se despertaron	yo me dormí tú te dormiste él, ella, Ud. se durmió nosotros(as) nos dormimos *vosotros(as) os dormisteis* ellos, ellas, Uds. se durmieron

INFINITIVO	divertirse (e>ie, i) *to enjoy oneself*	sentarse *to sit down*	vestirse (e>i, i) *to dress oneself*
PRESENTE PROGRESIVO	estar divirtiéndose	estar sentándose	estar vistiéndose
PRESENTE	yo me divierto tú te diviertes él, ella, Ud. se divierte nosotros(as) nos divertimos *vosotros(as) os divertís* ellos, ellas, Uds. se divierten	yo me siento tú te sientas él, ella, Ud. se sienta nosotros(as) nos sentamos *vosotros(as) os sentáis* ellos, ellas, Uds. se sientan	yo me visto tú te vistes él, ella, Ud. se viste nosotros(as) nos vestimos *vosotros(as) os vestís* ellos, ellas, Uds. se visten
PRETÉRITO	yo me divertí tú te divertiste él, ella, Ud. se divirtió nosotros(as) nos divertimos *vosotros(as) os divertisteis* ellos, ellas, Uds. se divirtieron	yo me senté tú te sentaste él, ella, Ud. se sentó nosotros(as) nos sentamos *vosotros(as) os sentasteis* ellos, ellas, Uds. se sentaron	yo me vestí tú te vestiste él, ella, Ud. se vistió nosotros(as) nos vestimos *vosotros(as) os vestistéis* ellos, ellas, Uds. se vistieron

Vocabulario español–inglés

The **Vocabulario español–inglés** contains all productive and receptive vocabulary from the text. The reference numbers following each productive entry indicate the chapter and vocabulary section in which the word is introduced. For example, **3.2** means that the word was taught in **Capítulo 3, Palabras 2**. **BV** refers to the preliminary **Bienvenidos** lessons. Words without a chapter reference indicate receptive vocabulary (not taught in the **Palabras** sections).

A

a at; to
  a bordo de aboard, on board, **11.2**
  a eso de at about (time), **4.1**
  a fines de at the end of
  a la española Spanish style
  a pie on foot, **4.1**
  a plazos in installments
  a solas alone
  a tiempo on time, **11.1**
  a veces sometimes, **7.1**
  a ver let's see
abordar to get on, board
abril April, **BV**
abrir to open, **8.2**
abstracto(a) abstract
la **abuela** grandmother, **6.1**
el **abuelo** grandfather, **6.1**
los **abuelos** grandparents, **6.1**
abundante plentiful
aburrido(a) boring, **2.1**
aburrir to bore
la **academia** academy, school
acariciar to caress
el **acceso** access
el **aceite** oil, **14.2**
aceptar to accept
el **acompañamiento** accompaniment
acompañar to accompany
acordarse (ue) to remember
acostarse (ue) to go to bed, **12.1**

el **acrílico** acrylic
la **actividad** activity
activo(a) active
el **actor** actor, **10.2**
la **actriz** actress, **10.2**
la **acuarela** watercolor
acuático(a): el esquí acuático water-skiing, **9.1**
acuerdo: de acuerdo OK, all right
adaptar to adapt
además moreover; besides
¡Adiós! Good-bye! **BV**
adivinar to guess
admirar to admire
admitir to admit
el/la **adolescente** adolescent, teenager
la **adolescencia** adolescence
¿adónde? where?, **1.1**
adorable adorable
adorar to adore
adornar to adorn
la **aduana** customs, **11.2**
aérea: la línea aérea airlines
el **aeropuerto** airport, **11.1**
afeitarse to shave, **12.1**
  la crema de afeitar shaving cream, **12.1**
aficionado(a) a fond of, **10.1**
el/la **aficionado(a)** fan (sports)
africano(a) African

afroamericano(a) African-American
afortunadamente fortunately
el/la **agente** agent, **11.1**
  el/la agente de aduana customs agent, **11.2**
agosto August, **BV**
agradable pleasant
el **agua** *(f.)* water, **9.1**
  el agua mineral mineral water, **12.2**
  esquiar en el agua to water-ski, **9.1**
el **agujero** hole
ahora now, **4.2**
el **aire** air
  al aire libre outdoor *(adj.)*
el **ají** chili pepper
el **ajo** garlic, **14.2**
el **ajuar de novia** trousseau
ajustar to adjust
al to the
  al aire libre outdoor *(adj.)*
  al contrario on the contrary
  al principio at the beginning
alarmarse to be alarmed
la **alberca** swimming pool, **9.1**
el **albergue para jóvenes (juvenil)** youth hostel, **12.2**
el **álbum** album
la **alcachofa** artichoke, **14.2**
el **alcohol** alcohol
alegre happy
el **alemán** German, **2.2**
la **alergia** allergy, **8.2**
el **álgebra** algebra, **2.2**
algo something, **5.2**

¿Algo más? Anything else?, **5.2**

algunos(as) some, **4.1**

el **alimento** food, **14.2**

allí there

almacenar to store

la **almeja** clam, **14.2**

el **almuerzo** lunch, **5.2**

    tomar el almuerzo to have, eat lunch

la **alpargata** sandal

alquilar to rent

alrededor de around, **6.2**

los **alrededores** outskirts

altivo arrogant, haughty

alto(a) tall, **1.1**; high, **4.2**

    en voz alta aloud

    la nota alta high grade, **4.2**

la **altura** height

el/la **alumno(a)** student, **1.1**

amarillo(a) yellow, **3.2**

amazónico(a) Amazonian

ambicioso(a) hardworking, **1.1**

ambulante itinerant

la **América Central** Central America

la **América del Norte** North America

la **América del Sur** South America

americano(a) American, **1.1**

el/la **amigo(a)** friend, **1.1**

el **análisis** analysis

analítico(a) analytical

analizar to analyze

anaranjado(a) orange, **3.2**

anciano(a) old, **6.1**

el/la **anciano(a)** old person

andaluz(a) Andalusian

andante: el caballero andante knight errant

andar to walk, to go to

el **andén** railway platform, **13.1**

andino(a) Andean

la **anécdota** anecdote

el **animal** animal

anoche last night, **9.2**

el **anorak** parka, **9.2**

la **Antártida** Antarctic

anteayer the day before yesterday

los **anteojos de sol** sunglasses, **9.1**

antes de before, **5.1**

el **antibiótico** antibiotic, **8.2**

la **antigüedad** antiquity

antiguo(a) old, ancient

anunciar to announce

el **anuncio** announcement

el **año** year, BV

    cumplir... años to be . . . years old

    el año pasado last year, **9.2**

    este año this year, **9.2**

    tener... años to be . . . years old, **6.1**

el **apartamento** apartment, **6.2**

    la casa de apartamentos apartment house, **6.2**

apasionado(a) passionate

la **apertura: la apertura de clases** beginning of the school year

aplaudir to applaud, **10.2**

el **aplauso** applause, **10.2**

    recibir aplausos to receive applause, **10.2**

aplicar to apply

el **apóstol** apostle

aprender to learn, **5.1**

el **apunte: tomar apuntes** to take notes, **4.2**

aquel that

    en aquel entonces at that time

aquí here

    Aquí tiene (tienes, tienen)... Here is (are) . . .

    por aquí right this way

aragonés(a) from Aragon (Spain)

el **árbol** tree

el **arco** arc

el **área** *(f.)* area

la **arena** sand, **9.1**

argentino(a) Argentinian, **2.1**

el **argumento** plot

la **aritmética** arithmetic, **2.2**

el **arma** *(f.)* weapon

la **arqueología** archeology

arqueológico(a) archeological

el/la **arqueólogo(a)** archeologist

arrancar to pull out

arrogante arrogant

el **arroyo** stream, brook

el **arroz** rice, **5.2**

el **arsenal** arsenal

el **arte** *(f.)* art, **2.2**

    las bellas artes fine arts

el **artefacto** artifact

el/la **artista** artist, **10.2**

artístico(a) artistic

la **ascendencia** background

el **ascensor** elevator, **6.2**

así so, **12**

el **asiento** seat, **11.1**

    el número del asiento seat number, **11.1**

la **asignatura** subject, discipline, **2.1**

el/la **asistente de vuelo** flight attendant, **11.2**

asistir to attend

el **asno** donkey

el **aspa** *(f.)* sail (of a windmill)

la **aspirina** aspirin, **8.2**

astuto(a) astute

atacar to attack

el **ataque** attack

la **atención: prestar atención** to pay attention, **4.2**

aterrizar to land, **11.2**

atlético(a) athletic

la **atmósfera** atmosphere

atrapar to catch, **7.2**

atrás behind, in the rear

atravesar (ie) to cross

el **atún** tuna, **5.2**

aún even

austral former Argentine unit of currency

auténtico(a) authentic

el **autobús** bus, **10.1**

    perder el autobús (la guagua, el camión) to miss the bus, **10.1**

el/la **autor(a)** author, **10.2**

el **autorretrato** self-portrait

el **ave** *(f.)* bird

la **aventura** adventure

la **aviación** aviation

el **avión** airplane, **11.1**

la **avioneta** small airplane

ayer yesterday, **9.2**

    ayer por la mañana yesterday morning, **9.2**

ayer por la tarde
yesterday afternoon, **9.2**
ayudar to help, **13.1**
azul blue, **3.2**

B

el **bachillerato** bachelor's
degree
la **bacteria** bacteria
la **bahía** bay
bailar to dance, **4.2**
el **baile** dance
bajar to lower; to go down,
9.2; to get off, **13.2**
bajar(se) del tren to get
off the train, **13.2**
bajo: bajo cero below zero,
9.2
bajo(a) short, **1.1**; low, **4.2**
la planta baja ground
floor, **6.2**
la nota baja low grade,
4.2
el **balneario** beach resort, **9.1**
el **balón** ball, **7.1**
tirar el balón to throw
(kick) the ball, **7.2**
el **baloncesto** basketball, **7.2**
la **banana** banana
la **banda** music band
el **bando** team
el **bañador** bathing suit **9.1**
bañarse to take a bath, **12.1**
el **baño** bathroom, **6.2**; bath
el cuarto de baño
bathroom, **6.2**
el traje de baño bathing
suit, **9.1**
barato(a) cheap,
inexpensive, **3.2**
la **barra: la barra de jabón**
bar of soap, **12.2**
basado(a) based (on)
basar to base
basarse to be based
la **báscula** scales, **11.1**
la **base** base, **7.2**; basis
básico(a) basic
el **básquetbol** basketball, **7.2**
la cancha de básquetbol
basketball court. **7.2**
bastante enough, rather,
quite, **1.1**
el **bastón** ski pole, **9.2**
la **batalla** battle

el **bate** bat, **7.2**
el/la **bateador(a)** batter, **7.2**
batear to hit (sports), **7.2**
el **batú** Taíno Indian game
el **bautizo** baptism
el/la **bebé** baby
beber to drink, **5.1**
la **bebida** beverage, drink
el **béisbol** baseball, **7.2**
el campo de béisbol
baseball field, **7.2**
el juego de béisbol
baseball game, **7.2**
**el/la jugador(a) de
béisbol** baseball player,
7.2
el/la **beisbolista** baseball player
bello(a) beautiful, pretty,
1.1
las bellas artes fine arts
la **berenjena** eggplant, **14.2**
la **bicicleta** bicycle
ir en bicicleta to go by
bike, **12.2**
bien fine, well, **BV**
muy bien very well, **BV**
la **bienvenida: dar la
bienvenida** to welcome,
11.2
el **biftec** steak, **14.2**
bilingüe bilingual
el **billete** ticket, **11.1**
el billete sencillo
one-way ticket, **13.1**
el billete de ida y vuelta
round-trip ticket, **13.1**
la **biografía** biography
la **biología** biology, **2.2**
biológico(a) biological
el/la **biólogo(a)** biologist
blanco(a) white, **3.2**
el **bloc** writing pad, **3.1**
bloquear to stop, block, **7.1**
el **blue jean** jeans, **3.2**
la **blusa** blouse, **3.2**
la **boca** mouth, **8.2**
el **bocadillo** sandwich, **5.1**
la **boletería** ticket window,
9.2
el **boleto** ticket, **9.2**
el **bolígrafo** ballpoint pen, **3.1**
la **bolsa** bag, **5.2**; pocketbook,
13.1
el **bolsillo** pocket
bonito(a) pretty, **1.1**

la **bota** boot, **9.2**
el **bote** can, **5.2**
la **botella: la botella de agua
mineral** bottle of mineral
water, **12.2**
el **brazo** arm, **7.1**
breve brief
brillante bright
brillar to shine, **9.1**
el **bronce** bronze, **10.2**
bronceado(a) tan
**bronceador(a): la loción
bronceadora** suntan
lotion, **9.1**
bucear to dive; to swim
underwater, **9.1**
el **buceo** diving, underwater
swimming, **9.1**
buen good
estar de buen humor to
be in a good mood, **8.1**
Hace buen tiempo. The
weather is nice., **9.1**
bueno(a) good, **1.2**
Buenas noches. Good
evening., **BV**
Buenas tardes. Good
afternoon., **BV**
Buenos días. Hello, Good
morning., **BV**
sacar una nota buena to
get a good grade, **4.2**
el **bus** bus, **4.1**
el bus escolar school
bus, **4.1**
busca: en busca de in
search of
buscar to look for, **3.1**
la **butaca** seat (theater), **10.1**

C

el **caballero** knight
el caballero andante
knight errant
el **caballete** easel
la **cabeza** head, **7.1**
el **cacahuete (cacahuate)**
peanut
cada each, every, **1.2**
la **cadena** chain (necklace)
el **café** coffee, **BV**; café, **5.1**
el café al aire libre
outdoor café
el café con leche coffee
with milk, **5.1**

el café solo black coffee, **5.1**

la **cafetería** cafeteria

la **caja** cash register, **3.1**

los **calcetines** socks, **3.2**

la **calculadora** calculator, **3.1**

calcular to calculate

el **cálculo** calculus, **2.2**

el **calle** street, **6.2**

el **calor: Hace calor.** It's hot., **9.1**

la **caloría** calorie

calzar to take, wear (shoe size), **3.2**

la **cama** bed, **8.1**

   guardar la cama to stay in bed, **8.1**

   hacer la cama to make the bed

el/la **camarero(a)** waiter, waitress, **5.1**

el **camarón** shrimp, **14.2**

cambiar to change; exchange

   cambiar de tren to change trains (transfer), **13.2**

caminar to walk

la **caminata: dar una caminata** to take a hike, **12.2**

el **camino** trail, path

el **camión** bus (Mex.), **10.1**

la **camisa** shirt, **3.2**

la **camiseta** T-shirt, undershirt, **3.2**

la **campaña** campaign

el/la **campeón(a)** champion

el **campeonato** championship

el **campo** country; field

   el campo de béisbol baseball field, **7.2**

   el campo de fútbol soccer field, **7.1**

   la casa de campo country home

el **canal** channel (TV)

la **canasta** basket, **7.2**

el **canasto** basket, **7.2**

la **cancha** court, **7.2**

   la cancha cubierta enclosed court, **9.1**

   la cancha de básquetbol basketball court, **7.2**

la **cancha de tenis** tennis court, **9.1**

la **canción** song

cansado(a) tired, **8.1**

cantar to sing, **4.2**

el **cante jondo** traditional flamenco singing

la **cantidad** amount

el **canto** singing

el **cañón** canyon

la **capital** capital

el/la **capitán** captain

el **capítulo** chapter

la **cara** face, **12.1**

el **carbohidrato** carbohydrate

cardinal: los punto cardinales cardinal points

el **cardo** thistle

el **Caribe** Caribbean

   el mar Caribe Caribbean Sea

la **carne** meat, **5.2**

   la carne de res beef, **14.2**

caro(a) expensive, **3.2**

la **carpeta** folder, **3.1**

el **carro** car, **4.1**

   en carro by car, **4.1**

la **carta** letter, **6.2**

la **casa** home, house, **6.2**

   la casa de apartamentos (departamentos) apartment house, **6.2**

   la casa de campo country home

   la casa privada (particular) private house, **6.2**

   en casa at home

casado(a): estar casado(a) to be married

el **casete** cassette, **4.2**

casi almost, practically

el **caso** case

el **catarro** cold (illness), **8.1**

   tener catarro to have a cold, **8.1**

el/la **cátcher** catcher, **7.2**

la **catedral** cathedral

la **categoría** category

católico(a) Catholic

catorce fourteen, **BV**

la **celebración** celebration

celebrar to celebrate

célebre famous

la **célula** cell

celular cellular

la **cena** dinner, **5.2**

cenar to have dinner

el **centavo** penny

central central

el **centro** center

cepillarse to brush one's hair, **12.1**

   cepillarse los dientes to brush one's teeth, **12.1**

el **cepillo** brush, **12.2**

   el cepillo de dientes toothbrush, **12.2**

cerca de near, **6.2**

el **cerdo** pig (pork), **14.2**

el **cereal** cereal, **5.2**

cero zero, **BV**

la **cesta** basket (jai alai)

el **cesto** basket, **7.2**

el **chaleco** vest

el **chalet** chalet

el **champú** shampoo, **12.2**

¡Chao! Good-bye!, **BV**

la **chaqueta** jacket, **3.2**

la **chaucha** string beans

el **cheque de viajero** traveler's check

chileno(a) Chilean

la **chimenea** chimney

la **china** orange (fruit)

el **chisme** piece of gossip

¡chist! shh!

el **choclo** corn

el **chocolate: de chocolate** chocolate (adj.), **5.1**

el **churro** (type of) doughnut

el **cielo** sky, **9.1**

las **ciencias** science, **2.2**

   las ciencias naturales natural sciences

   las ciencias sociales social sciences, **2.2**

el/la **científico(a)** scientist

científico(a) scientific

cien(to) one hundred, **3.2**

cinco five, **BV**

el **cine** movie theater, **10.1**

cincuenta fifty, **2.2**

el **círculo** circle

la **ciudad** city

el **clarinete** clarinet

¡claro! certainly!, of course!

la **clase** class (school) **2.1**; class (ticket). **13.1**

la apertura de clases beginning of the school year

la sala de clase classroom, **4.1**

el salón de clase classroom, **4.1**

primera clase first-class, **13.1**

segunda clase second-class, **13.1**

clásico(a) classic

clasificar to classify

el/la **cliente** customer, **5.1**

el **clima** climate

climático(a) climatic

la **clínica** clinic

el **club** club, **4.2**

el Club de español Spanish Club, **4.2**

el **coche** car, **4.1**; train car, **13.2**

en coche by car, **4.1**

el **coche-cafetería** cafeteria (dining) car, **13.2**

el **coche-cama** sleeping car, **13.2**

el **coche-comedor** dining car, **13.2**

la **cocina** kitchen, **6.2**

el/la **cocinero(a)** cook, **14.1**

la **coincidencia** coincidence

la **cola** line (queue), **10.1**

hacer cola to stand in line, **10.1**

la **colección** collection

el **colector** collector

el **colegio** school, **1.1**

el **colesterol** cholesterol

colgar (ue) to hang

colocar to put, place

colombiano(a) Colombian, **1.1**

la **colonia** suburb, colony

el **color** color, **3.2**

¿De qué color es? What color is it?, **3.2**

de color marrón brown, **3.2**

el/la **comandante** captain, **11.2**

el **comedor** dining room, **6.2**

comenzar (ie) to begin

comer to eat, **5.1**

el **comestible** food, **14.2**

cómico(a) funny, **1.1**

la **comida** food, meal, **5.2**

como like; as; since, **1.2**

¿cómo? how?, what?, **1.1**

¿Cómo está... ? How is. . . ?, **8.1**

¡Cómo no! Of course!

el **comodidad** comfort

compacto(a): el disco compacto compact disk, CD, **4.2**

el/la **compañero(a)** friend, **1.2**

la **compañía** company

la **comparación** comparison

comparar to compare

la **competencia** competition

la **competición** competition, contest

competir (i, i) to compete

completo(a) full (train), **13.2**

la **composición** composition

la **compra: ir de compras** to go shopping, to shop, **5.2**

comprar to buy, **3.1**

comprender to understand, **5.1**

la **computadora** computer

con with

con mucha plata rich

¿con quién? with whom?

con retraso with a delay, **13.2**

con una demora with a delay, **11.1**

el **conde** count

el **concierto** concert

la **condición** condition

el **condimento** seasoning

el **condominio** condominium

conectar to connect

la **conferencia** lecture

Conforme. Agreed, Fine., **14.2**

congelado(a): los productos congelados frozen food, **5.2**

el **conjunto** set, collection

conocer to know, to be familiar with, **11.1**

la **conquista** conquest

conquistar to conquer

consentir (ie, i) to allow, tolerate

conservar to save

considerar to consider

consistir (en) to consist of

la **consulta: la consulta del médico** doctor's office, **8.2**

consultar to consult, **13.1**

el **consultorio** medical office, **8.2**

el/la **consumidor(a)** consumer

el **consumo** consumption

consumir to consume

el **contacto** touch

la **contaminación** pollution

contaminado(a) polluted

contaminar to pollute

contener to contain

contento(a) happy, **8.1**

contestar to answer

el **continente** continent

continuar to continue, **7.2**

contra against, **7.1**

el **control** inspection, **11.1**

el control de pasaportes passport inspection, **11.1**

el control de seguridad security check, **11.1**

controlar to control

conversar to talk, speak

convertir (ie, i) to convert, transform

la **copa: la Copa mundial** World Cup

copiar to copy

el/la **copiloto** copilot, **11.2**

el **corazón** heart

la **corbata** tie, **3.2**

el **cordero** lamb, **14.2**

el **cordoncillo** piping (embroidery)

la **coreografía** choreography

la **córnea** cornea

el **coro** choir, chorus

el **correo: el correo electrónico** e-mail, electronic mail

correr to run, **7.2**

cortar to cut

la **cortesía** courtesy, **BV**

corto(a) short, **3.2**

el pantalón corto shorts, **3.2**

la **cosa** thing

coser to sew

la **costa** coast

costar (ue) to cost, **3.1**

costarricense Costa Rican

la **costumbre** custom

la **costura** sewing

crear to create

crédito: la tarjeta de crédito credit card, **14.1**

creer to believe, **8.2;** to think so

el **crecimiento** growth

la **crema: la crema de afeitar** shaving cream, **12.1**

la crema protectora sunblock, **9.1**

criollo(a) Creole

cristiano(a) Christian

cruzar to cross

el **cuaderno** notebook, **3.1**

el **cuadro** painting, **10.2**

¿cuál? which?, what?, **BV**

¿Cuál es la fecha de hoy? What is today's date?, **BV**

¿cuáles? which ones?, what?

cuando when, **4.2**

¿cuándo? when?, **4.1**

¿cuánto? how much?, **3.1**

¿A cuánto está(n)... ? How much is (are) . . . ?, **5.2**

¿Cuánto es? How much does it cost?, **3.1**

¿Cuánto cuesta(n)... ? How much do(es) . . . cost?, **3.1**

¿cuántos(as)? how many?, **2.1**

cuarenta forty, **2.2**

el **cuarto** room, bedroom **6.2;** quarter

el cuarto de baño bathroom, **6.2**

el cuarto de dormir bedroom

menos cuarto a quarter to (the hour)

y cuarto a quarter past (the hour)

cuarto(a) fourth, **6.2**

cuatro four, **BV**

cuatrocientos(as) four hundred, **3.2**

cubano(a) Cuban

cubanoamericano(a) Cuban-American

cubrir to cover

la **cuchara** tablespoon, **14.1**

la **cucharita** teaspoon, **14.1**

el **cuchillo** knife, **14.1**

el **cuello** neck

la **cuenca** basin

la **cuenta** bill, check, **5.1**

el/la **cuentista** short-story writer

el **cuento** story

la **cuerda** string (instrument)

el **cuerpo** body

¡cuidado! careful!

con mucho cuidado very carefully

cultivar to cultivate

el **cumpleaños** birthday, **6.1**

cumplir: cumplir... años to be . . . years old, **6.1**

el/la **curandero(a)** folk healer

el **curso** course, class, **2.1**

el curso obligatorio required course

el curso opcional elective course

D

la **dama** lady-in-waiting, woman

la **danza** dance

dar to give, **4.2**

dar a entender to imply that

dar auxilio to help

dar énfasis to emphasize

dar la mano to shake hands

dar un examen to give a test, **4.2**

dar una fiesta to give (throw) a party, **4.2**

dar una representación to put on a performance, **10.2**

datar to date

los **datos** data, information

de of, from, for, **BV**

de... a... from (time) to (time), **2.2**

de joven as a young person

De nada. You're welcome., **BV**

de ninguna manera by no means, **1.1**

de vez en cuando sometimes

debajo (de) under, below

deber must; should; to owe

decidir to decide

décimo(a) tenth, **6.2**

decir to say, **13**

¡Diga! Hello! (answering the telephone—Spain), **14.2**

declarar to declare

el **dedo** finger

el **defecto** fault, flaw

definitivamente once and for all

dejar to leave (something), **14.1;** to let, allow

del of the, from the

delante de in front of, **10.1**

delantero(a) front

delgado(a) thin

delicioso(a) delicious

demás other, rest

demasiado too much

la **demora: con una demora** with a delay, **11.1**

dentífrico(a): la pasta dentífrica toothpaste, **12.2**

dentro de within

dentro de poco soon

el **departamento** apartment, **6.2**

la casa de departamentos apartment house, **6.2**

depender (de) to depend (on)

el/la **dependiente(a)** employee, **3.1**

el **deporte** sport, **7.1**

el deporte de equipo team sport

el deporte individual individual sport

deportivo(a) (related to) sports, **6.2**

la emisión deportiva sports program (TV), **6.2**

derecho(a) right, **7.1**

derrotar to defeat

desagradable unpleasant

desamparado(a): los niños desamparados homeless children

desayunarse to eat breakfast, **12.1**

el **desayuno** breakfast, **5.2**

tomar el desayuno to eat breakfast, **12.1**

el/la **descendiente** descendant

describir to describe

descubrir to discover

el **descuento** discount

desde since

desear to want, wish, **3.2**

¿Qué desea Ud.? May I help you? (in a store), **3.2**

los **desechos** waste

desembarcar to disembark, **11.2**

el **desierto** desert

despachar to sell, **8.2**

despertarse (ie) to wake up, **12.1**

despegar to take off (airplane), **11.2**

después (de) after, **5.1**; later

el **destino** destination, **11.1**

con destino a to

devolver (ue) to return (something), **7.2**

el **día** day, **BV**

Buenos días. Good morning., **BV**

hoy (en) día nowadays, these days

¿Qué día es (hoy)? What day is it (today)?, **BV**

la **diagnosis** diagnosis, **8.2**

el **diálogo** dialog

el **diamante** diamond

dibujar to draw

el **dibujo** drawing

diciembre December, **BV**

diecinueve nineteen, **BV**

dieciocho eighteen, **BV**

dieciséis sixteen, **BV**

diecisiete seventeen, **BV**

el **diente: cepillarse los dientes** to brush one's teeth, **12.1**

el cepillo de dientes toothbrush, **12.2**

diez ten

la **diferencia** difference

diferente different

difícil difficult, **2.1**

¡Diga! Hello! (telephone), **14.2**

diminuto(a) tiny, minute

la **dinamita** dynamite

el **dinero** money, **14.1**

el dinero en efectivo cash

¡Dios mío! Gosh!

la **dirección** address; direction

en dirección a toward

directo(a) direct

el/la **director(a)** director, principal

la **disciplina** subject area (school), **2.2**

el **disco: el disco compacto** compact disk, CD, **4.2**

discutir to discuss

el/la **diseñador(a)** designer

el **diseño** design

disfrutar to enjoy

la **disputa** quarrel, argument

el **disquete** diskette, **3.1**

la **distancia** distance

la **diversión** amusement

divertido(a) fun, amusing

divertirse (ie, i) to enjoy oneself, **12.2**

dividir to divide

la **división** division

divorciarse to get divorced

doblado(a) dubbed, **10.1**

dobles doubles, **9.1**

doce twelve, **BV**

la **docena** dozen

el/la **doctor(a)** doctor

el **dólar** dollar

doler (ue) to hurt, **8.2**

Me duele(n)... My . . . hurt(s) me, **8.2**

el **dolor** pain, ache, **8.1**

el dolor de cabeza headache, **8.1**

el dolor de estómago stomachache, **8.1**

el dolor de garganta sore throat, **8.1**

Tengo dolor de... I have a pain in my . . . , **8.2**

doméstico(a) domestic

la economía doméstica home economics, **2.2**

el **domingo** Sunday, **BV**

dominicano(a) Dominican, **2.1**

la **República Dominicana** Dominican Republic

don courteous way of addressing a male

donde where, **1.2**

¿dónde? where?, **1.2**

dormido(a) asleep

dormir (ue, u) to sleep

el saco de dormir sleeping bag, **12.2**

dormirse (ue, u) to fall asleep, **12.1**

el **dormitorio** bedroom, **6.2**

dos two, **BV**

doscientos(as) two hundred, **3.2**

la **dosis** dose, **8.2**

el/la **dramaturgo(a)** playwright

driblar to dribble, **7.2**

la **droga** drug

la **ducha** shower, **12.1**

tomar una ducha to take a shower, **12.1**

la **duda** doubt

dulce: el pan dulce sweet roll, **5.1**

la **duración** duration

durante during

duro(a) hard, difficult, **2.1**

E

echar to throw

echar (tomar) una siesta to take a nap

echarle flores to pay someone a compliment

la **ecología** ecology

ecológico(a) ecological

la **economía** economics; economy

la economía doméstica home economics, **2.2**

económico(a) economical, **12.2**

la **ecuación** equation

ecuatoriano(a) Ecuadorean, **2.1**

la **edad** age

el **edificio** building

la **educación** education

la educación física physical education, **2.2**

efectivo: en efectivo in cash

el **ejemplo: por ejemplo** for example

el **ejote** string beans

el the *(m. sing.)*, **1.1**

él he, **1.1**

electrónico(a) electronic

el correo electrónico e-mail, electronic mail

la **elevación** elevation

elevado(a) elevated

elevar to elevate

ella she, **1.1**

ellos(as) they, **2.1**

el **elote** corn (Mex.)

embarcar to board, **11.2**

embarque: la tarjeta de embarque boarding pass, **11.1**

la puerta de embarque departure gate

la **emisión** program (TV), **6.2**; emission

la emisión deportiva sports program, **6.2**

emitir to emit

la **emoción** emotion

emocional emotional

empatado(a) tied (score), **7.1**

El tanto queda empatado. The score is tied., **7.1**

empezar (ie) to begin, **7.1**

el/la **empleado(a)** employee, **3.1**

en in; on

en aquel entonces at that time

en punto on the dot, sharp, **4.1**

el/la **enamorado(a)** sweetheart, lover

encantador(a) charming

encantar to delight

encender (ie) to light

encima: por encima de above, **9.1**

la **energía** energy

encestar to put in (make) a basket, **7.2**

encontrar (ue) to find

el/la **enemigo(a)** enemy

enero January, **BV**

el **énfasis: dar énfasis** to emphasize

enfatizar to emphasize

la **enfermedad** illness

enfermo(a) sick, **8.1**

el/la **enfermo(a)** sick person, **8.1**

el **enganche** down payment

enlatado(a) canned

la **ensalada** salad, **5.1**

enseguida right away, immediately, **5.1**

enseñar to teach, **4.1**

entero(a) entire, whole

enterrar (ie) to bury

el **entierro** burial

entonces then

en aquel entonces at that time

la **entrada** inning, **7.2**; admission ticket, **10.1**

entrar to enter, **4.1**

entrar en escena to come (go) on stage, **10.2**

entre between, **7.1**

entregar to deliver

la **entrevista** interview

enviar to send

envuelto(a) wrapped

el **episodio** episode

la **época** period of time, epoch

el **equilibrio** equilibrium

el **equipaje** baggage, luggage, **11.1**

el equipaje de mano carry-on luggage, **11.1**

el **equipo** team, **7.1**; equipment

el deporte de equipo team sport, **7.2**

erróneo(a) wrong, erroneous

la **escala** stopover

la **escalera** stairway, **6.2**

los **escalofríos** chills, **8.1**

escamotear to secretly take

escapar to escape

la **escena** scene

entrar en escena to come (go) on stage, **10.2**

el **escenario** scenery, set (theater), **10.2**

escoger to choose

escolar (related to) school, **2.1**

el bus escolar school bus, **4.1**

el horario escolar school schedule

los materiales escolares school supplies, **3.1**

la vida escolar school life

esconder to hide

escribir to write, **5.1**

escuchar to listen (to), **4.2**

el **escudero** squire, knight's attendant

la **escuela** school, **1.1**

la escuela intermedia middle school

la escuela primaria elementary school

la escuela secundaria high school, **1.1**

la escuela superior high school

el/la **escultor(a)** sculptor, **10.2**

la **escultura** sculpture

esencialmente essentially

eso: a eso de at about (time), **4.1**

el **espagueti** spaghetti

espantoso frightful

la **España** Spain, **1.2**

el **español** Spanish, **2.2**

español(a) Spanish *(adj.)*

la **espátula** palette knife, spatula

especial special

la **especialidad** specialty

especialmente especially

el **espectáculo** show, **10.2**

ver un espectáculo to see a show, **10.2**

el/la **espectador(a)** spectator, **7.1**

el **espejo** mirror, **12.1**

espera: la sala de espera waiting room, **13.1**

esperar to wait (for), **11.1**

espontáneo(a) spontaneous

la **esposa** wife, spouse, **6.1**

el **esposo** husband, spouse, **6.1**

el **esquí** skiing, **9.2**; ski

el esquí acuático waterskiing, **9.1**

el/la **esquiador(a)** skier, **9.2**

esquiar to ski, **9.2**

esquiar en el agua to water-ski, **9.1**

la **estación** season, **BV**; resort; station, **10.1**

la estación de esquí ski resort, **9.2**

la estación de ferrocarril train station, **13.1**

la estación de metro subway station, **10.1**

el **estadio** stadium, **7.1**

el **estado** state

los Estados Unidos United States

estadounidense from the United States

estar to be, **4.1**

estar resfriado(a) to have a cold, **8.1**

la **estatua** statue, **10.2**

el **este** east

estereofónico(a) stereo

el **estilo** style

estimado(a) esteemed

el **estómago** stomach, **8.1**

estornudar to sneeze, **8.1**

la **estrategia** strategy

la **estrella** star

la **estructura** structure

el/la **estudiante** student

estudiantil (relating to) student

estudiar to study, **4.1**

el **estudio** study

estupendo(a) stupendous

eterno(a) eternal

étnico(a) ethnic

la **Europa** Europe

exactamente exactly

exagerar to exaggerate

el **examen** test, exam, **4.2**

examinar to examine, **8.2**

la **excavación** excavation

excavar to dig, excavate

exceder to exceed

excelente excellent

la **excepción** exception

exclamar to exclaim

exclusivamente exclusively

la **exhibición** exhibition

existir to exist

el **éxito** success

la **expedición** expedition

la **experiencia** experience

el/la **experto(a)** expert, **9.2**

explicar to explain, **4.2**

el/la **explorador(a)** explorer

la **explosión** explosion

la **exposición (de arte)** (art) exhibition, **10.2**

la **expresión: el modo de expresión** means of expression

extranjero(a) foreign

el **país extranjero** foreign country, **11.2**

el/la **extranjero(a)** foreigner

extraordinario(a) extraordinary

F

la **fábrica** factory

fabuloso(a) fabulous

fácil easy, **2.1**

la **factura** invoice

facturar el equipaje to check luggage, **11.1**

la **Facultad** school (of a university)

la **faja** sash

la **falda** skirt, **3.2**

la **fama** fame

la **familia** family, **6.1**

familiar (related to the) family

famoso(a) famous, **1.2**

fantástico(a) fantastic, **1.2**

el/la **farmacéutico(a)** druggist, pharmacist, **8.2**

la **farmacia** drugstore, **8.2**

fascinar to fascinate

febrero February, **BV**

la **fecha** date, **BV**

¿Cuál es la fecha de hoy? What is today's date?, **BV**

feo(a) ugly, **1.1**

la **fiebre** fever, **8.1**

tener fiebre to have a fever, **8.1**

fiel faithful

la **fiesta** party

dar una fiesta to give (throw) a party, **4.2**

la **figura** figure

figurativo(a) figurative

fijo(a) fixed

la **fila** line (queue); row (of seats), **10.1**

el **film** film, **10.1**

el **fin** end

a fines de at the end of

el fin de semana weekend, **BV**

el **final: al final (de)** at the end (of)

las **finanzas** finances

la **física** physics, **2.1**

físico(a): la educación física physical education, **2.2**

flaco(a) thin, **1.2**

la **flauta** flute

flechar to become enamored of (to fall for)

la **flor** flower

formar to make up, to form

la **foto** photo

la **fotografía** photograph

el **francés** French, **2.2**

franco(a) frank, candid, sincere

la **frase** phrase, sentence

frecuentemente frequently

freír (i, i) to fry, **14.1**

fresco(a) fresh

el **frijol** bean, **5.2**

el **frío: Hace frío.** It's cold., **9.2**

frito(a) fried, **5.1**

las papas fritas French fries, **5.1**

el **frontón** wall (of a jai alai court)

la **fruta** fruit, **5.2**

la **fuente** source

fuerte strong

fumar: la sección de (no) fumar (no) smoking area, **11.1**

la **función** performance, **10.2**

el **funcionamiento** functioning

la **fundación** foundation

fundar to found, establish

la **furia** fury

furioso(a) furious

el **fútbol** soccer, **7.1**

el campo de fútbol soccer field, **7.1**

el **futuro** future

G

las **gafas de sol** sunglasses, **9.1**

el **galán** beau, heartthrob

el **galón** gallon

gallardo(a) gallant, fine-looking

ganar to win, **7.1**; to earn
la **ganga** bargain
el **garaje** garage, **6.2**
la **garganta** throat, **8.1**
el **gas** gas
gastar to spend
el/la **gato(a)** cat, **6.1**
general: en general generally
por lo general in general
generalmente usually, generally
el **género** genre
generoso(a) generous, **1.2**
la **gente** people
la **geografía** geography, **2.2**
la **geometría** geometry, **2.2**
geométrico(a) geometric
el **gigante** giant
el **gimnasio** gymnasium
la **gira** tour, **12.2**
el **gol: meter un gol** to score a goal, **7.1**
el **golfo** gulf
golpear to hit, **9.2**
la **goma: la goma de borrar** eraser, **3.1**
gordo(a) fat, **1.2**
la **gorra** cap, hat, **3.2**
gozar to enjoy
Gracias Thank you., **BV**
gracioso(a) funny, **1.1**
el **grado** degree (temperature), **9.2**
la **gramática** grammar
el **gramo** gram
gran, grande big, large, great
las Grandes Ligas Major Leagues
el **grano** grain
la **grasa** fat
grave serious, grave
la **gripe** flu, **8.1**
gris gray, **3.2**
el **grupo** group
la **guagua** bus (P.R., Cuba), **10.1**
el **guante** glove, **7.2**
guapo(a) handsome, **1.1**
guardar to guard, **7.1**; to keep
guardar cama to stay in bed, **8.1**
guatemalteco(a) Guatemalan

la **guerra** war
la **guerrilla** guerrilla
el/la **guía** tour guide
el **guisante** pea, **5.2**
la **guitarra** guitar
gustar to like, to be pleasing
el **gusto** pleasure
Mucho gusto. Nice to meet you.

H

la **habichuela** bean, **5.2**
la **habichuela tierna** string bean
la **habitación** bedroom
el/la **habitante** inhabitant
habla: los países de habla española Spanish-speaking countries
hablar to speak, talk, **3.1**
hace: Hace buen tiempo. The weather is nice., **9.1**
Hace calor. It's hot., **9.1**
Hace frío. It's cold., **9.2**
Hace mal tiempo. The weather is bad., **9.1**
Hace sol. It's sunny., **9.1**
hacer to do, to make
hacer caso to pay attention
hacer la cama to make the bed,
hacer la maleta to pack one's suitcase
hacer un viaje to take a trip, **11.1**
hacia toward
hallar to find
la **hamburguesa** hamburger, **5.1**
hambe: tener hambre to be hungry, **14.1**
hasta until, **BV**
¡Hasta luego! See you later!, **BV**
¡Hasta mañana! See you tomorrow!, **BV**
¡Hasta pronto! See you soon!, **BV**
hay there is, there are, **BV**
hay que one must
Hay sol. It's sunny., **9.1**
No hay de qué. You're welcome., **BV**

hecho(a) made
helado(a): el té helado iced tea, **5.1**
el **helado** ice cream, **5.1**
el helado de chocolate chocolate ice cream, **5.1**
el helado de vainilla vanilla ice cream, **5.1**
el **hemisferio norte** northern hemisphere
el **hemisferio sur** southern hemisphere
la **herencia** inheritance
la **hermana** sister, **6.1**
el **hermano** brother, **6.1**
hermoso(a) beautiful, pretty, **1.1**
el/la **héroe** hero
higiénico(a): el papel higiénico toilet paper, **12.2**
la **hija** daughter, **6.1**
el **hijo** son, **6.1**
los hijos children, **6.1**
hispano(a) Hispanic
hispanoamericano(a) Spanish-American
hispanohablante Spanish-speaking
el/la **hispanohablante** Spanish speaker
la **historia** history, **2.2**; story
el/la **historiador(a)** historian
histórico(a) historical
la **historieta** little story
la **hoja: la hoja de papel** sheet of paper, **3.1**
¡Hola! Hello!, **BV**
el **hombre** man
¡hombre! good heavens!, you bet!
honesto(a) honest, **1.2**
el **honor** honor
la **hora** hour; time
¿A qué hora? At what time?, **2.2**
¿Qué hora es? What time is it?, **2.2**
la hora de salida departure hour
el **horario** schedule, **13.1**
el horario escolar school schedule
horrible horrible

el **hospital** hospital
la **Hostia** Host (relig.)
el **hostal** inexpensive hotel, **12.2**
el **hotel** hotel
  hoy today, **BV**
  hoy (en) día nowadays, these days
el **huarache** sandal
el **huevo** egg, **5.2**
  humano(a): el ser humano human being
  humilde humble
el **humor** mood, **8.1**
  estar de buen humor to be in a good mood, **8.1**
  estar de mal humor to be in a bad mood, **8.1**
el **huso horario** time zone

I
  ida: de ida y vuelta round-trip (ticket), **13.1**
la **idea** idea
  ideal ideal, **1.2**
el/la **idealista** idealist
la **iglesia** church
  igual equal
la **ilusión** illusion
  imaginado(a) imagined, dreamed of
  imaginar to imagine
  importante important
  imposible impossible
la **impresora** printer
el/la **inca** Inca
  incluido(a): ¿Está incluido el servicio? Is the tip included?, **5.1**
  incluir to include, **5.1**
  increíble incredible
la **independencia** independence
el **indicador: el tablero indicador** scoreboard, **7.1**
  indicar to indicate, **11.1**
  indígena native, indigenous
el/la **indígena** native person
  indio(a) Indian
  indispensable indispensable
  individual individual

el **deporte individual** individual sport
el **individuo** individual
  industrial industrial
la **influencia** influence
la **información** information
  informar to inform, **13.2**
la **informática** computer science, **2.2**
el **inglés** English, **2.2**
  inmediatamente immediately
  inmediato(a) immediate
  inmenso(a) immense
  inspeccionar to inspect, **11.1**
el **instante** instant
la **instrucción** instruction
el **instrumento** instrument
  el instrumento musical musical instrument
  íntegro(a) integral
  inteligente intelligent, **2.1**
el **interés** interest
  interesante interesting, **2.1**
  interesar to interest
  intermedio(a): la escuela intermedia middle school
  internacional international
la **interpretación** interpretation
  íntimo(a) intimate
  inverso(a) reverse
la **investigación** investigation
el/la **investigador(a)** researcher
el **invierno** winter, **BV**
la **invitación** invitation
  invitar to invite, **6.1**
la **inyección** injection, **8.2**
  ir to go, **4.1**
  ir a + *infinitive* to be going to (do something)
  ir a pie to go on foot, to walk **4.1**
  ir de compras to go shopping, **5.2**
  ir en bicicleta to go by bicycle, **12.2**
  ir en carro (coche) to go by car, **4.1**
  ir en tren to go by train
la **isla** island
  italiano(a) Italian
  izquierdo(a) left, **7.1**

J
el **jabón** soap, **12.2**
  la barra (pastilla) de jabón bar of soap, **12.2**
  jamás never
el **jamón** ham, **5.1**
el **jardín** garden, **6.2**
el/la **jardinero(a)** outfielder, **7.2**
el **jet** jet
el **jonrón** home run, **7.2**
  joven young, **6.1**
  de joven as a young person
el/la **joven** youth, young person, **10.1**
la **judía: la judía verde** green bean, **5.2**
el **juego** game
  el juego de béisbol baseball game, **7.2**
  el juego de tenis tennis game, **9.1**
  los Juegos Olímpicos Olympic Games
el **jueves** Thursday, **BV**
el/la **jugador(a)** player, **7.1**
  el/la jugador(a) de béisbol baseball player, **7.2**
  jugar (ue) to play, **7.1**
  jugar (al) béisbol (fútbol, baloncesto, etc.) to play baseball (soccer, basketball, etc.) **7.1**
el **jugo** juice
  el jugo de naranja orange juice, **12.1**
el **juguete** toy
  julio July, **BV**
la **jungla** jungle
  junio June, **BV**
  junto(a) together
  juvenil: el albergue juvenil youth hostel, **12.2**

K
el **kilo** kilogram, **5.2**
el **kilómetro** kilometer

L
  la the *(f. sing.)*, **1.1**; it, her *(pron.)*
el **laboratorio** laboratory
el **lado** side

el **lago** lake
el **lamento** lament
la **lana** wool
la **langosta** lobster, 14.2
la **lanza** lance
el/la **lanzador(a)** pitcher, 7.2
lanzar to throw, 7.1
el **lápiz** pencil, 3.1
largo(a) long, 3.2
las them (f. pl.) (pron.)
la **lata** can, 5.2
lateral side (adj.), 13.2
el **latín** Latin, 2.2
latino(a) Latin (adj.)
Latinoamérica Latin America, 1.1
latinoamericano(a) Latin American
lavarse to wash oneself, 12.1
lavarse los dientes to brush one's teeth, 12.1
le to him, to her; to you (formal) (pron.)
la **lección** lesson, 4.2
la **leche** milk
el café con leche coffee with milk, 5.1
el **lechón** suckling pig
la **lechuga** lettuce, 5.2
la **lectura** reading
leer to read, 5.1
la **legumbre** vegetable, 14
la **lengua** language, 2.2
el **lenguaje** language
les to them; to you (formal pl.) (pron.)
la **letra** letter (of alphabet)
levantar to lift
levantarse to get up, 12.1
el/la **libertador(a)** liberator
la **libra** pound
libre free, 5.1
al aire libre outdoor (adj.)
el **libro** book, 3.1
el **liceo** high school
el **lienzo** canvas (painting)
la **liga** league
las Grandes Ligas Major Leagues
ligero(a) light (cheerful)
limeño(a) from Lima (Peru)
la **limonada** lemonade, BV
lindo(a) pretty, 1.1
la **línea** line

la **línea aérea** airline
la **línea ecuatorial** equator
la **línea paralela** parallel line
la **línea telefónica** telephone line
el **lípido** lipid, fat
líquido(a) liquid
listo(a) ready
la **litera** berth, 13.2
literal literal
literario(a) literary
la **literatura** literature, 2.1
el **litro** liter
llamado(a) called
llamar to call
llamarse to be named, to call oneself, 12.1
la **llegada** arrival, 11.1
llegar to arrive, 4.1
lleno(a) full
llevar to carry, 3.1; to wear, 3.2; to bring, 6.1; to bear; to have (subtitles, ingredients, etc.)
llover (ue) to rain
Llueve. It's raining., 9.1
la **lluvia** rain
lo it; him (m. sing.) (pron.)
lo que what, that which
local local, 13.2
la **loción: la loción bronceadora** suntan lotion, 9.1
loco(a) insane
los them (m. pl.) (pron.)
el **loto** lotto
luchar to fight
luego later; then, BV
¡Hasta luego! See you later!, BV
el **lugar** place
lujo: de lujo deluxe
lujoso(a) luxurious
la **luna** moon
el **lunes** Monday, BV
la **luz** light

M

la **madre** mother, 6.1
madrileño(a) native of Madrid
la **madrina** godmother
el/la **maestro(a)** teacher; master

magnífico(a) magnificent
el **maíz** corn, 14.2
mal bad, 14.2
estar de mal humor to be in a bad mood, 8.1
Hace mal tiempo. The weather's bad., 9.1
la **maleta** suitcase, 11.1
la **maletera** trunk (of a car), 13.1
el/la **maletero(a)** porter, 11.1
malhumorado(a) bad-tempered
malo(a) bad, 2.1
sacar una nota mala to get a bad grade, 4.2
la **mamá** mom
la **manera** way, manner, 1.1
de ninguna manera by no means, 1.1
el **maní** peanut
la **mano** hand, 7.1
dar la mano to shake hands
el **mantel** tablecloth, 14.1
mantener to maintain
la **manzana** apple, 5.2
mañana tomorrow, BV
¡Hasta mañana! See you tomorrow!, BV
la **mañana** morning
de la mañana A.M. (time), 2.2
por la mañana in the morning
el **mapa** map
el **maquillaje** makeup, 12.1
poner el maquillaje to put one's makeup on, 12.1
maquillarse to put one's makeup on, 12.1
el **mar** sea, 9.1
el mar Caribe Caribbean Sea
maravilloso(a) marvelous
el **marcador** marker, 3.1
marcar: marcar un tanto to score a point, 7.1
el **marido** husband, 6.1
los **mariscos** shellfish, 5.2
marrón: de color marrón brown, 3.2
el **martes** Tuesday, BV

marzo March, **BV**

más more, **2.2**

    más tarde later

    más o menos more or less

la **masa** mass

las **matemáticas** mathematics, **2.1**

la **materia** matter, subject

el **material: los materiales escolares** school supplies, **3.1**

el **matrimonio** marriage

el/la **maya** Maya

    mayo May, **BV**

    mayor greater

    la mayor parte the greater part, the most

la **mayoría** majority

me me *(pron.)*

la **medalla** medal

media: y media half-past (time), **2.2**

la **medianoche** midnight, **2.2**

el **medicamento** medicine (drugs), **8.2**

la **medicina** medicine (discipline), **8.2**

el/la **médico(a)** doctor, **8.2**

la **medida** measurement

el **medio** medium, means

    el medio de transporte means of transportation

medio(a) half, **5.2**

    media hora half an hour

el **mediodía** noon

medir (i, i) to measure

melancólico(a) melancholic

menos less, fewer

    menos cuarto a quarter to (the hour)

la **mensualidad** monthly installment

el **menú** menu, **5.1**

el **mercado** market, **5.2**

el **merengue** merengue

la **merienda** snack, **4.2**

    tomar una merienda to have a snack, **4.2**

la **mermelada** marmalade

el **mes** month, **BV**

la **mesa** table, **5.1**; plateau

la **mesera** waitress, **5.1**

el **mesero** waiter, **5.1**

el/la **mestizo(a)** mestizo

el **metabolismo** metabolism

el **metal: instrumentos de metal** brass (instruments in orchestra)

meter to put, place, **7.1**

    meter un gol to score a goal, **7.1**

el **método** method

el **metro** subway, **10.1**; meter

mexicano(a) Mexican, **1.1**

mexicanoamericano(a) Mexican-American

la **mezcla** mixture

mi my

mí (to) me *(pron.)*

el **microbio** microbe

microscópico(a) microscopic

el **microscopio** microscope

el **miedo** fear

    tener miedo to be afraid

el **miembro** member, **4.2**

mientras while

el **miércoles** Wednesday, **BV**

mil (one) thousand, **3.2**

la **milla** mile

el **millón** million

el **minuto** minute

mirar to look at, watch, **3.1**

    mirarse to look at oneself, **12.1**

    ¡Mira! Look!

mismo(a) same, **2.1**; itself

el **misterio** mystery

misterioso(a) mysterious

mixto(a) co-ed (school)

la **mochila** backpack, **3.1**; knapsack, **12.2**

la **modalidad** mode, type

el/la **modelo** model

el **módem** modem

moderno(a) modern

el **modo** manner, way

    el modo de expresión means of expression

el **molino de viento** windmill

el **momento** moment

la **moneda** coin, currency

el **monitor** monitor

monocelular single-celled

el **monstruo** monster

la **montaña** mountain, **9.2**

montañoso(a) mountainous

montar (caballo) to mount, get on (horse)

el **monumento** monument

moreno(a) dark, brunette, **1.1**

morir (ue, u) to die

el **mostrador** counter, **11.1**

el **motivo** reason, motive; theme

el **motor** motor

mover (ue) to move

el **movimiento** movement

el **mozo** porter, **13.1**

la **muchacha** girl, **1.1**

el **muchacho** boy, **1.1**

mucho(a) a lot; many, **2.1**

    Mucho gusto. Nice to meet you.

los **muebles** furniture

la **muerte** death

la **mujer** wife, **6.1**

el/la **mulato(a)** mulatto

la **multiplicación** multiplication

multiplicar to multiply

mundial worldwide, (related to the) world

    la Copa mundial World Cup

    la Serie mundial World Series

el **mundo** world

    todo el mundo everyone

el **mural** mural, **10.2**

el/la **muralista** muralist, **10**

el **museo** museum, **10.2**

la **música** music, **2.2**

el/la **músico(a)** musician

muy very, **BV**

    muy bien very well, **BV**

N

nacer to be born

nacido(a) born

nacional national

la **nacionalidad** nationality, **1.2**

    ¿de qué nacionalidad? what nationality?

nadar to swim, **9.1**

el **narcótico** narcotic

nada nothing, **5.2**

    De nada. You're welcome., **BV**

    Nada más. Nothing else., **5.2**

Por nada. You're welcome., **BV**
nadie no one
la **naranja** orange, **5.2**
la **natación** swimming, **9.1**
natural: los recursos naturales natural resources, **2.1**
las ciencias naturales natural sciences
la **navaja** razor, **12.1**
navegar to navigate
navegar por la red to surf the Net
la **Navidad** Christmas
necesario(a) necessary
necesitar to need, **3.1**
negro(a) black, **3.2**
nervioso(a) nervous, **8.1**
nevar (ie) to snow, **9.2**
la **nieta** granddaughter, **6.1**
el **nieto** grandson, **6.1**
la **nieve** snow, **9.2**
ninguno(a) not any, none
de ninguna manera by no means, **1.1**
el/la **niño(a)** child
los niños desamparados homeless children
el **nivel** level
no no, **BV**
No hay de qué. You're welcome., **BV**
no hay más remedio there's no other alternative
noble noble
la **noche** night, evening
Buenas noches. Good night., **BV**
esta noche tonight, **9.2**
de la noche P.M. (time), **2.2**
por la noche in the evening, at night
la **Nochebuena** Christmas Eve
el **nombre** name
¿a nombre de quién? in whose name?, **14.2**
el **noroeste** northwest
el **norte** north
norteamericano(a) North American
nos (to) us *(pl. pron.)*
nosotros(as) we, **2.2**

la **nota** grade, **4.2**
la nota buena (alta) good (high) grade, **4.2**
la nota mala (baja) bad (low) grade, **4.2**
sacar una nota buena (mala) to get a good (bad) grade, **4.2**
notable notable
notar to note
las **noticias** news, **6.2**
novecientos(as) nine hundred, **3.2**
la **novela** novel
el/la **novelista** novelist
noveno(a) ninth, **6.2**
noventa ninety, **2.2**
noviembre November, **BV**
el/la **novio(a)** boyfriend/girlfriend; fiancé(e)
la **nube** cloud, **9.1**
Hay nubes. It's cloudy., **9.1**
nublado(a) cloudy, **9.1**
nuestro(a) our
nueve nine, **BV**
nuevo(a) new
de nuevo again
el **número** number, **1.2;** size (shoes), **3.2**
el número del asiento seat number, **11.1**
el número del vuelo flight number, **11.1**
nupcial nuptial, wedding
la **nutrición** nutrition

O

el **objeto** object
obligatorio(a): el curso obligatorio required course
la **obra** work
la obra de arte work of art
la obra dramática play
la obra teatral play, **10.2**
la **observación** observation
el/la **observador(a)** observer
observar to observe
el **obstáculo** obstacle
obtener to obtain
el **océano** ocean
ochenta eighty, **2.2**

ocho eight, **BV**
ochocientos(as) eight hundred, **3.2**
octavo(a) eighth, **6.2**
octubre October, **BV**
ocupado(a) occupied, taken, **5.1**
el **oeste** west
oficial official
ofrecer to offer
la **oftalmología** ophthalmology
oír to hear
el **ojo** eye, **8.2**
la **ola** wave, **9.1**
el **óleo** oil
la **oliva: el aceite de oliva** olive oil
once eleven, **BV**
la **onza** ounce
opcional: el curso opcional elective course
la **ópera** opera
el/la **operador(a)** operator
la **opereta** operetta
opinar to think
oralmente orally
la **orden** order (restaurant), **5.1**
el **ordenador** computer
el **orfanato** orphanage
el **organismo** organism
el **órgano** organ
el **origen** origin
original: en versión original in its original (language) version, **10.1**
el **oro** gold
la **orquesta** orchestra
la orquesta sinfónica symphonic orchestra
la **ortiga** nettle
oscuro(a) dark
otavaleño(a) of or from Otavalo, Ecuador
el **otoño** autumn, **BV**
otro(a) other, another
¡oye! listen!

P

la **paciencia** patience
el/la **paciente** patient
el **padre** father, **6.1**
el padre (religioso) father (relig.)

los **padres** parents, **6.1**
el **padrino** godfather
los **padrinos** godparents
pagar to pay, **3.1**
la **página** page
la **página Web** Web page
el **pago** payment
el **pago mensual** monthly payment
el **país** country, **11.2**
el **país extranjero** foreign country
el **paisaje** landscape
el **pájaro** bird
la **palabra** word
el **pan: el pan dulce** sweet roll, **5.1**
el **pan tostado** toast, **5.2**
panameño(a) Panamanian, **2.1**
el **panqueque** pancake
la **pantalla** screen, **10.1**
la **pantalla de salidas y llegadas** arrival and departure screen, **11.1**
el **pantalón** pants, trousers, **3.2**
el **pantalón corto** shorts, **3.2**
la **papa** potato, **5.1**
las **papas fritas** French fries, **5.1**
el **papá** dad
el **papel** paper, **3.1**
el **papel higiénico** toilet paper, **12.2**
la **hoja de papel** sheet of paper, **3.1**
la **papelería** stationery store, **3.1**
el **paquete** package, **5.2**
el **par: el par de tenis** pair of tennis shoes, **3.2**
el **paraíso** paradise
para for
¿para cuándo? for when?, **14.2**
la **parada** stop, **13.2**
parar to stop, to block, **7.1**
parecerse to look like
parecido(a) similar
la **pared** wall
la **pareja** couple
el/la **pariente** relative, **6.1**

el **parque** park
el **párrafo** paragraph
la **parte** part
la **mayor parte** the greatest part, the most
por todas partes everywhere
particular private, **6.2**
la **casa particular** private house, **6.2**
particularmente especially
el **partido** game, **7.1**
pasado(a) past; last
el **(año) pasado** last (year)
el/la **pasajero(a)** passenger, **11.1**
el **pasaporte** passport, **11.1**
pasar to pass, **7.2**; to spend; to happen
Lo están pasando muy bien. They're having a good time., **12.2**
pasar por to go through, **11.1**
¿Qué te pasa? What's the matter (with you)?, **8.1**
el **pase** pass (permission)
el **pasillo** aisle, **13.2**
la **pasta dentrífica** toothpaste, **12.2**
la **pastilla** pill, **8.2**
la **pastilla de jabón** bar of soap, **12.2**
la **patata** potato
pedir (i, i) to ask for, **14.1**
peinarse to comb one's hair, **12.1**
el **peine** comb, **12.1**
la **película** film, movie, **6.2**
ver una película to see a film, **10.1**
el **pelo** hair, **12.1**
la **pelota** ball, **7.2**
la **pelota vasca** jai alai
el/la **pelotari** jai alai player
la **península** peninsula
el **pensamiento** thought
pensar (ie) to think
la **pensión** boarding house, **12.2**
pequeño(a) small, **2.1**
la **percusión** percussion
perder (ie) to lose, **7.1**; to miss, **10.2**

perder el autobús (la guagua, el camión) to miss the bus, **10.2**
Perdón. Excuse me.
el/la **peregrino(a)** pilgrim
perezoso(a) lazy, **1.1**
el **período** period
el **periódico** newspaper, **6.2**
permitir to permit, **11.1**
pero but
el **perrito** puppy
el **perro** dog, **6.1**
la **persona** person, **1.2**
el **personaje** character
peruano(a) Peruvian
pesar to weigh
el **pescado** fish, **5.2**
la **peseta** Spanish unit of currency
el **peso** peso (monetary unit of several Latin American countries), **BV**; weight
la **petición** petition
el **petróleo** petroleum, oil
petrolero(a) oil
el **piano** piano
el/la **pícher** pitcher, **7.2**
el **pico** peak, mountain
y pico just after (time)
el **pie** foot, **7.1**; down payment
a pie on foot, **4.1**
de pie standing
la **pierna** leg, **7.1**
la **pieza** room
la **píldora** pill, **8.2**
el/la **piloto** pilot, **11.2**
la **pimienta** pepper, **14.1**
el **pincel** brush, paintbrush
la **pinta** pint
pintar to paint
el/la **pintor(a)** painter
pintoresco(a) picturesque
la **pintura** painting
la **pirueta** pirouette, maneuver
la **piscina** swimming pool, **9.1**
el **piso** floor, **6.2**; apartment
la **pista** (ski) slope, **9.2**
la **pizarra** chalkboard, **4.2**
el **pizarrón** chalkboard, **4.2**
la **pizza** pizza, **BV**
la **plaga** plague, menace
la **plancha de vela** sailboard, **9.1**

practicar la plancha de vela to go windsurfing, **9.1**

planear to plan

la **planta** floor, **6.2**; plant

   la planta baja ground floor, **6.2**

la **plata** money (income)

el **plátano** banana, plantain, **5.2**

el **platillo** base, **7.2**; saucer, **14.1**

el **plato** plate, dish, **14.1**

la **playa** beach, **9.1**

   playera: la toalla playera beach towel, **9.1**

la **plaza** plaza, square; seat, **13.2**

la **pluma** pen, **3.1**

la **población** population, people

pobre poor

el/la **pobre** the poor boy (girl)

le **pobretón** poor man

   poco(a) little, few, **2.1**

   un poco (de) a little

poder (ue) to be able, **7.1**

el **poema** poem

la **poesía** poetry

el **poeta** poet

   político(a) political

el **pollo** chicken, **5.2**

el **poncho** poncho, shawl, wrap

poner to put, **11.1**

   poner la mesa to set the table, **14.1**

   ponerse to put on, **12.1**

   ponerse el maquillaje to put on makeup, **12.1**

   ponerse la ropa to dress oneself, to put on clothes, **12.1**

popular popular, **2.1**

la **popularidad** popularity

por for

   por aquí over here

   por ciento percent

   por ejemplo for example

   por eso therefore, for this reason, that's why

   por favor please, **BV**

   por fin finally

   por hora per hour

   por la noche in the evening

   por lo general in general

Por nada. You're welcome., **BV**

¿por qué? why?

por tierra overland

el **poroto** string bean

porque because

la **portería** goal line, **7.1**

el/la **portero(a)** goalkeeper, goalie, **7.1**

la **posibilidad** possibility

posible possible

el **postre** dessert, **5.1**

practicar to practice

   practicar el surfing (la plancha de vela, etc.) to go surfing (windsurfing, etc.), **9.1**

precolombino(a) pre-Columbian

el **precio** price

preferir (ie, i) to prefer

la **pregunta** question

preguntar to ask (a question)

el **premio: el Premio Nóbel** Nobel Prize

preparar to prepare

presentar to present; to show (movie)

la **presentación** presentation

prestar: prestar atención to pay attention, **4.2**

prevalecer to prevail

primario(a): la escuela primaria elementary school

la **primavera** spring, **BV**

primero(a) first, **BV**

   en primera (clase) first-class, **13.1**

el/la **primo(a)** cousin, **6.1**

la **princesa** princess

principalmente mainly

el/la **principiante** beginner, **9.2**

prisa: a toda prisa as fast as possible

privado(a) private

   la casa privada private house, **6.2**

el **problema** problem

procesar to process

la **procesión** procession

proclamar to proclaim

producido(a) produced

el **producto** product, **5.2**

los **productos congelados** frozen food, **5.2**

el/la **profesor(a)** teacher, professor, **2.1**

profundo(a) deep

el **programa** program

la **promesa** promise

pronto: ¡Hasta pronto! See you soon!, **BV**

la **propina** tip, **14.1**

la **protección** protection

protector(a): la crema protectora sunblock, **9.1**

la **proteína** protein

el **protoplasma** protoplasm

el/la **proveedor(a)** provider

proveer to provide

la **provisión** provision

próximo(a) next,**13.2**

   en la próxima parada at the next stop, **13.2**

proyectar to project, **10.1**

publicar to publish

público(a) public

el **publico** audience, **10.2**

el **pueblo** town

el **puerco** pork

la **puerta** door; gate, **11.1**

   la puerta de salida departure gate, **11.1**

puertorriqueño(a) Puerto Rican

pues well

la **pulgada** inch

el **punto: en punto** on the dot, sharp, **4.1**

   los puntos cardinales cardinal points

el **puré de papas** mashed potatoes

puro(a) pure

Q

qué what; how, **BV**

   ¡Qué absurdo! How absurd!

   ¡Qué enfermo(a) estoy! I'm so sick!

   ¿Qué tal? How are you?, **BV**

   ¿Qué te pasa? What's the matter (with you)?, **8.2**

quechua Quechuan

quedar to remain, **7.1**

querer (ie) to want, wish

el **queso** cheese, **5.1**

el **quetzal** quetzal (money)

¿quién? who?, **1.1**

¿quiénes? who? *(pl.)*, **2.1**

la **química** chemistry, **2.2**

químico(a) chemical

quince fifteen, **BV**

la **quinceañera** fifteen-year-old (girl)

quinientos(as) five hundred, **3.2**

quinto(a) fifth, **6.2**

el **quiosco** newsstand, **13.1**

Quisiera... I would like . . . , **14.2**

quitarse to take off

R

rápido quickly

la **raqueta** racket (sports), **9.1**

el **rato** while

el **ratón** mouse

la **razón** reason

razonable reasonable

real royal

realista realistic

el/la **realista** realist

realmente really

rebotar to rebound

la **recámara** bedroom, **6.2**

el/la **receptor(a)** catcher, **7.2**

la **receta** prescription, **8.2**

recetar to prescribe, **8.2**

recibir to receive, **5.1**

el **reciclaje** recycling

recién recently

recientemente recently

reclamar to claim (luggage), **11.2**

el **reclamo de equipaje** baggage claim, **11.2**

recoger to pick up

recoger el equipaje to claim one's luggage, **11.2**

el **rectángulo** rectangle

el **recurso: los recursos naturales** natural resources

la **red** net, **9.1**

navegar por la red to surf the Net

reducido(a) reduced (price)

reemplazar to replace

reflejar to reflect

el **reflejo** reflection

reflexionar to reflect

el **refresco** drink, beverage, **5.1**

el **refugio** refuge

regalar to give

el **regalo** gift, **6.1**

la **región** region

regional regional

el **regionalismo** regionalism

regresar to return

regreso: el viaje de regreso return trip, trip back

regular regular, average, **2.2**

la **reina** queen

la **relación** relation

relacionado(a) related

relativamente relatively

religioso(a) religious

rellenar to fill

el **remedio** solution

renombrado(a) well-known

rentar to rent

renunciar to renounce, give up

repetir (i, i) to repeat; to take seconds (meal)

el **reportaje** report

la **representación** performance (theater), **10.2**

dar una representación to put on a performance, **10.2**

representar to represent

la **República Dominicana** Dominican Republic

requerir (ie, i) to require

la **reservación** reservation

reservado(a) reserved, **13.2**

reservar to reserve, **14.2**

resfriado(a): estar resfriado(a) to have a cold, **8.1**

el/la **residente** resident

resolver (ue) to solve

la **respuesta** answer

restar to subtract

el **restaurante** restaurant, **14.1**

el **resto** rest, remainder

la **retina** retina

el **retintín** jingle

el **retrato** portrait

el **retraso: con retraso** with a delay, late, **13.2**

revisar to inspect, **11.1**

revisar el boleto to check the ticket, **11.1**

el/la **revisor(a)** (train) conductor, **13.2**

la **revista** magazine, **6.2**

revolver (ue) to turn around

el **rey** king

rico(a) rich; delicious, **14.2**

el/la **rico(a)** rich person

el **río** river

rodar (ue) to roll

la **rodilla** knee, **7.1**

rojo(a) red, **3.2**

el **rollo de papel higiénico** roll of toilet paper, **12.2**

romántico(a) romantic

la **ropa** clothing, **3.2**

la tienda de ropa clothing store, **3.2**

la **rosa** rose

rosado(a) pink, **3.2**

rubio(a) blond, **1.1**

la **ruina** ruin

el **rumor** rumor

rural rural

la **ruta** route

la **rutina** routine, **12.1**

S

el **sábado** Saturday, **BV**

saber to know (how), **11.2**

sabio(a) wise

sabroso(a) delicious

sacar to get, **4.2**

sacar un billete to buy a ticket

sacar una nota buena (mala) to get a good (bad) grade, **4.2**

el **sacerdote** priest

el **saco** jacket

el saco de dormir sleeping bag, **12.2**

sacrificar to sacrifice

la **sal** salt, **14.1**

la **sala** room; living room, **6.2**

la sala de clase classroom, **4.1**

la sala de espera waiting room, **13.1**

la sala de salida
departure area,**11.1**
la **salida** departure, **11.1**
la hora de salida
departure hour, **13.1**
**la pantalla de llegadas
y salidas** arrival and
departure screen, **11.1**
la sala de salida
departure area, **11.1**
salir to leave, **10.1;** to go
out; to turn out
salir a tiempo to leave
on time, **11.1**
**salir bien (en un
examen)** to do well
(on an exam)
salir tarde to leave late,
11.1
el **salón: el salón de clase**
classroom, **4.1**
saltar to jump
la **salud** health
el **saludo** greeting, **BV**
salvar to save
el **sándwich** sandwich, **BV**
la **sangre** blood
el **santo** saint
el **saxofono** saxophone
la **sección de (no) fumar** (no)
smoking section, **11.1**
**secundario(a): la escuela
secundaria** high school,
1.1
sed: tener sed to be thirsty,
14.1
seguir (i, i) to follow, **14**
según according to
segundo(a) second, **6.2**
el segundo tiempo
second half (soccer), **7.1**
en segunda (clase)
second-class, **13.1**
la **seguridad: el control de
seguridad** security
(airport), **11.1**
seis six, **BV**
seiscientos(as) six
hundred, **3.2**
la **selección** selection
seleccionar to select
la **selva** jungle
la **semana** week, **BV**
el fin de semana
weekend, **BV**

el fin de semana pasado
last weekend
la semana pasada last
week, **9.2**
el/la **senador(a)** senator
**sencillo(a): el billete
sencillo** one-way ticket,
13.1
sentarse (ie) to sit down,
12.1
el **sentido** meaning,
significance
el **señor** sir, Mr., gentleman,
BV
la **señora** Ms., Mrs., madam,
BV
la **señorita** Miss, Ms., **BV**
septiembre September, **BV**
séptimo(a) seventh, **6.2**
ser to be
el **ser: el ser humano** human
being
el ser viviente living
creature, being
la **serie: la Serie mundial**
World Series
serio(a) serious, **1.1**
el **servicio** service, tip, **5.1**
**¿Está incluido el
servicio?** Is the tip
included?, **5.1**
la **servilleta** napkin, **14.1**
servir (i, i) to serve, **14.1**
sesenta sixty, **2.2**
la **sesión** show (movies), **10.1**
setecientos(as) seven
hundred, **3.2**
setenta seventy, **2.2**
sexto(a) sixth, **6.2**
el **show** show
si if
sí yes
siempre always, **7.1**
**de siempre y para
siempre** eternally,
forever
la **sierra** sierra, mountain
range
siete seven, **BV**
el **siglo** century
el **significado** meaning
significar to mean
siguiente following
la **silla** chair
similar similar

simpático(a) nice, **1.2**
simple simple
sin without
sin escala nonstop
sincero(a) sincere, **1.2**
singles singles, **9.1**
el **síntoma** symptom, **8.2**
el **sistema métrico** metric
system
el **sitio** place
sobre on top of; over; on,
about
sobre todo especially
sobresaltar to jump up
la **sobrina** niece, **6.1**
el **sobrino** nephew, **6.1**
social: las ciencias sociales
social sciences
la **sociedad** society
la **sociología** sociology
socorrer to help
el **sol** Peruvian coin; sun, **9.1**
Hace (Hay) sol. It's
sunny., **9.1**
tomar el sol to
sunbathe,**9.1**
solamente only
soler (ue) to be accustomed
to, tend to
sólo only
solo(a) alone
a solas alone
el café solo black coffee,
5.1
soltero(a) single, bachelor
la **solución** solution
el **sombrero** hat
la **sonrisita** little smile
el **sorbete** sherbet, sorbet, **14**
la **sopa** soup, **5.1**
el/la **sordo(a)** deaf
su his, her, their, your
subir to go up, **6.2;** to
board, to get on
subir al tren to get on,
to board the train, **13.1**
el **subtítulo** subtitle, **10.1**
con subtítulos with
subtitles, **10.1**
el **suburbio** suburb
suceso: el buen suceso
great event
sudamericano(a) South
American

el **sudoeste** southwest

el **suegro** father-in-law

el **suelo** ground

el **sueño** dream

sufrir to suffer

sumar to add

superior: la escuela superior high school

el **supermercado** supermarket, **5.2**

el **sur** south

el **surf de nieve** snowboarding

el **surfing** surfing, **9.1**

practicar el surfing to surf, **9.1**

el **suroeste** southwest

el **surtido** assortment

sus their, your *(pl.)*, **6.1**

suspirar to sigh

la **sustancia: la sustancia controlada** controlled substance

T

el **T-shirt** T-shirt, **3.2**

la **tabla: la tabla hawaiana** surfboard, **9.1**

el **tablero** board, **7.1**

el tablero de llegadas arrival board, **13.1**

el tablero de salidas departure board, **13.1**

el tablero indicador scoreboard, **7.1**

la **tableta** pill, **8.2**

taíno(a) Taino

tal: ¿Qué tal? How are you?, **BV**

la **talla** size, **3.2**

el **talón** luggage claim ticket, **11.1**

el **tamal** tamale, **BV**

el **tamaño** size, **3.2**

también also

tan so

el **tango** tango

el **tanto** point, **7.1**

marcar un tanto to score a point

tanto(a) so much

la **taquilla** box office, **10.1**

tardar to take time

tarda el viaje the trip takes (+ time)

tarde late

la **tarde** afternoon

Buenas tardes. Good afternoon., **BV**

esta tarde this afternoon, **9.2**

por la tarde in the afternoon

la **tarifa** fare, rate

la **tarjeta** card, **11.1**

la tarjeta de crédito credit card, **14.1**

la tarjeta de embarque boarding pass, **11.1**

la tarjeta de indentidad estudiantil student I.D. card

el **taxi** taxi, **11.1**

la **taza** cup, **14.1**

te you *(fam. pron.)*

el **té** tea, **5.1**

el té helado iced tea, **5.1**

teatral theatrical, **10.2**

el **teatro** theater, **10.2**

salir del teatro to leave the theater, **10.2**

el **teclado** keyboard

el/la **técnico(a)** technician

la **tecnología** technology

telefonear to telephone

telefónico(a) (related to the) telephone

la línea telefónica telephone line

el **teléfono** telephone

hablar por teléfono to talk on the phone

el **telesilla** chairlift, **9.2**

el **telesquí** ski lift, **9.2**

la **televisión** television, **6.2**

el **telón** curtain (stage), **10.2**

el **tema** theme, subject

la **temperatura** temperature, **9.2**

templado(a) temperate

temprano early, **12.1**

el **tenedor** fork, **14.1**

tener (ie) to have, **6.1**

tener... años to be . . . years old, **6.1**

tener hambre to be hungry, **14.1**

tener miedo to be afraid

tener que to have to

tener sed to be thirsty, **14.1**

el **tenis** tennis, **9.1**

los **tenis** tennis shoes, **3.2**

el par de tenis pair of tennis shoes, **3.2**

el/la **tenista** tennis player

tercer(o)(a) third, **6.2**

la **terminal** terminal

terminar to end

el **término** term

la **ternera** veal, **14.2**

la **terraza** terrace (sidewalk café)

terrible terrible

el **terror** terror, fear

la **tía** aunt, **6.1**

el **ticket** ticket, **9.2**

el **tiempo** time; weather, **9.1;** half (game)

a tiempo on time, **11.1**

el segundo tiempo second half (game), **7.1**

la **tienda** store, **3.2**

la tienda de departamentos department store

la tienda de ropa clothing store, **3.2**

la tienda de videos video store

tierno(a) tender

la **tierra: por tierra** by land, overland

el **tilde** accent

tímido(a) timid, shy, **1.2**

el **tío** uncle, **6.1**

los tíos aunt and uncle, **6.1**

típicamente typically

típico(a) typical

el **tipo** type

tirar to kick, **7.1**

tirar el balón to kick (throw) the ball, **7.2**

la **toalla playera** beach towel, **9.1**

tocar to touch; to play (music)

todavía yet, still

todo: todo el mundo everyone

todos(as) everybody, **2.2;** everything, all

por todas partes everywhere

tomar to take, **4.1**
  tomar agua (leche, café) to drink water (milk, coffee)
  tomar apuntes to take notes, **4.2**
  tomar el bus (escolar) to take the (school) bus, **4.1**
  tomar el desayuno to eat breakfast, **12.1**
  tomar el sol to sunbathe, **9.1**
  tomar fotos to take photos
  tomar un jugo to drink some juice
  tomar un refresco to have (drink) a beverage
  tomar un vuelo to take a flight, **11.1**
  tomar una ducha to take a shower, **12.1**
  tomar una merienda to have a snack, **4.2**
el **tomate** tomato
el **tomo** volume
la **tonelada** ton
  tonto(a) foolish
la **tortilla** tortilla, **5.1**
la **tos** cough, **8.1**
  tener tos to have a cough, **8.1**
  toser to cough, **8.1**
la **tostada** toast
  tostadito(a) sunburned, tanned
  tostado(a): el pan tostado toast, **5.2**
el **tostón** fried plantain slice
  totalmente totally, completely
  tóxico(a) toxic
  trabajar to work, **3.2**
el **trabajo** work
la **tradición** tradition
  tradicional traditionally
  traer to bring, **14.1**
el **tráfico** traffic
el **traje** suit, **3.2**
  el traje de baño bathing suit, **9.1**
  el traje de gala evening gown, dress
el **tramo** stretch

tranquilo(a) peaceful; calm; quiet
transbordar to transfer, **13.2**
transformar to transform
transmitir to send, to transmit
el **transporte** transportation
el **tratamiento** treatment
  tratar to treat; to try
  trece thirteen, **BV**
  treinta thirty, **BV**
  treinta y uno thirty-one, **2.2**
el **tren** train, **13.2**
  el tren directo nonstop train, **13.2**
  el tren local local train, **13.2**
  tres three, **BV**
  trescientos(as) three hundred, **3.2**
el **triángulo** triangle
la **tripulación** crew, **11.2**
  triste sad, **8.1**
  triunfante triumphant
el **trombón** trombone
la **trompeta** trumpet
  tropical tropical
  tu your *(sing. fam.)*
  tú you *(sing. fam.)*
el **tubo: el tubo de pasta dentífrica** tube of toothpaste, **12.2**
el/la **turista** tourist, **10.2**

U

Ud., usted you *(sing. form.)* **3.2**
Uds., ustedes you *(pl.)*, **2.2**
último(a) last
un a, **1.1**
la **una** one o'clock, **2.2**
único(a) only
la **unidad** unit
el **uniforme** uniform
la **universidad** university
  universitario(a) (related to) university
uno(a) one, a, **BV**
unos(as) some
urbano(a) urban
usar to wear (size), **3.2**; to use
utilizar to use

V

la **vacación** vacation
el **vagón** train car, **13.1**
la **vainilla: de vainilla** vanilla *(adj.)*, **5.1**
la **vainita** string bean
¡vale! OK!
valer to be worth
valeroso(a) brave
el **valor real** true value
vamos a let's go
la **variación** variation
variado(a) varied
variar to vary, change
la **variedad** variety
verios(as) various
el **varón** male
vasco(a) Basque
  la pelota vasca jai alai
el **vaso** (drinking) glass, **12.1**
el/la **vecino(a)** neighbor
el **vegetal** vegetable, **5.2**
el/la **vegetariano(a)** vegetarian
veinte twenty, **BV**
veinticinco twenty-five, **BV**
veinticuatro twenty-four, **BV**
veintidós twenty-two, **BV**
veintinueve twenty-nine, **BV**
veintiocho twenty-eight, **BV**
veintiséis twenty-six, **BV**
veintisiete twenty-seven, **BV**
veintitrés twenty-three, **BV**
veintiuno twenty-one, **BV**
la **velocidad** speed
vender to sell, **5.2**
venezolano(a) Venezuelan
venir to come, **11.1**
  el viernes (sábado, etc.) que viene next Friday (Saturday, etc.)
la **ventanilla** ticket window, **9.2**
ver to see; to watch, **5.1**
el **verano** summer, **BV**
¡verdad! that's right (true)!
verdadero(a) true
verde green, **3.2**
  la judía verde green bean, **5.2**
verificar to verify, **13.1**

la **versión: en versión**
original in (its) original
version, **10.1**
el **vestido** dress
vestirse (i, i) to get dressed
la **vez** time
a veces at times,
sometimes, **7.1**
de vez en cuando now
and then
una vez más one more
time, again
la **vía** track, **13.1**
viajar to travel
viajar en avión to travel
by air, **11.1**
el **viaje** trip
el viaje de regreso return
trip
hacer un viaje to take a
trip, **11.1**
victorioso(a) victorious
la **vida** life
la vida escolar school life
el **video** video
viejo(a) old, **6.1**
el/la **viejo(a)** old person
el **viento** wind

el **viernes** Friday, **BV**
el **vinagre** vinegar
la **viola** viola
el **violín** violin, **2.1**
visible visible
visitar to visit
vital vital
la **vitamina** vitamin
viviente: el ser viviente
living creature, being
vivir to live, **5.2**
vivo(a) living, alive
la **vocal** vowel
volar (ue) to fly
el **voleibol** volleyball
volver (ue) to return, **7.1**
volver a casa to return
home, **10.2**
la **voz** voice
en voz alta aloud
el **vuelo** flight, **11.1**
el número del vuelo
flight number, **11.1**
tomar un vuelo to take
a flight, **11.1**
el vuelo nacional
domestic flight

Y

y and, **BV**
y cuarto a quarter past
(the hour)
y media half past (the
hour)
y pico just after (the
hour)
ya already; now
la **yarda** yard
yo I, **1.1**
el **yogur** yogurt

Z

la **zanahoria** carrot, **5.2**
la **zapatería** shoe store
el **zapato** shoe, **3.2**
la **zona** zone, area,
neighborhood
el **zumo de naranja** orange
juice

Vocabulario inglés–español

The **Vocabulario inglés-español** contains all productive vocabulary from the text. The reference numbers following each entry indicate the chapter and vocabulary section in which the word is introduced. For example, **2.2** means that the word first appeared actively in **Capítulo 2, Palabras 2. BV** refers to the preliminary **Bienvenidos** lessons. Words without a chapter reference indicate receptive vocabulary (not taught in the **Palabras** sections).

A

a un(a)
able: to be able poder (ue), **7.1**
aboard a bordo de, **11.2**
about (time) a eso de, **4.1**
above por encima de
abstract abstracto(a)
academy la academia
to **accept** aceptar
access el acceso
to **accompany** acompañar
according to según
ache doler
  My . . . aches Me duele... , **8.2**
acrylic el acrílico
activity la actividad
actor el actor, **10.2**
actress la actriz, **10.2**
to **adapt** adaptar
to **add** sumar
to **adjust** ajustar
to **admire** admirar
admission ticket la entrada, **10.1**
to **admit** admitir
adorable adorable
to **adore** adorar
to **adorn** adornar
adventure la aventura
African africano(a)
after después de, **5.1**; **(time)** y

It's ten after one. Es la una y diez.
afternoon la tarde
  Good afternoon. Buenas tardes., **BV**
  in the afternoon por la tarde
  this afternoon esta tarde, **9.2**
against contra, **7.1**
agent el/la agente, **11.1**
  customs agent el/la agente de aduana, **11.1**
agreed conforme, **14.2**
air el aire
  open-air (outdoor) café (market) el café (mercado) al aire libre
airline la línea aérea
airplane el avión, **11.1**
  by plane en avión, **11.1**
airport el aeropuerto, **11.1**
aisle el pasillo, **13.2**
a lot muchos(as), **2.1**; mucho, **3.2**
alarmed: to be alarmed alarmarse
album el álbum
algebra el álgebra, **2.2**
alive vivo(a)
all todos(as)
  All right. De acuerdo.
allergy la alergia, **8.2**
to **allow** dejar; consentir (ie, i)
almost casi

alone solo(a)
aloud en voz alta
also también, **1.2**
always siempre, **7.1**
A.M. de la mañana
American americano(a)
amusement la diversión
analysis el análisis
analytical analítico(a)
to **analyze** analizar
ancient antiguo(a)
and y, **BV**
Andean andino(a)
anecdote la anécdota
animal el animal
another otro(a)
answer la respuesta
to **answer** contestar
Antarctic la Antártida
antibiotic el antibiótico, **8.2**
antiquity la antigüedad
Anything else? ¿Algo más?, **5.2**
apartment el apartamento, el piso, el departamento, **6.2**
  apartment house la casa de apartamentos (apartamentos), **6.2**
to **applaud** aplaudir, **10.2**
applause el aplauso, **10.2**
apple la manzana, **5.2**
to **apply** aplicar
April abril, **BV**
Aragon: from Aragon (Spain) aragonés(a)
arc el arco
archeological arqueológico(a)
archeologist el/la arqueólogo(a)
archeology la arqueología
area el área *(f.)*, la zona

Argentinian argentino(a), **2.1**
argument la disputa
arithmetic la aritmética, **2.2**
arm el brazo, **7.1**
around alrededor de, **6.2**; (time) a eso de, **4.1**
arrival la llegada, **11.1**
  arrival and departure screen la pantalla de salidas y llegadas, **11.1**
  arrival board el tablero de llegadas, **13.1**
to **arrive** llegar, **4.1**
arrogant altivo, arrogante
arsenal el arsenal
art el arte, **(f.) 2.2**
artichoke la alcachofa, **14.2**
artifact el artefacto
artist el/la artista, **10.2**
artistic artístico(a)
as como
to **ask (a question)** preguntar
to **ask for** pedir (i, i), **14.1**
asleep dormido(a)
aspirin la aspirina, **8.2**
assortment el surtido
astute astuto(a)
at a, en
  at about (time) a eso de, **4.1**
  at home en casa, **6.2**
  at night por la noche
  at that time en aquel entonces
  at the end of a fines de
  at what time? ¿a qué hora?, **10.1**
athletic atlético
attack el ataque
to **attack** atacar
to **attend** asistir
attention: to pay attention prestar atención, **4.2**
audience el público, **10.2**
August agosto, **BV**
aunt la tía, **6.1**
  aunt(s) and uncle(s) los tíos, **6.1**
Australia la Australia
author el/la autor(a), **10.2**
autumn el otoño, **BV**
average regular, **2.2**

B
baby el/la bebé
background la ascendencia
backpack la mochila, **3.1**
bacteria la bacteria
bad malo(a), **2.1**
  to be in a bad (good) mood estar de mal (buen) humor, **8.1**
back to school la apertura de clases
bag la bolsa, **5.2**
baggage el equipaje, **11.1**
  baggage claim el reclamo de equipaje, **11.2**
  carry-on baggage el equipaje de mano, **11.1**
ball (basketball, soccer) el balón, **7.1**; **(tennis, baseball)** la pelota , **7.2**
  to throw (kick) the ball tirar el balón, **7.2**
ballpoint pen el bolígrafo, **3.1**
banana el plátano, **5.2**
baptism, el bautizo
bar: bar of soap la barra de jabón, la pastilla de jabón, **12.2**
bargain la ganga
base (baseball) la base, **7.2**
baseball el béisbol, **7.2**
  baseball field el campo de béisbol, **7.2**
  baseball game el juego de béisbol, **7.2**
  baseball player el/la jugador(a) de béisbol, **7.2**; el/la beisbolista
basic básico(a)
basket (basketball) el cesto, la canasta, **7.2**
  to make a basket encestar, meter el balón en el cesto, **7.2**
basketball el básquetbol, el baloncesto, **7.2**
  basketball court la cancha de básquetbol, **7.2**
Basque vasco(a)
bat el bate, **7.2**
bathing suit el traje de baño, el bañador, **9.1**

bathroom el baño, el cuarto de baño, **6.2**
batter el/la bateador(a), **7.2**
battle la batalla
bay la bahía
to **be** ser, **1.1**; estar, **4.1**
  to be able poder (ue), **7.1**
  to be accustomed to soler (ue)
  to be afraid tener miedo
  to be born nacer
  to be going to ir a
  to be hungry tener hambre, **14.1**
  to be included estar incluido, **14.1**
  to be named (called) llamarse, **12.1**
  to be pleasing gustar
  to be thirsty tener sed, **14.1**
  to be tied (score) quedar empatado, **7.1**
  to be worth valer, **7.2**
  to be . . . years old tener... años, **6.2**; cumplir... años
beach la playa, **9.1**
  beach resort el balneario, **9.1**
  beach towel la toalla playera, **9.1**
bean el frijol, la habichuela, **5.2**
  green bean la judía verde, **5.2**
beau el galán
beautiful hermoso(a), bello(a), **1.1**
because porque
to **bear (name)** llevar (el nombre)
bed la cama, **8.1**
  to make the bed hacer la cama
  to stay in bed guardar cama, **8.1**
bedroom la recámara, el dormitorio, el cuarto (de dormir), **6.2**
beef la carne de res, **14.2**
before antes de, **5.1**
to **begin** comenzar (ie); empezar (ie), **7.1**
  beginner el/la principiante, **9.2**

beginning: **beginning of school** la apertura de clases

behind atrás

being: human being el ser humano

living being el ser viviente

to **believe** creer, **8.2**

below debajo (de); bajo

below zero bajo cero, **9.2**

berth la litera, **13.2**

between entre, **7.1**

beverage el refresco, **5.1**

bicycle la bicicleta

to go by bicycle ir en bicicleta, **13.2**

big grande, **2.1**

bilingual bilingüe

bill la cuenta, **5.1**

biography la biografía

biological biológico(a)

biologist el/la biólogo(a)

biology la biología, **2.1**

birthday el cumpleaños, **6.1**

black negro(a), **3.2**

black coffee el café solo, **5.1**

to **block** bloquear, parar, **7.1**

blond rubio(a), **1.1**

blood la sangre

blouse la blusa, **3.2**

blue azul, **3.2**

blue jeans el blue jean, **3.2**

board: arrival board el tablero de llegadas, **13.1**; **departure board** el tablero de salidas, **13.1**

to **board** embarcar, **11.2**; abordar; **(the train)** subir al tren, **13.1**

boarding el embarque

boarding house la pensión, **12.2**

boarding pass la tarjeta de embarque, **11.1**

book el libro, **3.1**

boot la bota, **9.2**

to **bore** aburrir

boring aburrido(a), **2.1**

born nacido(a)

bottle la botella, **12.2**

boy el muchacho, **1.1**

boyfriend/girlfriend el/la novio(a)

brave valeroso(a)

bread el pan, **5.1**

breakfast el desayuno, **5.2**

to eat breakfast desayunarse, tomar el desayuno, **12.1**

bright brillante

to **bring** llevar, **6.1**; traer, **14.1**

broadcast la emisión, **6.2**

sports broadcast la emisión deportiva, **6.2**

bronze el bronce, **10.2**

brook el arroyo

brother el hermano, **6.1**

brown de color marrón, **3.2**

brunette moreno(a), **1.1**

brush el cepillo, **12.2**

to **brush one's hair** cepillarse, **12.1**

to **brush one's teeth** cepillarse (lavarse) los dientes, **12.1**

building el edificio

bus el bus, **4.1**; el autobús (la guagua [P.R., Cuba], el camión [Mex.]), **10.1**

school bus el bus escolar, **4.1**

to miss the bus perder el autobús (la guagua, el | camión), **10.1**

but pero

to **buy** comprar, **3.1**

by (plane, car, bus, etc.) en (avión, carro, autobús, etc.)

C

cafe el café, **BV**

cafeteria la cafetería

to **calculate** calcular

calculator la calculadora, **3.1**

calculus el cálculo, **2.2**

called llamado(a)

can el bote, la lata, **5.2**

candid franco(a)

canned enlatado(a)

cap la gorra, **3.2**

capital la capital

captain el/la capitán; el/la comandante, **11.2**

car el carro, el coche, **4.1**

by car en carro, en coche, **4.1**

cafeteria car el coche-cafetería, **13.2**

dining car el coche-comedor, **13.2**

sleeping car el coche-cama, **13.2**

train car el coche, el vagón, **13.2**

card la tarjeta, **11.1**

credit card la tarjeta de crédito, **14.1**

cardinal: cardinal points los puntos cardinales

careful! ¡cuidado!

carefully: very carefully con mucho cuidado

to **caress** acariciar

Caribbean el Caribe

carrot la zanahoria, **5.2**

to **carry** llevar, **3.1**

carry-on luggage el equipaje de mano, **11.1**

case el caso

cash register la caja, **3.1**

cassette el casete, **4.2**

cat el/la gato(a), **6.1**

to **catch** atrapar, **7.2**

catcher el/la receptor(a), el/la cátcher, **7.2**

Catholic católico(a)

to **celebrate** celebrar

celebration la celebración

cell la célula

cellular celular

center el centro

central central, **13.2**

Central America la América Central

century el siglo

cereal el cereal, **5.2**

certainly! ¡claro!

chain (necklace) la cadena

chair la silla

chairlift el telesilla, **9.2**

chalet el chalet

chalkboard la pizarra, el pizarrón, **4.2**

champion el/la campeón(a)

championship el campeonato

to **change** cambiar

to change trains (transfer) cambiar de tren, transbordar, **13.2**

chapter el capítulo
character el personaje
charming encantador(a)
cheap barato(a), 3.2
check la cuenta, 5.1
to check luggage facturar el equipaje, 11.1
to check one's ticket revisar el boleto, 11.1
cheese el queso, 5.1
chemical químico(a)
chemistry la química, 2.2
chicken el pollo, 5.2
child el/la niño(a)
children los niños, 6.1
 homeless children los niños desamparados
Chilean chileno(a)
chills: to have chills tener escalofríos, 8.1
chocolate chocolate, 5.1
 chocolate ice cream el helado de chocolate, 5.1
choir el coro
to choose escoger
chorus el coro
Christian cristiano(a)
Christmas la Navidad
 Christmas Eve la Nochebuena
church la iglesia
circle el círculo
city la ciudad
to claim (luggage) reclamar (el equipaje), 11.2
clam la almeja, 14.2
class la clase, el curso, 2.1
 first class primera clase, en primera, 13.1
 second class segunda clase, en segunda, 13.1
to classify clasificar
classroom la sala de clase, el salón de clase, 4.1
clinic la clínica
cloth el lienzo
clothing la ropa, 3.2
 clothing store la tienda de ropa, 3.2
cloud la nube, 9.1
cloudy: to be cloudy estar nublado, 9.1
 It's cloudy. Hay nubes., 9.1
club el club, 4.2

Spanish Club el Club de español, 4.2
coast la costa
co-ed mixto(a)
coffee el café, BV
 black coffee, el café solo, 5.1
 coffee with milk el café con leche, 5.1
cognate la palabra afina
coin la moneda
coincidence la coincidencia
cold (illness) el catarro, 8.1
 to have a cold tener catarro, estar resfriado(a), 8.1
cold: It's cold. Hace frío., 9.2
collection la colección, el conjunto
collector el colector
Colombian colombiano(a), 1.1
colonial colonial
colony la colonia
color el color, 3.2
 What color is . . . ? ¿De qué color es... ?, 3.2
comb el peine, 12.2
to comb one's hair peinarse, 12.1
to come venir
 to come (go) on stage entrar en escena, 10.2
 compact disk el disco compacto, 4.2
to compare comparar
to compete competir (i, i)
 competition la competición
 complete completo(a), 13.2
 compliment: to pay someone compliments echarle flores
 composition la composición
 computer el ordenador, la computadora
 computer science la informática, 2.2
concert el concierto
condominium el condominio
conductor (train) el/la revisor(a), 13.2

confirmed bachelor el solterón
to connect conectar
to conquer conquistar
to conserve conservar, 11.1
to consider considerar
to consist of consistir (en)
to consult consultar
 consultation la consulta, 8.2
 contest la competición
 continent el continente
to continue continuar, 7.2
to convert convertir (ie, i)
 cook el/la cocinero(a), 14.1
 copilot el/la copiloto, 11.2
to copy copiar
 corn el maíz, 14.2
to cost costar (ue), 3.1
 How much does . . . cost? ¿Cuánto cuesta(n)... ?, 3.1
 Costa Rican costarricense
 cough la tos, 8.1
 to have a cough tener tos, 8.1
to cough tener tos, 8.1
 counter el mostrador, 11.1
 country el país, 11.2
 foreign country el país extranjero, 11.2
 course el curso, 2.1
 elective course el curso opcional
 required course el curso obligatorio
 court la cancha, 2.1
 basketball court la cancha de básquetbol, 7.2
 indoor court la cancha cubierta, 9.1
 outdoor court la cancha al aire libre, 9.1
 tennis court la cancha de tenis, 9.1
 courtesy la cortesía, BV
 cousin el/la primo(a), 6.1
to cover cubrir
to create crear
 credit card la tarjeta de crédito, 14.1
 Creole el/la criollo(a)
 crew la tripulación, 11.2

Cuban cubano(a)

Cuban American cubanoamericano(a)

to **cultivate** cultivar

cultural cultural

cup la taza, **14.1**

World Cup la Copa mundial

curtain (stage) el telón, **10.2**

custom la costumbre

customer el/la cliente, **5.1**

customs la aduana, **11.2**

to **cut** cortar, **14.1**

D

dad el papá

to **dance** bailar, **4.2**

dark (haired) moreno(a), **1.1**

data los datos

date la fecha, **BV**

What is today's date? ¿Cuál es la fecha de hoy?, **BV**

to **date** datar

daughter la hija, **6.1**

day el día, **BV**

day before yesterday anteayer

deaf person el/la sordo(a)

death la muerte

December diciembre, **BV**

to **decide** decidir

to **declare** declarar

to **defeat** derrotar

degree (temperature) el grado, **9.2**

delay: with a delay con una demora, **11.1**; con retraso, **13.2**

delicious delicioso(a), rico, **14.2**; sabroso(a)

to **delight** encantar

to **deliver** entregar

deluxe de lujo

departure la salida, **11.1**

arrival and departure screen la pantalla de llegadas y salidas, **11.1**

departure board el tablero de salidas, **13.1**

departure gate la puerta de salida, la sala de salida, **11.1**

departure hour la hora de salida

descendant el/la descendiente

design el diseño

designer el/la diseñador(a)

dessert el postre, **5.1**

destination el destino, **11.1**

diagnosis la diagnosis, **8.2**

dialog el diálogo

diamond el diamante

to **die** morir (ue, u)

difference la diferencia

different diferente

difficult duro(a), difícil, **2.1**

to **dig** excavar

dining car el coche-comedor, el coche-cafetería, **13.2**

dining room el comedor, **6.2**

dinner la cena, **5.2**

to have dinner cenar

direct directo(a), **11**

director el/la director(a)

discipline la asignatura, la disciplina, **2.1**

to **discover** descubrir

to **discuss** discutir

to **disembark** desembarcar, **11.2**

dish el plato, **14.1**

disk: compact disk el disco compacto, **4.2**

diskette el disquete, **3.1**

to **dive** bucear, **9.1**

to **divide** dividir

diving el buceo, **9.1**

divorced: to get divorced divorciarse

doctor el/la médico(a), **8.2**

doctor's office la consulta del médico, el consultorio, **8.2**

to **do** hacer, **11**

to do well (on an exam) salir bien (en un examen)

dog el perro, **6.1**

domestic doméstico(a), **2.1**

Dominican dominicano(a), **2.1**

Dominican Republic la República Dominicana

donkey el asno

door la puerta

dose la dosis, **8.2**

dot: on the dot en punto, **4.1**

doubles dobles, **9.1**

doubt la duda

doughnut (a type of) el churro

dozen la docena

drawing el dibujo

dream el sueño

dreamed of imaginado(a)

dress el vestido

to **dribble (basketball)** driblar, **7.2**

drink (beverage) el refresco, **5.1**; la bebida

to **drink** beber, **5.1**

to drink water (milk, coffee) tomar agua (leche, café), **14.1**

druggist el/la farmacéutico(a), **8.2**

drugstore la farmacia, **8.2**

dubbed doblado(a), **10.1**

during durante

E

e-mail el correo electrónico

each cada, **1.2**

early temprano, **12.1**

to **earn** ganar

easel el caballete

east el este

easy fácil, **2.1**

to **eat** comer, **5.1**

to eat breakfast desayunarse, tomar el desayuno, **12.1**

economical económico(a), **12.2**

economics: home economics la economía doméstica, **2.1**

economy la economía

Ecuadorean ecuatoriano(a), **2.1**

education: physical education la educación física, **2.2**

egg el huevo, **5.2**

eggplant la berenjena, **14.2**

eight ocho, **BV**

eight hundred ochocientos(as), **3.2**

eighteen dieciocho, **BV**

eighth octavo(a), **6.2**

eighty ochenta, **2.1**

electronic mail (e-mail) el correo electrónico

elegant elegante

element el elemento

elevator el ascensor, **6.2**

eleven once, **BV**

else: Anything else? ¿Algo más?, **5.2**

   No, nothing else. No, nada más, **5.2**

emotion la emoción

emphasis el énfasis

to **emphasize** dar énfasis, enfatizar

employee el/la empleado(a), el/la dependiente(a), **3.1**

enamored: to become enamored of (to fall for) flechar

enchilada la enchilada, **BV**

end el fin, **BV**

   at the end of a fines de

enemy el/la enemigo(a)

energy la energía, **8**

English el inglés, **2.2**

to **enjoy** gozar

   to enjoy oneself divertirse (ie, i), **12.2**

enough bastante, **1.1**

to **enter** entrar, **4.1**

entire entero(a)

episode el episodio

epoch la época

equation la ecuación

equipment el equipo, **7.1**

to **erase** borrar, **3.1**

eraser la goma de borrar, **3.1**

errant: knight errant el caballero andante

especially especialmente, particularmente, sobre todo

essentially esencialmente

to **establish** fundar

esteemed estimado(a)

ethnic étnico(a)

Europe la Europa

evening la noche

   evening gown el traje de gala

Good evening. Buenas noches., **BV**

in the evening por la noche

everyone todos, **2.2**; todo el mundo

everything todos(as)

exactly exactamente, **11**

to **exaggerate** exagerar, **11**

exam el examen, **4.2**

to **examine** examinar, **8.2**

example: for example por ejemplo

to **excavate** excavar

excavation la excavación

excellent excelente

Excuse (me). Perdón.

exhibition (art) la exposición (de arte), **10.1**

to **exist** existir

expedition la expedición

expensive caro(a), **3.2**

expert el/la experto(a), **9.2**

to **explain** explicar, **4.2**

explosion la explosión

expression la expresión

   means of expression el modo de expresión

extraordinary extraordinario(a)

extreme extremo(a)

eye el ojo

F

face la cara, **12.1**

faithful fiel

to **fall asleep** dormirse (ue, u), **12.1**

false falso(a)

fame la fama

family la familia, **6.1**

family (related to) familiar

famous famoso(a), **1.2**

fan (sports) el/la aficionado(a)

fantastic fantástico(a), **1.2**

fare la tarifa

fast rápido(a)

   as fast as possible a toda prisa

fat gordo(a), **1.2**

father el padre, **6.1**

father-in-law el suegro

favorite favorito(a)

fear el miedo, el terror

February febrero, **BV**

fever la fiebre, **8.1**

   to have a fever tener fiebre, **8.1**

few pocos(as), **2.1**

   a few unos(as)

fiancé(e) el/la novio(a)

field el campo

   baseball field el campo de béisbol, **7.2**

   soccer field el campo de fútbol, **7.1**

fifteen quince, **BV**

fifteen-year-old (girl) la quinceañera

fifth quinto(a), **6.2**

fifty cincuenta, **2.1**

to **fight** luchar

figurative figurativo(a)

film la película, **6.2**; el film, **10.1**

finally por fin

to **find** hallar; encontrar (ue)

fine bien, **BV**; Conforme., **14.2**

fine-looking gallardo(a)

finger el dedo

first primero(a), **BV**

fish el pescado, **5.2**

five cinco, **BV**

   five hundred quinientos(as) **3.2**

flight el vuelo, **11.1**

   flight attendant el/la asistente de vuelo, **11.2**

   flight number el número del vuelo, **11.1**

floor la planta, el piso, **6.2**

   ground floor la planta baja, **6.2**

flower la flor

flu la gripe, **8.1**

to **fly** volar (ue)

folder la carpeta, **3.1**

folk healer el/la curandero(a)

to **follow** seguir (i, i)

following siguiente

fond of aficionado(a)

food la comida, **5.2**; el alimento, el comestible, **14.2**

foolish tonto(a)

foot el pie, **7.1**

on foot a pie, **4.1**
for por, para
  for example por ejemplo
foreign extranjero(a), **11.2**
fork el tenedor, **14.1**
to **form** formar
forty cuarenta, **2.1**
to **found** fundar
four cuatro, **BV**
  four hundred
    cuatrocientos(as), **3.2**
fourteen catorce, **BV**
fourth cuarto(a), **6.2**
frank franco(a)
free libre, **5.1**
French el francés, **2.2**
  French fries las papas
    fritas, **5.1**
fresh fresco(a)
Friday el viernes, **BV**
fried frito(a), **5.1**
friend el/la amigo(a), el/la
  compañero(a), **1.1**
frightful espantoso
from de, **BV**
front: in front of delante
  de, **10.1**
frozen congelado(a),
  helado(a), **5.1**
  frozen foods los
    productos congelados,
    5.2
fruit la fruta, **5.2**
to **fry** freír (i, i), **14.1**
full (train, bus, etc.)
  completo(a)
funny cómico(a);
  gracioso(a), **1.1**
furious furioso(a)
furniture los muebles
fury la furia
future el futuro

G
gallant gallardo(a)
game el partido, **7.1**; el
  juego, **7.2**
  baseball game el juego
    de béisbol, **7.2**
garage el garaje, **6.2**
garden el jardín, **6.2**
garlic el ajo, **14.2**
gate: departure gate la
  puerta de salida, **11.1**
generally generalmente

generous generoso(a), **1.2**
gentleman el señor, **BV**
geography la geografía, **2.2**
geometry la geometría, **2.2**
German el alemán, **2.1**
to **get a good (bad) grade**
  sacar una nota buena
  (mala), **4.2**
to **get dressed** vestirse (i, i);
  ponerse la ropa, **12.1**
to **get off (bus, train, etc.)**
  bajar(se) (del bus, tren,
  etc.), **13.2**
to **get on** abordar; subir, **13.1**
to **get on (horse)** montar
  (caballo)
to **get on board (bus, train,**
  etc.) subir (al bus, tren,
  etc.), **13.1**
  to get up levantarse, **12.1**
giant el gigante
gift el regalo, **6.1**
girl la muchacha, **1.1**
to **give** dar, **4.2**; regalar (gift)
  to give (throw) a party
    dar una fiesta, **4.2**
  to give up renunciar
glass (drinking) el vaso,
  12.1
glove el guante, **7.2**
to **go** ir, **4.1**
  to go by bicycle ir en
    bicicleta, **12.2**
  to go by car ir en coche
to **go back** volver (ue)
to **go down** bajar
to **go home** volver a casa
to **go shopping** ir de compras,
  5.2
to **go through** pasar por, **11.1**
to **go to bed** acostarse (ue),
  12.1
to **go up** subir, **6.2**
to **go (walk) around** andar
  goal el gol, **7.1**; la portería,
  7.1
  to score a goal meter un
    gol, **7.1**
goalie el/la portero(a), **7.1**
goalkeeper el/la portero(a),
  7.1
godfather el padrino
godmother la madrina
godparents los padrinos
gold el oro

good bueno(a); buen
  Good afternoon. Buenas
    tardes., **BV**
  Good evening. Buenas
    noches., **BV**
  Good morning. Buenos
    días., **BV**
good-bye! ¡adiós!, ¡chao!, **BV**
good-looking guapo(a),
  bonito(a), lindo(a), **1.1**
Gosh! ¡Dios mío!, **11**
gossip: piece of gossip el
  chisme
grade la nota, **4.2**
grammar la gramática
grandchildren los nietos,
  6.1
granddaughter, la nieta, **6.1**
grandfather el abuelo, **6.1**
grandmother la abuela, **6.1**
grandparents los abuelos,
  6.1
grandson el nieto, **6.1**
gray gris, **3.2**
great gran(de)
  great event el buen
    suceso
greater mayor
green verde, **3.2**
  green bean la judía
    verde, **5.2**
greeting el saludo, **BV**
ground el suelo
group el grupo
to **guard** guardar, **7.1**
Guatemalan
  guatemalteco(a)
to **guess** adivinar
guitar la guitarra
gulf el golfo
gymnasium el gimnasio

H
hair el pelo, **12.1**
half medio(a), **5.2**
  half an hour media hora,
    14
  second half el segundo
    tiempo, **7.1**
ham el jamón, **5.1**
hamburger la
  hamburguesa, **5.1**
hand la mano, **7.1**
  to shake hands dar la
    mano

handsome guapo(a), **1.1**
to **hang** colgar (ue)
to **happen** pasar
   What happened (to you)? ¿Qué te pasó?
happy contento(a), **8.1**
hard duro(a), **2.1**
hardworking ambicioso(a), **1.1**
hat el sombrero, la gorra, **3.2**
to **have** tener (ie), **6.1**
   to have chills tener escalofríos, **8.1**
   to have a cold tener catarro, estar resfriado(a), **8.1**
   to have a drink (snack) tomar un refresco (una merienda), **4.2**
   to have a fever tener fiebre, **8.1**
   to have a headache tener dolor de cabeza, **8.1**
   to have a sore throat tener dolor de garganta, **8.1**
   to have a stomachache tener dolor de estómago, **8.1**
   to have to tener que
   They're having a good time. Lo están pasando muy bien., **12.2**
he él, **1.1**
head la cabeza, **7.1**
headache el dolor de cabeza, **8.1**
health la salud, **8.1**
to **hear** oír
heart el corazón
heartthrob el galán
Hello! ¡Hola!, **BV;** ¡Diga! (answering the telephone—Spain), **14.2**
to **help** ayudar, **13.1**
her su, **6.1;** la (pron.)
here aquí
   Here is (are)... Aquí tiene...
heritage la ascendencia
hero el héroe
Hi! ¡Hola!, **BV**
to **hide** esconder

high alto(a), **1.1**
   high school el colegio, la escuela secundaria, la escuela superior, **1.1**
hike: to take a hike dar una caminata, **12.2**
him lo
his su, **6.1**
historical histórico(a)
history la historia, **2.1**
to **hit (tennis)** golpear, **9.1;** **(baseball)** batear, **7.2**
hole el agujero
home la casa, **6.2**
   at home en casa
   country home la casa de campo
   home economics la economía doméstica, **2.2**
   home plate (baseball) el platillo, **7.2**
   home run el jonrón, **7.2**
homeless desamparado(a)
   homeless children los niños desamparados
honest honesto(a), **1.2**
honor el honor
horrible horrible
hospital el hospital, **8.2**
hot: It's hot. Hace calor., **9.1**
hotel (inexpensive) el hostal, **12.2**
hour la hora
   per hour por hora
house la casa, **6.2**
   apartment house la casa de apartamentos (departamentos), **6.2**
   private house la casa privada (particular), **6.2**
how? ¿como?, **1.1**
   How absurd! ¡Qué absurdo!
   How are you? ¿Qué tal?, **BV;** ¿Cómo estás?, **8.1**
   How many? ¿Cuántos(as)?, **2.1**
   How much? ¿Cuánto?, **3.1**
   How much does it cost? ¿Cuánto es?, ¿Cuánto cuesta?, **3.1**
   How old is (are)... ¿Cuántos años tiene(n)...?, **6.1**

human humano(a)
   human being el ser humano
humble humilde
hungry: to be hungry tener hambre, **14.1**
to **hurt** doler (ue), **8.2**
   My... hurt(s) me Me duele(n)..., **8.2**
husband el marido, el esposo, **6.1**

I

I yo, **1.2**
ice cream el helado, **5.1**
   chocolate (vanilla) ice cream el helado de chocolate (de vainilla), **5.1**
iced tea el té helado, **5.1**
idea la idea
ideal ideal, **1.2**
idealist el/la idealista
if si
illusion la ilusión
imagined imaginado(a)
immediately enseguida, inmediatamente, **5.1**
immense inmenso(a)
to **imply that** dar a entender
important importante
impossible imposible
in en
   in front of delante de
Inca el/la inca
to **include** incluir, **5.1**
   included incluido(a), **5.1**
   Is the tip included? ¿Está incluido el servicio?, **5.1**
incredible increíble
independence la independencia
Indian indio(a)
to **indicate** indicar, **11.1**
indicator el indicador, **7.1**
indigenous indígena
individual individual, **7.2**
   individual sport el deporte individual, **7.2**
inexpensive barato(a), **3.2**
influence la influencia
to **inform** informar, **13.2**
information la información

inhabitant el/la habitante

injection la inyección, **8.2**

inheritance la herencia

inning la entrada, **7.2**

insane loco(a)

to **inspect** inspeccionar, **11.2**

    to inspect (check) the ticket revisar el boleto, **11.1**

inspection: passport inspection el control de pasaportes, **11.2**

inspection: security inspection el control de seguridad, **11.1**

instant el instante

instruction la instrucción

instrument el instrumento

integral íntegro(a)

intelligent inteligente, **2.1**

interest el interés

to **interest** interesar

interesting interesante, **2.1**

intermediate intermedio(a)

international internacional

interpretation la interpretación

interview la entrevista, **4.1**

invitation la invitación

to **invite** invitar (a), **6.1**

island la isla

it la *(f.)*; lo *(m.)*

Italian italiano(a)

J

jacket la chaqueta, el saco, **3.2**

jai alai la pelota vasca

January enero, **BV**

jingle el retintín

July julio, **BV**

to **jump** saltar

    to jump up sobresaltar

June junio, **BV**

K

keyboard el teclado

to **kick** tirar (con el pie), **7.1**

    to kick the ball tirar el balón, **7.2**

kilogram el kilo, **5.2**

king el rey

kitchen la cocina, **6.2**

knapsack la mochila, **3.1**

knee la rodilla, **7.1**

knife el cuchillo, **14.1**

knight el caballero

    knight errant el caballero andante

    knight's attendant el escudero

to **know** saber, **11.2**; conocer, **11.1**

    to know how saber, **11.2**

L

laboratory el laboratorio, **2.1**

lady la dama

lady-in-waiting la dama

lake el lago

lamb el cordero, **14.2**

lance la lanza

to **land** aterrizar, **11.2**

landscape el paisaje

language la lengua, **2.2**

large grande

last último(a)

    last night anoche, **9.2**

    last week la semana pasada, **9.2**

    last weekend el fin de semana pasado

    last year el año pasado, **9.2**

late tarde; con una demora, **11.1**; con retraso, **13.2**

later luego, **BV**

    See you later! ¡Hasta luego!, **BV**

Latin el latín, **2.2**

Latin latino(a)

    Latin America Latinoamérica

    Latin American latinoamericano(a)

lazy perezoso(a), **1.1**

league la liga

    Major Leagues las Grandes Ligas

to **learn** aprender, **5.1**

to **leave** salir

    to leave late salir tarde, **11.1**

    to leave on time salir a tiempo, **11.1**

    to leave something behind dejar, **14.1**

lecture la conferencia

left izquierdo(a), **7.1**

leg la pierna, **7.1**

lemonade la limonada, **BV**

to **lend** prestar, **4.2**

lesson la lección, **4.2**

to **let** dejar; permitir, **11.1**

    let's see a ver

    Will you please let me see your passport? Me permite ver su pasaporte, por favor?, **11.1**

letter la carta, **6.2**; (of the alphabet) la letra, **11.1**

lettuce la lechuga, **5.2**

liberator el/la libertador(a)

life la vida

    school life la vida escolar

to **lift** levantar

light la luz

to **light** encender (ie)

like el gusto

to **like** gustar

Lima: from Lima (Peru) limeño(a)

line (of people) la cola, la fila, **10.1**

linen el lienzo

to **listen (to)** escuchar, **4.2**

    listen! ¡oye!, **1.1**

literal literal

literary literario(a)

literature la literatura, **2.1**

little: a little poco(a)

to **live** vivir, **5.2**

live vivo(a)

living viviente

    living creature el ser viviente

    living room la sala, **6.2**

lobster la langosta, **14.2**

local local, **13.2**

long largo(a), **3.2**

Look! ¡Mira!

to **look at** mirar, **3.1**

    to look at oneself mirarse, **12.1**

to **look for** buscar, **3.1**

to **lose** perder (ie), **7.1**

lotion: suntan lotion la loción bronceadora, **9.1**

lotto el loto

lover el/la enamorado(a)

low bajo(a), **4.2**

to **lower** bajar

luggage el equipaje, **11.1**

carry-on luggage el equipaje de mano, **11.1**

luggage claim ticket el talón, **11.1**

lunch el almuerzo, **5.2**

luxurious lujoso(a)

M

ma'am la señora, **BV**

made hecho(a)

Madrid (native of) madrileño(a)

magazine la revista, **6.2**

magnificent magnífico(a)

mail el correo

e-mail (electronic mail) el correo electrónico

main principal

mainly principalmente

Major Leagues las Grandes Ligas

majority la mayor parte, la mayoría

to **make** hacer

to make a basket (basketball) encestar, **7.2**

to make the bed hacer la cama, **13**

makeup el maquillaje, **12.1**

to put one's makeup on maquillarse, ponerse el maquillaje, **12.1**

male el varón

man el hombre, el señor

manner la manera, el modo

many muchos(as), **2.1**

map el mapa

March marzo, **BV**

marker el marcador, **3.1**

market el mercado, **5.2**

marmalade la mermelada, **5.2**

marriage el matrimonio

married: to be married estar casado(a)

marvelous maravilloso(a)

mass la masa

master el/la maestro(a)

material el material, **3.1**

mathematics las matemáticas, **2.2**

matter: What's the matter (with you)? ¿Qué te pasa?

May mayo, **BV**

Maya el/la maya

me mí, **5.1**; me, **8**

meal la comida, **5.2**

meaning el significado, el sentido

means el medio, el modo

by no means de ninguna manera, **1.1**

means of expression el modo de expresión

meat la carne, **5.2**

medal la medalla

medical office la consulta del médico, el consultorio, **8.2**

medicine (drug) el medicamento, **8.2**; **(discipline, field)**, la medicina, **8.2**

medium el medio

melancholic melancólico(a)

member el miembro, **4.2**

menu el menú, **5.1**

mestizo el/la mestizo(a)

Mexican mexicano(a), **1.1**

Mexican American mexicanoamericano(a)

microbe el microbio, **2.1**

microscope el microscopio, **2.1**

microscopic microscópico(a)

middle: middle school la escuela intermedia

midnight la medianoche

mile la milla

milk la leche

million el millón

mineral water el agua mineral, **12.2**

minute el minuto

mirror el espejo, **12.1**

to **miss the bus** perder el autobús (la guagua, el camión), **10.1**

Miss señorita, **BV**

mixed mixto(a)

mixture la mezcla

model el modelo

modem el módem

modern moderno(a)

mom la mamá

moment el momento

Monday el lunes, **BV**

money el dinero, **14.1**

monitor el monitor

monster el monstruo

month el mes, **BV**

monument el monumento

mood el humor, **8.1**

to be in a bad mood estar de mal humor, **8.1**

to be in a good mood estar de buen humor, **8.1**

moon la luna

more más

moreover además

morning la mañana

Good morning. Buenos días., **BV**

in the morning por la mañana

this morning esta mañana

mother la madre, **6.1**

motive el motivo

to **mount (horse)** montar (caballo)

mountain la montaña

mountain range la sierra

mouse el ratón

to **move** mover (ue)

movie la película, **6.2**; el film, **10.1**

movie theater el cine, **10.1**

Mr. el señor, **BV**

Mrs. la señora, **BV**

Ms. la señorita, la señora, **BV**

much mucho, **3.2**

mulatto el/la mulato(a)

multiplication la multiplicación

to **multiply** multiplicar

mural el mural, **10.2**

muralist el/la muralista

museum el museo, **10.1**

music la música, **2.2**

my mi, **6.1**

N

name el nombre

My name is. . . . Me llamo... , **12.1**

napkin la servilleta, **14.1**

national nacional

nationality la nacionalidad, **1.2**

    what nationality? ¿de qué nacionalidad?

native indígena

natural: natural resources los recursos naturales

    natural sciences las ciencias naturales

near cerca de, **6.2**

necessary necesario(a)

neck el cuello

necktie la corbata, **3.2**

to **need** necesitar, **3.1**

neighbor el/la vecino(a)

nephew el sobrino, **6.1**

nervous nervioso(a), **8.1**

net la red

    to go over the net pasar por encima de la red, **9.1**

    to surf the Net navegar por la red

nettle la ortiga

never jamás, never

new nuevo(a)

news las noticias, **6.2**

newspaper el periódico, **6.2**

newsstand el quiosco, **13.1**

next próximo(a), **13.2**

nice simpático(a), **1.2**

    Nice to meet you. Mucho gusto.

niece la sobrina, **6.1**

night la noche

    at night por la noche

    Good night. Buenas noches., **BV**

    last night anoche, **9.2**

nine nueve, **BV**

    nine hundred novecientos(as), **3.2**

nineteen diecinueve, **BV**

ninety noventa, **2.1**

ninth noveno(a), **6.2**

no no, **BV**

    by no means de ninguna manera, **1.1**

    no one nadie

noble noble

nobody nadie

none ninguno(a), **1.1**

noon el mediodía

north el norte

North America la América del Norte

North American norteamericano(a)

northwest noroeste, **8**

no-smoking section la sección de no fumar, **11.1**

not at all de ninguna manera

notable notable

note: to take notes tomar apuntes, **4.2**

to **note** apuntar

notebook el cuaderno, el bloc, **3.1**

nothing nada, **5.2**

    Nothing else. Nada más., **5.2**

novel la novela

novelist el/la novelista

November noviembre, **BV**

now ahora, **4.2**

    now and then de vez en cuando

nowadays hoy día

number el número, **1.2**

    flight number el número del vuelo, **11.1**

    seat number el número del asiento, **11.1**

nuptial nupcial

O

object el objeto

obligatory obligatorio(a), **2.1**

observation la observación

to **observe** observar

observer el/la observador(a)

obstacle el obstáculo

occupied (taken) ocupado(a), **5.1**

ocean el océano

o'clock: It's (two) o'clock. Son las (dos).

October octubre, **BV**

of de, **BV**

    of course! ¡claro!

official oficial

oil el aceite, **14.2**

OK! ¡vale!

old anciano(a), antiguo(a), viejo(a), **6.1**

olive: olive oil el aceite de oliva

on en

    on board a bordo de, **11.2**

    on the contrary al contrario

    on the dot en punto, **4.1**

    on time a tiempo, **11.1**

    on top of encima de; sobre, **9.1**

once and for all definitivamente, **11**

one uno, **BV**

    one hundred cien(to), **2.1**

    one thousand mil, **3.2**

one-way: one-way ticket el billete sencillo, **13.1**

only sólo, solamente

to **open** abrir, **8.2**

    to open one's suitcases abrir las maletas, **11.2**

opening: opening of school la apertura de clases

opera la ópera, **2.1**

opinion: What's your opinion? ¿Qué opinas?

operator el/la operador(a)

optional opcional

orally oralmente

orange (color) anaranjado(a), **3.2**

orange (fruit) la naranja, **5.2**

    orange juice el jugo de naranja, **12.1**

order la orden, **5.1**

organism el organismo

origin el origen

original: in its original language version en versión original, **10.1**

orphanage el orfanato

Otavalo (of or from) otavaleño(a)

other otro(a), **2.2**

our nuestro(a)

outdoor al aire libre

outfielder el/la jardinero(a), **7.2**

outskirts los alrededores

over por encima de

to **owe** deber

P

to **pack one's suitcase** hacer la maleta, **11.2**

package el paquete, **5.2**

page la página

  Web page la página Web

pain el dolor, **8.1**

  I have a pain in . . . Tengo dolor de... , **8.2**

to **paint** pintar

painter el/la pintor(a)

painting el cuadro, la pintura, **2.1**

pair el par, **3.2**

  pair of tennis shoes el par de tenis, **3.2**

Panamanian panameño(a), **2.1**

pants el pantalón, **3.2**

paper el papel, **3.1**

  sheet of paper la hoja de papel, **3.1**

parents los padres, **6.1**

park el parque

parka el anorak, **9.2**

part la parte

party la fiesta, **4.2**

  to give (throw) a party dar una fiesta, **4.2**

pass (permission) el pase

to **pass** pasar, **7.2**

passenger el/la pasajero(a), **11.1**

passport el pasaporte, **11.1**

  passport inspection el control de pasaportes, **11.2**

past pasado(a)

patient el/la enfermo(a), **8.1**

to **pay** pagar, **3.1**

  to pay attention prestar atención, **4.2;** hacer caso

pea el guisante, **5.2**

peaceful tranquilo(a)

pen la pluma; **(ballpoint)** el bolígrafo, **3.1**

pencil el lápiz, **3.1**

peninsula la península

penny el centavo

people la gente

pepper la pimienta, **14.1**

percent por ciento

performance la función, la representación, **10.2**

to **put on a performance** dar una representación, **10.2**

to **permit** permitir, **11.1**

person la persona, **1.2**

Peruvian peruano(a)

peso el peso, **BV**

petition la petición

pharmacist el/la farmacéutico(a), **8.2**

pharmacy la farmacia, **8.2**

photo la foto

photograph la fotografía

phrase la frase

physical education la educación física, **2.2**

physics la física, **2.2**

piano el piano

to **pick up** recoger

  to pick up (claim) the luggage recoger el equipaje, **11.2**

picture el cuadro, **10.2**

pig (pork) el cerdo, **14.2**

pill la pastilla, la píldora, la tableta, **8.2**

pilot el/la piloto, **11.2**

pink rosado(a), **3.2**

piping (embroidery) el cordoncillo

pitcher el/la lanzador(a), el/la pícher, **7.2**

pizza la pizza, **BV**

place el lugar, el sitio

to **place** colocar, meter, **7.1**

  to place one's suitcase poner la maleta, **11.2**

plane el avión, **11.1**

plate el plato, **14.1**

  home plate el platillo, **7.2**

plateau la mesa

platform (railroad) el andén, **13.1**

play la obra teatral, **10.2**

to **play** jugar (ue), **7.1**

player el/la jugador(a), **7.1**

  baseball player el/la jugador(a) de béisbol, **7.2**

playwright el/la dramaturgo(a)

plaza la plaza

pleasant agradable

please por favor, **BV**

P.M. de la tarde, de la noche

pocket el bolsillo

pocketbook la bolsa, **13.1**

poem el poema

poet el poeta

poetry la poesía

point (score) el tanto, el punto, **7.1**

  cardinal points los puntos cardinales

  to score a point marcar un tanto, **7.1**

pole: ski pole el bastón, **9.2**

pool la alberca, la piscina, **9.1**

political político(a)

poncho el poncho

poor pobre

  poor boy (girl) (/)el/la pobre

popular popular, **2.1**

popularity la popularidad

pork el cerdo, **14.2**

porter el/la maletero(a), el mozo, **13.1**

portrait el retrato

possibility la posibilidad

possible posible

potato la papa, **5.1**

  mashed potatoes el puré de papas

to **practice** practicar

pre-Columbian precolombino(a)

to **prefer** preferir (ie, i)

to **prepare** preparar, **4.2**

to **prescribe** recetar, **8.2**

prescription la receta, **8.2**

to **present** presentar

pretty hermoso(a), lindo(a), bonito(a), bello(a), **1.1**

price el precio

priest el sacerdote

primary primario(a)

princess la princesa

principal principal

printer la impresora

private particular, privado(a), **6.2**

  private house la casa particular (privada), **6.2**

prize el premio

  Nobel Prize el Premio Nóbel

problem el problema

to **process** procesar
procession la procesión
to **proclaim** proclamar
produced producido(a)
product el producto, **2.1**
professor el/la profesor(a), **2.1**
program (TV) la emisión, **6.2**
  sports program la emisión deportiva, **6.2**
to **project** proyectar, **10.1**
promise la promesa
protoplasm el protoplasma
public público(a)
to **publish** publicar
Puerto Rican puertorriqueño(a)
to **pull out** arrancar
puppy el perrito
purchase la compra, **3.1**
pure puro(a)
to **put** poner, **11.1**
  to put on clothes ponerse la ropa, **12.1**
  to put on a performance dar una representación, **10.2**
  to put on makeup ponerse el maquillaje, maquillarse, **12.1**

Q

quarrel la disputa
quarter: a quarter to menos cuarto
  a quarter past y cuarto
queen la reina
question la pregunta
  to ask a question preguntar
quetzal el quetzal
quickly rápido
quite bastante, **1.1**

R

racquet la raqueta, **9.1**
railroad el ferrocarril
  railway platform el andén, **13.1**
  railroad station la estación de ferrocarril, **13.1**
  railroad track la vía, **13.1**

to **rain: It's raining.** Llueve., **9.1**
rate la tarifa
rather bastante, **1.1**
razor la navaja, **12.1**
to **read** leer, **5.1**
reading la lectura
ready listo(a)
realist el/la realista
realistic realista
really realmente
rear (in the) atrás
reasonable razonable
to **rebound** rebotar
to **receive** recibir, **5.1**
  to receive a good (bad) grade recibir una nota buena (mala), **4.2**
recently recientemente; recién
rectangle el rectángulo
red rojo(a), **3.2**
reduced reducido(a)
to **reflect** reflexionar, reflejar
reflection el reflejo
refreshment el refresco, **5.1**
region la región
regular regular, **2.2**
relative el/la pariente, **6.1**
religious religioso(a)
to **remain** quedar, **7.1**
to **remember** acordarse (ue) de, **3.2**
to **renounce** renunciar
to **rent** alquilar, rentar, **10.1**
to **repeat** repetir (i, i)
to **replace** reemplazar
report el reportaje
to **represent** representar
republic la república
  Dominican Republic la República Dominicana
to **request** pedir (i, i), **14.1**
  required: required course el curso obligatorio, **2.1**
reservation la reservación
to **reserve** reservar, **14.2**
reserved reservado(a), **13.2**
resident el/la residente
resort: seaside resort el balneario, **9.1**
resource el recurso
  natural resources los recursos naturales
rest lo demás

restaurant el restaurante, **14.1**
to **return** volver (ue), **7.1**; **(something)** devolver (ue), **7.2**
rice el arroz, **5.2**
rich rico(a); con mucha plata
right derecho(a), **7.1**
  right away enseguida, **5.1**
river el río
to **roll** rodar
roll (bread) el pan dulce, **5.1**
roll of toilet paper el rollo de papel higiénico, **12.2**
romantic romántico(a)
room la sala, el salón, el cuarto, la pieza, **4.1**
  bathroom el cuarto de baño, **6.2**
  classroom la sala (el salón) de clase, **4.1**
  dining room el comedor, **6.2**
  living room la sala, **6.2**
  waiting room la sala de espera, **13.1**
rose la rosa
round-trip ticket el billete de ida y vuelta, **13.1**
routine la rutina, **12.1**
row (of seats) la fila, **10.1**
royal real
rubber la goma, **3.1**
ruin la ruina
rumor el rumor
to **run** correr, **7.2**
rural rural

S

to **sacrifice** sacrificar
sad triste
sail (of a mill) el aspa
sailboard la plancha de vela, **9.1**
saint el santo
salad la ensalada, **5.1**
salesperson el/la dependiente(a), el/la empleado(a), **3.1**
salt la sal, **14.1**
same mismo(a), **2.1**
sand la arena, **9.1**

sandal el huarache, el alparagata

sandwich el bocadillo, **5.1**, el sándwich, **BV**

sash la faja

Saturday el sábado, **BV**

saucer el platillo, **14.1**

to **save** salvar

to **say** decir

scale la báscula, **11.1**

scene la escena

schedule el horario, **13.1**

school schedule el horario escolar

school la escuela, el colegio, **1.1**

elementary school la escuela primaria

high school el colegio, la escuela secundaria, la escuela superior

middle school la escuela intermedia

school (pertaining to) escolar

school bus el bus escolar, **4.1**

school life la vida escolar, **4.1**

school schedule el horario escolar

school supplies los materiales escolares, **3.1**

science la ciencia, **2.2**

natural sciences las ciencias naturales

social sciences las ciencias sociales

scientific científico(a)

scientist el/la científico(a)

score el tanto, **7.1**

to **score: to score a goal** meter un gol, **7.1**

to score a point marcar un tanto, **7.1**

scoreboard el tablero indicador, **7.1**

screen la pantalla, **10.1**

sculptor el/la escultor(a), **10.2**

sculpture la escultura

sea el mar, **9.1**

Caribbean Sea el mar Caribe

search: in search of en busca de

season la estación, **BV**

seasoning el condimento, **14.1**

seat (theater) la butaca, **10.1**; **(airplane, train, etc.)** el asiento, **11.1**; la plaza, **13.2**

seat number el número del asiento, **11.1**

second segundo(a), **6.2**

second half el segundo tiempo, **7.1**

secondary secundario(a), **1.1**

secret secreto(a)

security: security control el control de seguridad, **11.1**

to **see** ver, **5.1**

See you later! ¡Hasta luego!, **BV**

See you soon! ¡Hasta mañana!, **BV**

See you tomorrow! ¡Hasta mañana!, **BV**

to see a film ver una película, **10.2**

to **select** seleccionar

selection la selección

to **sell** vender, **5.2**; despachar, **8.2**

to **send** transmitir, enviar

sentence la frase

September septiembre, **BV**

series la serie

World Series la Serie mundial

serious serio(a), **1.1**

to **serve** servir (i, i), **14.1**

service (tip) el servicio, **5.1**

set (theater) el escenario, **10.2**

to **set the table** poner la mesa, **14.1**

seven siete, **BV**

seven hundred setecientos(as), **3.2**

seventeen diecisiete, **BV**

seventh séptimo(a), **6.2**

seventy setenta, **2.1**

several varios(as)

to **sew** coser

sewing la costura

to **shake hands** dar la mano

shampoo el champú, **12.2**

sharp en punto, **4.1**

to **shave** afeitarse, **12.1**

shaving cream la crema de afeitar, **12.1**

shawl el poncho

she ella, **1.1**

sheet: sheet of paper la hoja de papel, **3.1**

shellfish el marisco, **5.2**

sherbet el sorbete

to **shine** brillar, **9.1**

shirt la camisa, **3.2**

shoe el zapato, **3.2**

shoe size el número, **3.2**

shoe store la zapatería

to **shop** ir de compras, **5.2**

short (person) bajo(a), **1.1**; **(length)** corto(a), **3.2**

short story la historieta

shorts el pantalón corto, **3.2**

shot (injection) la inyección, **8.2**

show la sesión, **10.1**; el espectáculo, **10.2**

to see a show ver un espectáculo, **10.2**

shower: to take a shower tomar una ducha, **12.1**

shrimp el camarón, **14.2**

shy tímido(a), **1.2**

sick enfermo(a), **8.1**

sick person el/la enfermo(a), **8.1**

side el lado; *(adj.)* lateral, **13.2**

sierra la sierra

to **sigh** suspirar

similar parecido(a), similar

simple sencillo(a); simple

since como; desde, **1.2**

sincere sincero(a), **1.2**

to **sing** cantar, **4.2**

single soltero(a)

single-celled monocelular

singles (tennis) singles, **9.1**

sir el señor, **BV**

sister la hermana, **6.1**

to **sit down** sentarse (ie), **12.1**

six seis, **BV**

six hundred seiscientos(as), **3.2**

sixteen dieciséis, **BV**

sixth sexto(a), **6.2**

sixty sesenta, **2.1**

size (clothes) el tamaño, la talla; **(shoes)** el número, **3.2**

    What size do you take? ¿Qué talla (número) usa Ud.?, ¿Qué número usa (calza) Ud.?, **3.2**

ski el esquí, **9.2**

    water-ski el esquí acuático, **9.1**

to **ski** esquiar, **9.1**

    ski lift el telesquí, **9.2**

    ski pole el bastón, **9.2**

    ski resort la estación de esquí, **9.2**

    ski slope la pista, **9.2**

    skier el/la esquiador(a), **9.2**

    skiing el esquí, **9.2**

skirt la falda, **3.2**

sky el cielo, **9.1**

to **sleep** dormir (ue, u)

    sleeping bag el saco de dormir, **12.2**

    sleeping car el coche-cama, **13.2**

small pequeño(a), **2.1**

smile: little smile la sonrisita

smoking (no-smoking) section la sección de (no) fumar, **13.1**

snack la merienda, **4.2**

    to have (eat) a snack tomar una merienda, **4.2**

sneakers los tenis, **3.2**

to **sneeze** estornudar, **8.1**

    snow la nieve, **9.2**

to **snow** nevar (ie), **9.2**

so tan

    so much tanto(a)

soap el jabón, **12.2**

    bar of soap la barra (la pastilla) de jabón, **12.2**

soccer el fútbol, **2.1**

    soccer field el campo de fútbol, **7.1**

social sciences las ciencias sociales

society la sociedad

sociology la sociología

socks los calcetines, **3.2**

solution la solución

to **solve** resolver (ue)

    some algunos(as), **4.1**

    something algo, **5.2**

sometimes a veces, **7.1**

son el hijo, **6.1**

soon pronto, BV; dentro de poco

    See you soon! ¡Hasta pronto!, BV

sorbet el sorbete

sore throat el dolor de garganta, **8.1**

soup la sopa, **5.1**

south el sur

    South America la América del Sur

    South American sudamericano(a)

southwest el sudoeste

Spanish español(a)

    Spanish American hispanoamericano(a)

    Spanish speaker el/la hispanohablante

    Spanish (language) el español, **2.2**

Spanish-speaking hispanohablante

to **speak** hablar, **3.1**

special especial

specialty la especialidad

spectator el/la espectador(a), **7.1**

to **spend: to spend the weekend** pasar el fin de semana, **9.1**

spoon (tablespoon) la cuchara, **14.1; (teaspoon)** la cucharita, **14.1**

sport el deporte, **7.2**

    individual sport el deporte individual

    team sport el deporte de equipo

sports (related to) deportivo(a), **6.2**

    sports program (TV) la emisión deportiva, **6.2**

spouse el/la esposo(a), **6.1**

spring la primavera, BV

square la plaza

squire el escudero

stadium el estadio, **7.1**

stage el escenario, la escena, **10.2**

    to come (go) on stage entrar en escena, **10.2**

stairway la escalera, **6.2**

standing de pie

star la estrella

state el estado

station la estación, **13.1**

    subway station la estación de metro, **10.1**

    train station la estación de ferrocarril, **13.1**

stationery: stationery store la papelería, **3.1**

statue la estatua, **2.1**

to **stay in bed** guardar cama, **8.1**

steak el biftec, **5.2**

stomach el estómago, **8.1**

stomachache el dolor de estómago, **8.1**

stop la parada, **13.1**

to **stop** parar, bloquear, **7.1**

store la tienda, **3.2**

    clothing store la tienda de ropa, **3.2**

    department store la tienda de departamentos

    stationery store la papelería, **3.1**

to **store** almacenar

story: little story la historieta

strategy la estrategia

stream el arroyo

street la calle, **6.2**

strong fuerte

structure la estructura

student el/la alumno(a), **1.1;** el/la estudiante

    student I.D. card la tarjeta de identidad estudiantil

study el estudio

to **study** estudiar, **4.1**

stupendous estupendo(a)

style el estilo

subject la asignatura, la disciplina, **2.2**

subtitle el subtítulo, **10.1**

    The movie has subtitles. El film lleva subtítulos., **10.1**

to **subtract** restar

suburb el suburbio, la colonia

subway el metro, **10.1**

subway station la estación de metro, **10.1**

such tal

suckling pig el lechón, **14.2**

to suffer sufrir

suit el traje, **3.2**

bathing uit el traje de baño, el bañador, **9.1**

suitcase la maleta, **11.1**

to pack one's suitcase hacer la maleta, **11.2**

summer el verano, **BV**

sun el sol, **9.1**

to sunbathe tomar el sol, **9.1**

sunblock la crema protectora, **9.1**

Sunday el domingo, **BV**

sunglasses los anteojos de sol, las gafas de sol, **9.1**

sunny: It's sunny. Hace (Hay) sol., **9.1**

suntan lotion la crema protectora, la loción bronceadora, **9.1**

superior superior

supermarket el supermercado, **5.2**

supplies: school supplies los materiales escolares, **3.1**

to surf practicar la tabla hawaiana, **9.1**

to surf the Net navegar por la red

surfboard la tabla hawaiana, **9.1**

surfing el surfing, **9.1**

sweet roll el pan dulce, **5.1**

sweetheart el/la enamorado(a)

to swim nadar, **9.1**

swimsuit el bañador, el traje de baño, **9.1**

swimming la natación, **9.1**

underwater swimming el buceo, **9.1**

swimming pool la alberca, la piscina, **9.1**

symptom el síntoma, **8.2**

T

T-shirt el T-shirt, la camiseta, **3.2**

table la mesa, **5.1**

to set the table poner la mesa, **14.1**

tablecloth el mantel, **14.1**

tablespoon la cuchara, **14.1**

tablet la tableta, **8.2**

taco el taco, **BV**

Taino taíno(a)

to take tomar, **4.1**

to take a bath bañarse, **12.1**

to take a flight tomar un vuelo, **11.1**

to take a hike dar una caminata, **12.2**

to take a nap echar (tomar) una siesta

to take a shower tomar una ducha, **12.1**

to take a trip hacer un viaje, **11.2**

to take notes tomar apuntes, **4.2**

to take off (airplane) despegar, **11.2**

to take photos tomar fotos

to take (clothing size) usar, **3.2**

to take (shoe size) calzar, **3.2**

to take time tardar

taken ocupado(a), **5.1**

to talk hablar, conversar, **3.1**

tall alto(a), **1.1**

tamale el tamal, **BV**

taxi el taxi, **10.2**

tea el té, **5.1**

iced tea el té helado, **5.1**

to teach enseñar, **4.1**

teacher el/la maestro(a), el/la profesor(a), **2.1**

team el equipo, **7.1**

team sport el deporte de equipo, **7.2**

teaspoon la cucharita, **14.1**

technology la tecnología

teeth los dientes, **12.2**

telephone el teléfono

to speak on the telephone hablar por teléfono

telephone (related to) telefónico(a)

television la televisión, **6.2**

to tell decir

temperature la temperatura, **9.2**

ten diez, **BV**

to tend to soler (ue)

tender tierno(a)

tennis el tenis, **2.1**

tennis court la cancha de tenis, **9.1**

tennis game el juego de tenis, **9.1**

tennis player el/la tenista, **9.1**

tennis shoes los tenis, **3.2**

pair of tennis shoes el par de tenis, **3.2**

tenth décimo(a), **6.2**

term el término

terminal la terminal

terrace la terraza

terrible terrible

terror el terror

test el examen, **4.2**

to give a test dar un examen, **4.2**

thank you gracias, **BV**

that aquel; eso, **4.1**

at that time en aquel entonces

that's right (true)! ¡verdad!

the el, la, **1.1**

theater el teatro, **10.2**

theatrical teatral, **10.2**

their sus, **6.1**

them las (f. pl.); los (m. pl.)

theme el tema

then luego, **BV**; entonces, **2.1**

there allí

there is/are hay, **BV**

they ellos(as), **2.1**

thin flaco(a), **1.2**; delgado(a)

thing la cosa

to think pensar (ie), opinar

to think so creer

third tercer(o), **6.2**

thirsty: to be thirsty tener sed, **14.1**

thirteen trece, **BV**

thirty treinta, **BV**

thirty-one treinta y uno, **2.1**

this este (esta)

thistle el cardo

thought el pensamiento

thousand mil, **3.2**

three tres, **BV**

three hundred trescientos(as), **3.2**

throat la garganta, **8.1**

  to have a sore throat tener dolor de garganta, **8.1**

to **throw** lanzar, **7.1**; tirar, **7.2**

Thursday el jueves, **BV**

ticket el boleto, la entrada, **7.2**; el ticket, **9.2**; el billete, **11.1**

  one-way ticket el billete sencillo, **13.1**

  round-trip ticket el billete de ida y vuelta, **13.1**

ticket window la ventanilla, la boletería, **9.2**; la taquilla, **10.1**

tie la corbata, **3.2**

tied (score) empatado(a), **7.1**

  The score is tied. El tanto queda empatado., **7.1**

time el tiempo; la vez; la hora

  at times a veces

  at what time? ¿a qué hora?

  on time a tiempo

  one more time une vez más, **12**

timid tímido(a), **1.2**

tiny diminuto(a)

tip el servicio, **5.1**; la propina, **14.1**

  Is the tip included? ¿Está incluido el servicio?

  to leave a tip dejar una propina, **14.1**

tired cansado(a), **8.1**

to a; con destino a, **11.1**

toast el pan tostado, **5.2**

toasted tostado(a), **5.2**

today hoy, **BV**

together junto(a), **5.1**

toilet paper el papel higiénico, **12.2**

to **tolerate** consentir (ie, i)

tomato el tomate, **5.2**

tomorrow el mañana, **BV**

  See you tomorrow! ¡Hasta mañana!, **BV**

tonight esta noche, **9.2**

too también, **1.2**

too much demasiado

tooth el diente, **12.1**

toothbrush el cepillo de dientes, **12.2**

toothpaste la pasta dentrífica, **12.2**

  tube of toothpaste el tubo de pasta dentífrica, **12.1**

tortilla la tortilla, **5.1**

to **touch** tocar

touch el contacto

tour la gira, **12.2**

tourist el/la turista

toward hacia

towel: beach towel la toalla playera, **9.1**

town el pueblo

toy el juguete

track la vía, **13.1**

tradition la tradición

traffic el tráfico

trail (ski) la pista, **9.2**

train el tren, **13.1**

  local train el tren local, **13.2**

  nonstop train el tren directo, **13.2**

  train car el coche, el vagón, **13.1**

  train station la estación de ferrocarril, **13.1**

to **transfer** transbordar, **13.2**

to **transmit** transmitir

triangle el triángulo

to **travel** viajar

  to travel by air viajar en avión, **11.1**

tree el árbol

trip el viaje, **11.1**

  to take a trip hacer un viaje, **11.1**

triumphant triunfante

trousers el pantalón, **3.2**

trousseau el ajuar de novia

true verdadero(a)

  true value el valor real

trunk (of a car) el/la maletero(a), **11.1**

truth la verdad

to **try** tratar

tube el tubo, **12.2**

Tuesday el martes, **BV**

tuna el atún, **5.2**

to **turn around** revolver (ue)

twelve doce, **BV**

twenty veinte, **BV**

twenty-one veintiuno, **BV**

two dos, **BV**

  two hundred doscientos(as), **3.2**

type el tipo

typical típico(a)

U

ugly feo(a), **1.1**

uncle el tío, **6.1**

  aunt(s) and uncle(s) los tíos, **6.1**

under bajo, debajo (de)

undershirt la camiseta, **3.2**

to **understand** comprender, **5.1**

unit la unidad

uniform el uniforme

United States los Estados Unidos

university la universidad

university (related to) universitario(a)

until hasta, **BV**

urban urbano(a)

us nos

to **use** usar, **3.2**

usually generalmente

V

vacation la vacación

vanilla (adj.) de vainilla, **5.1**

  vanilla ice cream el helado de vainilla, **5.1**

various varios(as)

to **vary** variar

veal la ternera, **14.2**

vegetable el vegetal, **5.2**; la legumbre

vegetarian el/la vegetariano(a)

Venezuelan venezolano(a)

version: in (its) original version en versión original, **10.1**

very muy, **BV**

  very well muy bien, **BV**

vest el chaleco

victorious victorioso(a)

video el video, **4.2**

video store la tienda de
videos, **10.1**
view la vista, **BV**
vinegar el vinagre, **14.2**
violin el violín, **2.1**
visible visible
vital vital
voice la voz
volleyball el voleibol, **2.1**
volume (book) el tomo
vowel la vocal

W

to **wait (for)** esperar, **11.1**
waiter el camarero, el
mesero, **5.1**
waiting room la sala de
espera, **13.1**
waitress la camarera, la
mesera, **5.1**
to **wake up** despertarse, **12.1**
to **walk** andar (around,
through)
wall la pared; **(of a jai alai
court)** el frontón
to **want** querer (ie), desear, **3.2**
war la guerra
to **wash oneself** lavarse, **12.1**
**to wash one's face
(hands, etc.)** lavarse la
cara (las manos, etc.),
12.1
to **watch** mirar, ver, **3.1**
water el agua *(f.),* **9.1**
watercolor la acuarela
waterskiing el esquí
acuático, **9.1**
to go waterskiing
esquiar en el agua, **9.1**
wave la ola, **9.1**
way la manera, el modo, **1.1**
we nosotros(as), **2.1**
weapon el arma *(f.)*
to **wear** llevar, usar; **(shoe
size)** calzar, **3.2**
weather el tiempo, **9.1**
The weather is bad.
Hace mal tiempo., **9.1**
The weather is nice.
Hace buen tiempo., **9.1**
Wednesday el miércoles,
BV
week la semana, **BV**
last week la semana
pasada, **9.2**

weekend el fin de semana,
BV
last weekend el fin de
semana pasado
to **weigh** pesar
to **welcome** dar la bienvenida,
11.2
well bien; pues, **BV**
very well muy bien, **BV**
west el oeste
what? ¿qué?, ¿cuál?,
¿cuáles?, ¿cómo?, **1.1**
What is he (she, it) like?
¿Cómo es?, **1.1**
What is it? ¿Qué es?, **1.1**
What is today's date?
¿Cuál es la fecha de
hoy?, **BV**
What time is it? ¿Qué
hora es?
when cuando
for when ¿para cuándo?,
14.2
when? ¿cuándo?
where donde, adonde, **1.2**
where? ¿dónde?,
¿adónde?
**¿Where is he (she, it)
from?** ¿De dónde es?,
1.1
which? ¿cuál?, ¿cuáles?, **BV**
while el rato
while mientras
white blanco(a), **3.2**
who? ¿quién?, **1.1;** quiénes,
2.1
Who is it (he, she)?
¿Quién es?, **1.1**
whole entero(a)
why? ¿por qué?
wife la esposa, la mujer, **6.1**
to **win** ganar, **7.1**
windmill el molino de
viento
to **windsurf** practicar la
plancha de vela, **9.1**
winter el invierno, **BV**
wise sabio(a)
to **wish** querer (ie), desear, **3.2**
with con
within dentro de
woman la dama
wool la lana
word la palabra
work el trabajo; la obra

work of art la obra de
arte
to **work** trabajar, **3.2**
world el mundo
world (related to) mundial
World Cup la Copa
mundial
World Series la Serie
mundial
worldwide mundial
to **wrap** envolver (ue)
wrap el poncho
to **write** escribir, **5.1**
writing pad el bloc, **3.1**

Y

year el año, **BV**
last year el año pasado,
9.2
this year este año, **9.2**
to be . . . years old
tener... años, cumplir...
años, **6.1**
yellow amarillo(a), **3.2**
yesterday ayer, **9.2**
the day before yesterday
anteayer
yesterday afternoon ayer
por la tarde, **9.2**
yesterday morning ayer
por la mañana, **9.2**
yogurt el yogur, **5.2**
you tú *(sing. fam.),* Ud. *(sing.
form.);* Uds. *(pl.);* te *(fam.
pron.),* le *(pron.)*
You're welcome. De
nada., No hay de qué.,
BV
young joven, **6.1**
as a young person de
joven
young person el/la joven,
8.1
your tu(s), su(s)
youth hostel el albergue
juvenil (para jóvenes),
12.2

Z

zero cero, **BV**
zone la zona

Índice gramatical

a when asking or telling time, **57 (2)**; contraction with the definite article, **112 (4)**; personal **a, 112 (4)**; after **ir** to express future, **171 (6)**

adjectives singular forms: gender and agreement with noun, **23 (1)**; plural forms: gender and agreement with noun, **50 (2)**; possessive, agreement with noun, **173 (6)**

al contraction of **a + el, 111 (4)**

andar preterite tense, **390 (13)**

-ar *verbs* present tense: singular forms, **80 (3)**; plural forms, **106 (4)**; preterite tense, **266 (9)**

articles (see *definite* and *indefinite articles*)

conocer present tense, **328 (11)**

dar present tense, **110 (4)**; preterite tense, **296 (10)**

dates days of the week, **8 (BV)**; months of the year, **8 (BV)**

de contraction with the definite article, **112 (4)**; to express possession, **112 (4)**

decir present tense, **392 (13)**

definite articles singular forms: gender and agreement with noun, **22 (1)**; plural forms: gender and agreement with noun, **50 (2)**

del contraction of **de + el, 112 (4)**

direct object pronouns **242 (8); 270 (9)**

-er *verbs* present tense, **142 (5)**; preterite tense, **296 (10)**

estar present tense, **110 (4)**; preterite tense, **390 (13)**

estar vs. ser **236 (8)**

gender singular forms: of definite articles, **22 (1)**; of indefinite articles, **22 (1)**; of adjectives, **23 (1)**; plural forms: of definite articles, **50 (2)**; of indefinite articles, **50 (2)**; of adjectives, **50 (2)**

gustar to express likes and dislikes, **203 (7)**

hacer present tense, **324 (11)**; preterite tense, **388 (13)**

hay to express *there is/there are*, **44 (2)**

indefinite articles singular forms: gender and agreement with nouns, **22 (1)**; plural forms: gender and agreement with nouns, **50 (2)**

indirect object pronouns **242 (8); 299 (10)**

ir present tense, **110 (4)**; **ir a** + *infinitive*, **171 (6)**; preterite tense, **272 (9)**

-ir *verbs*	present tense, **142 (5)**; preterite tense, **296 (10)**
irregular verbs	present tense: **conocer, 328 (11); dar, 110 (4); decir, 410 (13); estar, 110 (4); hacer, 324 (11); ir, 110 (4); poner, 324 (11); saber, 328 (11); salir, 324 (11); ser, 25 (1), 52 (2); tener, 168 (6); traer, 324 (11); venir, 388 (11); ver, 142 (5);** preterite tense: **andar, 390 (13); dar, 296 (10); estar, 390 (13); hacer, 388 (13); ir, 272 (9); poder, 391 (13); poner 391 (13); querer, 388 (13); saber, 391 (13); ser, 272 (9); tener, 390 (13); venir, 388 (13); ver, 296 (10)**
nouns	plural, **50 (2)**; singular, **22 (1)**; agreement with definite article, **22 (1), 50 (2)**; agreement with indefinite article, **22 (1), 50 (2)**; agreement with adjectives, **23 (1), 50 (2)**
numbers	from 0 to 30, **9 (BV); 19 (1)**; from 31 to 99, **49 (2)**; from 100 to 1000, **77 (3)**; from 1000 to 1,000,000, **103 (4)**
plural	of nouns, **50 (2)**; of definite articles, **50 (2)**; of indefinite articles, **50 (2)**; of adjectives, **50 (2)**
poder	present tense, **201 (7)**; preterite tense, **391 (13)**
possession	expressed with **de, 112 (4)** (see also *possessive adjectives*)
possessive adjectives	agreement with noun, **173 (6)**
prepositions	**a, 112 (4); de, 112 (4)**
present progressive tense	**327 (11)**
present tense	of **-ar** verbs: singular forms, **80 (3)**; plural forms, **106 (4)**; of **-er** and **-ir** verbs, **142 (5)** (see also *irregular* and *stem-changing verbs*)
preterite tense	of **-ar** verbs: **266 (9)**; of **-er** and **-ir** verbs, **296 (10)** (see also *irregular* and *stem-changing verbs*)
pronouns	subject: singular, **25 (1)**; plural **52 (2)**; object: **242 (8), 270 (9); 299 (10)**
querer	present tense, **198 (7)**;
regular verbs	present tense: **-ar** verbs, **80 (3), 106 (4)**; **-er** and **-ir** verbs, **142 (5)**
ser	present tense: singular forms, **25 (1)**; plural forms, **52 (2)**
ser vs. **estar**	**236 (8)**
singular	of nouns, **22 (1)**; of definite articles, **22 (1)**; of indirect articles, **22 (1)**; of adjectives, **22 (1)**
stem-changing verbs	present tense: **(e→ie): empezar, querer, preferir, 198 (7); (o→ue): volver, poder, dormir, 201 (7); (u→ue): jugar, 201 (7);** of reflexive verbs: **363 (12); 364 (12); 416 (14)**; preterite tense: **(e→i, o→u), 418 (14)**
tener	present tense, **168 (6); tener + años, 168 (6); tener que + *infinitive*, 171 (6)**; preterite tense, **390 (13)**
time	asking or telling time, **56 (2)**
traer	present tense, **324 (11)**
tú	**tú** vs. **usted, 83 (3)**
usted	**usted** vs. **tú, 83 (3)**
venir	present tense, **338 (11)**; preterite tense, **388 (13)**
ver	present tense, **142 (5)**; preterite tense, **296 (10)**

Credits

Photographs

Aitchison, Stewart/DDB Stock Photo: 212T. Arruza, Tony/Bruce Coleman Inc.: 54T, 258BM. Art Resource (Prado Museum): 181, 183T. Aubry, Daniel/Odyssey/Chicago: 371T. Augustin, Byron/DDB Stock Photo: 447M. Barrow, Scott: 315, 321. Bean, Tom/Tony Stone Images: 107. Benn, Oliver/Tony Stone Images: 88T, 313B. Bibikow, Walter/FPG International: 278B. Borchi, Massimo/Atlantide/Bruce Coleman Inc.: 10TL, 370T. Boyer, Dale E./Photo Researchers Inc.: 83(#2). Bruce Coleman Inc.: 32B, 33T. Brunskill, Clive/Allsport: 193. Bruty, Simon/Allsport USA: 209. Bryant, Dave/DDB Stock Photo: 305. Bryant, Doug/DDB Stock Photo: 309TR, 458. Burnett, Mark C./Stock Boston: 118T. Cannon, David/Allsport: 190TL. Carrasco, Ricardo: 34L. Carrillo, Jose/PhotoEdit: 180. Carton, J.C./Bruce Coleman Inc.: 35T, 335. Cassidy, Anthony/ Tony Stone Images: 460-461. Castro, Harold/FPG International: 281T. Chaplow, Michelle: 3TL&M, 5T, 16B, 41, 43R, 75, 79M, 86L, 87L, 98T, 99T, 100T&M, 102, 104T, 111TR, 123 , 126T, 146, 148, 149, 152, 155, 166, 172T, 178T, 203, 206, 208B, 230T, 233, 261B, 268T, 288, 290, 297T, 304T, 318, 322, 325T, 330, 342, 354, 361, 363, 380TR, 384, 401BR, 427, R7, R20R. Chaplow, Michelle/Andalucia Slide Library: 424R, 435. Cinti, Roberto R./Bruce Coleman Inc.: 441T. Clyde, G./FPG International: 87R. Cohen, Stuart/Comstock: R31. Contreras Chacel, Jorge/International Stock: 307M, 431B. Corbis-Bettman: 30T. Corsetti, Marco/FPG International: 264L, 282. Courau, J.P./DDB Stock Photo: 445. Cozzi, Guido/Atlantide/Bruce Coleman Inc.: 34R, 154R, 356T, 368T. Culver Pictures, Inc.: 264R. Curtis, John/DDB Stock Photo: 258TR. Dalda Fotografia: 187B. Dekovic, Gene: 307T. Delgado, Luis: 3BL, 4, 13, 23B, 24TR, 28, 32T, 36T, 42, 44T, 61L, 74, 76, 77TR, 78, 79T, 81T, 91, 112, 116T&M, 120T, 121, 140T&M, 143, 162B, 169, 189, 196B, 198, 199T, 218, 246, 247, 248, 258L 260T, 267, 271, 274, 302, 304B, 306T, 316, 327, 334B, 358, 364, 366, 368B, 372L, 373B, 379, 380, 382, 386, 388, 394, 396, 401B, 401M, 401MR, 407, 410, 411, 414, 424T, 432, R3, R15B. Derke/O'Hara/Tony Stone Images: 280L. Donnezan, Herve/Photo Researchers Inc.: 151. Driendl, Jerry/FPG International: 61R. EFE Reportajes: 381. Ehlers, Chad/Tony Stone Images: 9M. Elmer, Carlos/FPG International: R26. Esbin-Anderson/The Image Works: 185B. Fenton, Cheryl: 12B, 40L, 70B, 77B, 77ML, 78, 90, 96B, 132B, 157B, 158B, 188B, 226B, 256B, 286B, 314B, 350B, 359, 377B, 378B, 406B, 441R, 450, 456. Fischer, Curt: 14L, 18, 19, 20, 22, 24TL, 35T, 43L, 44B, 46, 47, 48, 60, 72, 77MR, 79T, 88B, 90, 99B, 103, 113, 138M, 150R, 153, 161, 170B, 190R, 194, 195TL, 195BR, 205, 228, 229, 231, 232B, 250, 251B, 251T, 262ML, 262R, 336, 352, 353, 356B, 357, 359, 401TL, 408, 412, 422B, 424M, 426, R1. Fisher, Ken/Tony Stone Images: R15T. Franken, Owen/Stock Boston: 372R. Frazier, David: 82, R25. Frazier, David R./Photo Researchers Inc.: 202B. Freeman, M./Bruce Coleman Inc.: 399. Frerck, Robert/Odyssey/Chicago: 5B, 35B, 49, 63R, 69B, 71, 83(#3), 151R, 212B, 243, 251M, 253, 280R, 285B, 287, 295, 299, 307B, 309B, 312B, 337, 368M, 370BR, 371B, 398BL, 452, R12, R14B, R21, R22, R23R. Frerck, Robert/Tony Stone Images: 21B, 255B. Frerck, Robert/Woodfin Camp & Assoc.: 30B, 31, 281L, R5, R13, R17. Fried, Robert/DDB Stock Photo: 27TR, 59. Fried, Robert/Robert Fried Photography: xiT, 7, 51, 83(#5), 88MC, 167L&BR, 186M, 211T, 213B, 240L, 258TM, 277L, 297B, 319, 369, 387R, 392T, 397T, 397B, 398MR, 398TL, 425B, 453T. Fried, Robert/Stock Boston: xiiT, 398ML. Fried, Robert/Tom Stack & Assoc.: 27TL, 64ML. Fuller, Timothy: 1, 3BR, 14R, 16T, 21T, 24B, 27B, 58, 73, 83(#1), 84, 100B, 101B, 139TL, 139TR, 140B, 176, 227, 230ML, 234, 236T, 259, 413, 422T, 434, R19, R20L. Courtesy of Dr. Antonio Gassett: 249R. Gillham, K./Photo 20-20: 370BL. Ginn, Robert/PhotoEdit: 64B. Gottschalk, Manfred/Tom Stack & Assoc.: 62R. Graham, Ken/Tony Stone Images: xiv. Grande, J.L.G./Tourist Office of Spain: 268B. Grantpix/Stock Boston: 154L. Grebliunas, Paul/Tony Stone Images: 451. Gridley, Peter/FPG International: 261T. Heaton, Dallas & John /WestLight: 111BR, 175, 291. Hersch, H. Huntly/DDB Stock Photo: 64MR. Hollenbeck, Cliff/International Stock: 2B, 125B, 213T. House of El Greco, Toledo, Spain: 183B, 301T, 390. Ikeda/International Stock: 387L. Image Club Graphics: 90, 195MR, 197T. Jacques & Natasha Gilman Collection: 182T. Jangoux, Jacques/Tony Stone Images: 332R. Karp, Ken: 2T, 3TR, 9T, 17L, 23T, 29, 45, 54B, 55, 77TL, 79B, 81B, 85, 108T, 114, 134, 162T, 163, 178B, 202T, 232T, 236B, 239B, 241, 244, 270, 293B, 343, 362, 365, 374, 417T, 419T, 420, R4T, R11T, R14T, R30. Kerstitch, Alex/Bruce Coleman Inc.: 120BL. Leah, David/Allsport: 192. Leah, David/Allsport Mexico: 196T, 210B, 217B. Lloyd, Harvey/The Stock Market: 119T. Macia, Rafael/Photo Researchers, Inc.: 334T. Manske, Thaine/The Stock Market: R8. Markewitz, Scott/FPG International: 279R. Marriott, Paul/Empics Ltd.: 208T. Mason, Douglas/Woodfin Camp & Assoc.: 141. Mays, Buddy/International Stock: 278T. Maze, Stephanie/Woodfin Camp & Assoc.: 262TL. McCutcheon, Shaw/Bruce Coleman Inc.: 88ML. McIntyre, Loren/Woodfin Camp & Assoc.: 88MR. McIntyre, Will & Deni/Photo Researchers Inc.: 329. McVey, Ken/International Stock: 160. Melloan, Cathlyn/Tony Stone Images: 293M. Menzel, Peter: 150L, 447T, R9. Messerschmidt, Joachim/FPG International: 326. Courtesy of Mexicana Airlines: 341B. Miyazaki, Yoichiro/FPG International: 391. Morgan Cain & Associates: 126B, 138T, 144, 204B, 355, 402, 417B, R6. Morgan, Warren/WestLight: 170T. Muller, Kal/Woodfin Camp & Assoc.: 220. Murphy-Larronde, Suzanne/DDB Stock Photo: 64TR, 83(#4), 309M. Murphy-Larronde, Suzanne/FPG International: R11M. The Museum of Modern Art, New York. Photograph ©1996 The Museum of Modern Art, New York. National Palace, Patio Coridor, Mexico City: 65. National Palace, Mexico City: 423. O'Keefe, Timothy/Bruce Coleman Inc.: 277B. Organization of American States: 33B. Courtesy Oscar de la Renta: 89T. Pcholkin, Vladimir/FPG International: 260M, 300. Pensinger, Doug/Allsport: 210T. Peterson, Chip & Rosa Maria : 453BR, 457. Philadelphia Museum of Art, A. E. Gallatin Collection: 105. PhotoDisc, Inc.: 86R. Photoworks/P. Lang/DDB Stock Photo: 344. Prado Museum, Madrid, Spain: 301. Raga, Jose Fuste/The Stock Market: 93, 108B. Randklev, James/Tony Stone Images: 62L. Rivademar, D./Odyssey/Chicago: 332L. Rondeau, Pascal/Allsport UK Ltd.: 258BR. Rosendo, Luis/FPG International: 116B, 116M, 117. Sacks, David/FPG International: 173. St./© 1999 Estate of Pablo